财务管理与会计信息化研究

张　江　史晓燕　辛冰川　著

中国商务出版社
·北京·

图书在版编目（CIP）数据

财务管理与会计信息化研究 / 张江，史晓燕，辛冰
川著 . -- 北京：中国商务出版社，2024.7. -- ISBN
978-7-5103-5263-8

Ⅰ . F275；F232

中国国家版本馆 CIP 数据核字第 2024ZX4312 号

财务管理与会计信息化研究

CAIWU GUANLI YU KUAIJI XINXIHUA YANJIU

张江　史晓燕　辛冰川　著

出版发行：中国商务出版社有限公司

地　　址：北京市东城区安定门外大街东后巷28号　　邮编：100710

网　　址：http://www.cctpress.com

联系电话：010-64515150（发行部）　　010-64212247（总编室）

　　　　　010-64269744（事业部）　　010-64248236（印制部）

责任编辑：郭舒怡

排　　版：廊坊市展博印刷设计有限公司

印　　刷：北京九州迅驰传媒文化有限公司

开　　本：787毫米×1092毫米　1/16

印　　张：12.75　　　　　　　　　字　　数：251千字

版　　次：2024年7月第1版　　　　印　　次：2024年7月第1次印刷

书　　号：ISBN 978-7-5103-5263-8

定　　价：78.00元

前　言

财务管理是现代企业管理非常重要的组成部分,是研究如何通过计划、决策、控制、考核、监督等管理活动对资金进行管理,以提高资金效益的一门经营管理学科,不仅涉及企业资本如何筹集、投放、运用与分配,而且涉及如何处理企业的各种财务关系。在我国经济水平不断提升、国家大力提倡创新发展的背景下,财务管理与会计工作也应当紧跟时代,与时俱进地不断推陈出新。

会计理论框架体系是支持和指导各种经济体制下各个行业会计实践的主要基础所在。在经济环境演变发展的过程中,人们对于会计理论的认识从无到有,从粗放到精细。随着科学技术的发展以及国际经济环境的变化,会计理论产生一定的变革:一是新经济环境推动会计对象的变化,二是新经济环境下会计目标发生变革。

在新的市场经济环境下,会计信息反映出了企业的财务状况和经营成果,因此对于企业的发展起着重要的作用。国内外会计学者、会计从业人员逐渐意识到了这一点,进一步推动了财务会计相关理论框架的研究和创建。在当前的经济发展背景下,会计理论的研究数量多、范围广,而针对经济环境与会计理论发展的相关性研究主要侧重于会计理论的发展脉络层面。未来的经济环境是朝着规范化、信息化和金融化的趋势发展的,特别是未来金融市场会不断完善,推动各种交易方式的创新和交易技术的优化,这将会促进会计的发展。

在对企业进行日常管理时,信息化和无纸化逐渐成为发展的主流。在企业的管理过程中,信息化被使用的概率越来越高,这将有利于解决企业管理过程中所出现的各种问题,会计信息化将在企业财务管理的过程当中发挥关键的作用,并且对企业财务管理具有重要影响。在现代信息技术的支持下,财务管理会计信息化的进程也在加速,而且成为财务会计业务处理发展的必然趋势。

信息化时代移动终端、物联网、大数据、云计算的发展,成为中国经济创新驱动的发动机和产业转型的助推器,带动了技术研发体系创新、管理方式变革、商业模式创新和产业价值链体系重构,推动了跨领域、跨行业的融合和协同创新。基于大数据、云计算、物联网背景下会计信息化发展的研究,必将推动会计工作的规范化、精细化和科学化。

财务管理与会计信息化之间有着密不可分的联系,随着信息技术的快速发展,会计信息化已成为企业财务管理不可或缺的一部分。本书首先阐述了财务管理的基本知识及其价值观念,其次通过会计信息化的相关知识、会计管理信息化探讨会计流程和管理方式发生的巨大变化,然后探讨了大数据背景下的会计信息化发展、云计算环境下的会计信息化发展、物联网环境下的会计信息化发展,最后探讨如何建设和运营财务共享中心。

　　本书由张江、史晓燕、辛冰川负责编写，王惠、袁峥、王镇、祁会琴、杨彤彤对整理本书亦有贡献。

　　本书在撰写过程中，笔者参考借鉴了大量著作与部分学者的理论研究成果，在此一一表示感谢。由于精力有限，书中难免存在疏漏与不足，望各位专家学者与广大读者批评指正，以使本书更加完善。

张　江　史晓燕　辛冰川

2024年7月

目　录

第一章 财务管理的基本知识

第一节 财务管理的内涵

财务管理是组织企业财务活动，处理财务关系的一项经济管理工作。因此，要了解什么是财务管理，必须先分析什么是财务活动和财务关系。

一、财务活动

在市场经济条件下，商品是使用价值和价值的统一体；社会再生产过程是使用价值的生产、交换过程和价值的形成、实现过程的统一体。在这一过程中，企业通过采购业务将资金转换成生产资料；劳动者通过生产过程将消耗的生产资料价值转移到产品中，并因在产品中凝结了劳动者的活劳动而创造出了新的价值；通过销售过程将产品售出，企业在收回资金的同时使生产过程中转移的价值和新创造的价值得以实现。企业在上述生产经营过程中，其物质的价值形态不断地发生变化，由一种形态转变成另一种形态，如此周而复始，循环往复，这种价值量的循环周转形成了企业的资金运动。企业的生产经营活动一方面表现为商品实物形态的转换过程，另一方面表现为资金的运动。资金运动是企业在生产过程中的价值表现，它从价值量角度综合地反映了企业的再生产过程。在这个意义上，可以将资金的实质理解为社会再生产过程中运动着的价值。

资金运动是以现金收支为主的企业资金收支活动的总称，可以直接表现为资金的流入和流出，由资金的筹资、投放、营运和利润分配等一系列活动构成，亦即财务活动。企业的财务活动主要包括以下四个方面。

（一）筹资活动

在商品经济条件下，任何经济实体从事生产经营活动都必须以拥有一定数量的资金并能够对其加以自主地支配和运用为前提。企业取得资金以及由此而产生的一系列经济活动就构成了企业的筹资活动。具体来讲，当企业借助于发行股票、发行债券和吸收直接投资等方式筹集资金时，会引发资金流入企业；当企业在筹资时支付各种筹资费用、向投资者支付股利、向债权人支付利息，以及到期偿还本金时，会引发资金流出企业。这些因筹集资金而引发的各种资金收支活动称为筹资活动。

（二）投资活动

通过各种方式筹集大量资金并非企业经营的最终目的。企业筹集资金后所面临的问题是如何合理地运用资金以谋求最大的经济利益，增加企业的价值。企业对资金的运用包括长期资产和短期资产。一般来讲，将资金运用在长期资产上的行为称为投资活动；将资金运用在短期资产上进行周转的行为称为营运活动。企业的投资活动有狭义和广义之分：狭义的投资活动禁止对外投资，包括对外股权性投资和债权性投资；广义的投资活动不仅包括对外投资，还包括对内固定资产投资和无形资产投资等。企业将筹集到的资金用以购买各种长期资产或有价证券时，会引发资金流出企业；企业将资产处置或将有价资产出售、转让收回投资时，会引发资金流入企业。这些因资金的投放而引发的资金收支活动就是投资活动。

（三）营运活动

企业短期资金的周转是伴随着日常生产经营循环来实现的。具体表现为，企业运用资金采购材料物资并由生产者对其进行加工，直至将其加工成可供销售的商品，同时向生产者支付劳动报酬以及各种期间费用，当企业用资金补偿生产经营过程所发生的这些耗费时，资金流出企业；当产品实现销售、收回货款时，资金流入企业。在生产经营过程中，由于企业出现临时资金短缺而无法满足经营所需时，需要通过借短期债务等方式获得所需资金，引发资金流入企业，因此，由企业的日常经营活动而引起的各种资金收支活动就是企业的资金营运活动。

（四）利润分配活动

企业在经营过程中会因为销售商品、对外投资等活动获得利润，这表明企业实现了资金的增值或取得了相应的投资报酬。企业的利润要按照规定的程序进行分配，主要包括上缴税金、弥补亏损、提取盈余公积金、提取公益金和向投资者分配利润等。这种因实现利润并对其进行分配而引起的各种资金收支活动就是利润分配活动。

上述四项财务活动并非孤立、互不相关的，而是相互依存、相互制约的，它们构成了完整的企业财务活动体系，这也是财务管理活动的基本内容。同时，这四个方面构成了财务管理的基本内容：筹资管理、投资管理、营运资金管理和利润分配管理。

二、财务关系

财务关系是指企业在组织财务活动过程中与有关各方面发生的经济利益关系，企业进行筹资、投资、营运及利润分配时，会因交易双方在经济活动中所处的地位不同，各自拥有的权利、承担的义务和追求的经济利益不同而形成不同性质的财务关系。

（一）企业与投资者之间的关系

企业与投资者之间的关系主要表现在企业的投资者向企业投入资金，形成主权资金，企业应将税后利润按照一定的分配标准分配给投资者以作为投资者的投资报酬；投资者将资金投入企业，获得对企业资产的所有权，从而参与企业的生产经营运作并有权按持有的权益份额从税后利润中获取投资回报。投资者必须按照合同、协议、章程的有关规定按时履行出资义务，及时形成企业资本金，获取参与企业生产经营、分享利润的权利。企业接受投资后，对资金加以合理运用，取得的财务成果要按照各投资者的投资比例或合同、协议、章程规定的分配比例向投资者分配利润。企业与投资者之间的财务关系体现为所有权性质上的经营权与所有权的关系。

（二）企业与债权人之间的财务关系

企业向债权人借入资金形成企业的债务资金，企业按照借款合同或协议中的约定按时向债权人支付利息，并到期偿还本金；债权人按照合同或协议中的约定及时将资金借给企业成为企业的债权人，具有按照合同或协议中的约定取得利息和索偿本金的权利。债权人与投资者的不同之处在于：债权人的出资回报来源于息前利润，且在投资时就已明确具体的数额；而投资者的出资回报来源于税后利润，投资者出资回报数额的多少并未在投资时确定下来，而是取决于企业税后净利润的多少以及企业利润分配的政策。因此，企业与债权人之间的财务关系属于债务与债权的关系。

（三）企业与受资者之间的财务关系

企业可以将生产经营中闲置的资金投资于其他企业，形成对外股权性投资。企业向外单位投资应当按照合同、协议的规定，按时、足额地履行出资义务，以取得相应的股份，从而参与被投资企业的经营管理和利润分配。被投资企业受资后必须将实现的税后利润按照合同、协议规定的分配方案给投资者进行分配。企业与被投资者之间的财务关系表现为所有权性质上的投资与受资关系。

（四）企业与债务人之间的财务关系

企业与债务人之间的财务关系主要是指企业通过购买债券、提供借款或商业信用等形式将资金出借给其他单位而形成的经济利益关系。企业将资金出借后，有权要求债务人按照事先约定的条件支付利息和偿还本金。企业与债务人之间的财务关系体现为债权与债务的关系。

（五）企业与国家税务机关之间的财务关系

企业从事生产经营活动所取得的各项收入应按照税法的规定依法纳税，从而形成企业与国家税务机关之间的财务关系。在市场经济条件下，任何企业都有依法纳税的义务，以保证国家财政收入的实现，满足社会公共需要。

（六）企业与内部各单位之间的财务关系

企业与内部各单位之间的财务关系是指企业内部各单位之间在生产经营各环节中相互提供产品或劳务所形成的经济关系。在企业实行内部经济核算制和经营责任制的情况下，企业内部各单位、部门之间因为相互提供产品或劳务而形成内部计价结算。另外，企业内部各单位、部门与企业财务部门还会发生借款、报销、代收及代付等经济活动。这种在企业内部形成的资金结算关系，体现了企业内部各单位、部门之间的利益关系。

（七）企业与内部职工之间的财务关系

企业与内部职工之间的财务关系是指通过签订劳务合同向职工支付劳动报酬等所形成的经济关系。主要表现为：企业接受职工提供的劳务，并从营业所得中按照一定的标准向职工支付工资、奖金、津贴、养老保险、失业保险、医疗保险、住房公积金，并按规定提取公益基金。此外，企业还可根据自身发展的需要，为职工提供学习、培训的机会，为企业创造更多的收益。这种企业与职工之间的财务关系属于劳动成果上的分配关系。

因此，财务管理就是指按照一定的原则，运用特定的量化分析方法，从价值角度出发，组织企业的财务活动并处理企业财务关系的一项经济管理工作，是企业管理的重要组成部分。

三、财务管理的特点

企业财务管理的特点，是企业财务管理特有的属性，是企业财务管理区别于其他经济管理的根本标志。错综复杂的企业生产经营活动包括生产经营活动的各个方面，例如，生产管理、人力资源管理、设备管理、销售管理、物业管理和财务管理等。而各项管理工作之间是相互联系、紧密配合的，在科学分类的基础上有着各自的特点。现代企业财务管理具有以下两个主要特点。

（一）财务管理是一种价值管理

企业管理包括一系列专业管理活动，而这些活动有的侧重于使用价值管理，有的侧重于价值管理，有的侧重于劳动要素管理，有的侧重于信息管理。在这些活动中，财务管理是针对企业的资金运动及其形成的财务关系所进行的管理，是从价值的角度对企业的经营活动进行的管理，这是区别于其他管理活动的根本性标志。

（二）财务管理是一种综合性管理

企业财务管理通过价值形式，对企业的各种经济资源、生产经营过程、战略发展方向和经营成果进行合理配置、规划、协调和控制，提高企业的经营效率，并制定相应的财务政策，正确处理企业的各种财务关系，实施各项财务决策，提高企业的经济效益，使企业的财富不断增加。因此，财务管理既是企业管理工作的一个重要组成部分，又是一项综合性很强的管理工作。

第二节　财务管理的目标

正确的目标是一个组织良性循环的前提条件，企业财务管理的目标同样对企业财务管理系统的运行具有重要意义。

一、企业目标

企业是营利性组织，其运营的出发点和落脚点都是获利。企业生产经营的目标总体来讲，即生存、发展和获利。不同层次的企业目标对财务管理提出了不同内容的要求。

（一）生存

生存是发展和获利的前提条件，企业只有生存才能获利。企业是在市场中生存的，其生存所处的市场按其交易对象可以划分为商品市场、金融市场、人力资源市场和技术市场等，企业在市场上求得生存必须满足一定的条件。首先，企业生存的最基本条件是"以收抵支"。企业的资金周转在物质形态上表现为：一方面，企业付出货币资金从市场上取得所需资源；另一方面，企业向市场提供商品或服务，并换回货币资金。企业为了维持生存，必须做到从市场上换回的货币资金至少要等于付出的货币资金，这样才能维持企业的长期存续。相反，若企业没有足够的支付能力，无法从市场上换回生产经营所需材料物资，必然会萎缩，直到企业无法维持最低运营条件而被迫终止。倘若企业长期亏损，扭亏为盈无望，就失去了存在的意义，为避免进一步扩大损失，所有者应主动终止营业，这是导致企业终止的内在原因。其次，即使企业当期有盈利，但是在企业资金周转过程中也可能出于某种原因导致资金周转困难而无法偿还到期债务。此时企业也可能无法生存下去，即企业生存的另一个基本条件是"偿还到期债务"，这是导致企业终止营业的直接原因。

因此，作为企业管理组成部分的财务管理，就应对企业的筹资环节、投资环节和资金运营环节进行有效管理，使企业拥有"以收抵支"和"偿还到期债务"的能力，减少企业的破产风险。

（二）发展

企业是在发展中得以生存的，如果仅维持简单的再生产，很难长久地在现代市场经济竞争条件下生存。在科技不断进步、竞争不断加剧、产品不断推陈出新的今天，企业只有不断地改进生产工艺，开发研制出新产品，向市场提供更能满足消费者需求的商品，占据市场有利地位，形成自己的竞争优势，才能在市场中立足，实现企业生存并发展的经营管理目标。在市场经济中，任何经济资源的取得和运用都是要付出一定代价的，而货币资金则是对代价的最终结算手段。资金的投放、生产规模的形成、企业的运营等，都离不开资金。

因此，适时筹集企业发展所需资金并合理有效运用资金，是企业管理目标对财务管理的又一个要求。

（三）获利

组建企业的目的是获利。企业在营运过程中有很多项努力的目标，包括扩大市场份额、提高所有者收益水平、减少环境污染、改善生产环境和提高员工福利待遇等。但获利是其中最具综合性的目标，不但体现了组建企业的出发点和落脚点，而且可以反映出其他目标的实现程度。从财务角度看，获利就是使产出资金大于初始投入资金，在市场中取得资金要付出代价，即资本成本，每项资金的投放都应当遵循经济效益的原则，即财务管理人员对资金的运用都应当讲求经济效益，以产出最大化的方式对资金加以运用。因此，企业获利的管理目标，要求财务管理要合理有效地运用资金，从而使企业获利。

当然，生存、发展和获利这三个企业管理目标是相互联系、密不可分的。它们要求财务管理做到筹集资金并有效地进行投放和使用。为了切实完成企业管理对财务管理的要求，在财务管理的过程中，不仅要对资金的取得和运用进行管理，而且要对生产、销售和利润分配的环节进行管理，从总体上实现企业目标对财务管理提出的要求。

二、财务管理的总体目标

企业的财务管理目标既要与企业生存和发展的目的保持一致，又要直接、集中反映财务管理的基本特征，体现财务活动的基本规律。根据现代企业财务管理的理论和实践，具有代表性的财务管理目标主要有以下几种观点。

（一）利润最大化

利润是企业在一定期间内全部收入和全部费用的差额，它反映了企业在当期经营活动中投入与产出对比的结果，在一定程度上体现了企业经济效益的高低。利润既是资本报酬的来源，又是提高企业职工劳动报酬的来源，同时也是企业增加资本公积，扩大经营规模的源泉。在市场经济条件下，利润的高低决定着资本的流向；企业获取利润的多少表明企业竞争能力的大小，决定着企业的生存和发展。因此，以追逐利润最大化作为财务管理的目标，有利于企业加强管理，增加利润，且这种观点简单明了，易于理解。

利润最大化目标在实践中存在着如下几个难以解决的问题：企业一定时期实现的利润总额，没有考虑资金时间价值；没有反映创造的利润与投入的资本之间的关系，因而不利于不同资本规模的企业或同一企业不同时期之间的比较；没有考虑风险因素。高额利润往往要承担过大的风险；片面追求利润最大化，可能导致企业短期行为，如忽视产品开发、人才开发、生产安全、技术装备水平、生活福利设施和社会责任的履行等。

（二）资本利润率最大化或每股利润最大化

资本利润率是企业在一定时期的税后净利润额与资本额的比率。每股利润（称每股盈余）是一定时期净利润与普通股股数的比值。这种观点认为，每股盈余将收益和企业的资本量联系起来，体现资本投资额与资本增值利润额之间的关系。以资本利润率最大化或每股利润最大化作为财务管理目标，可以有效地克服利润最大化目标的缺陷；能反映出企业所得利润额同投入资本额之间的投入产出关系；能科学地说明企业经济效益水平的高低，能在不同资本规模的企业或同一企业不同时期之间进行比较。但该指标同利润最大化目标一样，仍然没有考虑资金时间价值和风险因素，也不能避免企业的短期行为。

（三）企业价值最大化

企业价值是通过市场评价而确定的企业买卖价格，是企业全部资产的市场价值，它反映了企业潜在或预期的获利能力。投资者之所以创办企业，就是为了使其投入的资本保值、增值，创造尽可能多的财富。这种财富不仅表现为企业实现的利润，而且表现为企业全部资产的价值。如果企业利润增多了，资产反而贬值，则潜伏着暗亏，对投资者来讲风险很大。相反，如果企业资产价值增多了，生产能力增进了，则企业将具有长久的盈利能力和抵御风险的能力。因此，企业财务管理就应该站在投资者的立场来考虑问题，努力使投资者的财富或企业的市场价值达到最大化，以企业价值最大化作为财务管理目标，更为必要和合理。投资者在评价企业价值时，是以投资者预期投资时间为起点的，并将未来收入按预期投资时间的同一口径进行折现，未来收入的多少根据可能实现的概率进行计算，可见，这种计算方法考虑了资金的时间价值和风险问题。企业所得的收益越多，实现收益的时间越近，应得的报酬越是确定，企业的价值或股东财富就越大。

企业价值最大化目标的优点表现为以下四个方面：该目标考虑了资金的时间价值和投资的风险价值，有利于统筹安排长短期规划、合理选择投资方案、有效筹措资金、合理制定股利政策等；该目标反映了对企业资产保值、增值的要求，从某种意义上说，股东财富越多，企业市场价值就越大，追求股东财富最大化的结果可促使企业资产保值或增值；该目标有利于克服管理上的片面性和短期行为；该目标有利于社会资源合理配置，社会资金通常流向企业价值最大化的企业或行业，有利于实现社会效益最大化。

同时，企业价值最大化目标在实践中也存在以下不足：对于上市企业，虽然通过股票价格的变动能够揭示企业价值，但是股价是多种因素影响的结果，特别在即期市场上的股价不一定能够直接反映企业的获利能力，只有长期趋势才能做到这一点；由于现代企业采用"环形"持股的方式，相互持股，其目的是控股或稳定购销关系，因此，法人股东对股票市价的敏感程度远不及个人股东，对股价最大化目标没有足够的兴趣。对于非上市企业，只有对企业进行专门的评估才能真正确定其价值，而在评估企业的资产时，由于受评估标准和评估方式的影响，这种估价不易做到客观和准确，这也导致确定企业价值很困难。

尽管企业价值最大化目标存在诸多不足，并不是一个完美的财务管理目标，但其可以克服利润最大化或每股收益最大化等目标的一些致命缺陷，在现有条件下，企业价值最大化目标是相对合理和完善的。

三、财务管理的具体目标

财务管理的具体目标是为实现财务管理的总体目标而确定的企业各项具体财务活动所要达到的目的。其具体可以概括为以下几个方面。

（一）筹资管理的目标

企业要在筹资活动中贯彻财务管理总目标的要求，主要有以下两方面的要求。

第一，必须以较少的筹资成本获取同样多或较多的资金。企业的筹资成本包括利息、股利（或利润）等向出资者支付的报酬，也包括筹资中的各种筹资费用，企业降低筹资过程中的各种费用，尽可能使利息、股利（或利润）的付出总额降低，可提升企业的总价值。

第二，企业必须以较小的筹资风险获取同样多或较多的资金。筹资风险主要是到期不能偿债的风险，企业降低这种风险，会使内含于企业价值中的风险价值相对增加。

综合上述两点，企业筹资管理的具体目标就是：在满足生产经营需要的情况下，以较少的筹资成本和较小的筹资风险获取同样多或较多的资金。

（二）投资管理的目标

企业若要在投资活动中贯彻财务管理总目标的要求，必须做到以下两点。

第一，必须使投资收益最大化。企业的投资收益始终与一定的投资额和资金占用量相联系，企业投资报酬越多，就意味着企业的整体获利能力越高，也就会在两个方面对企业的价值产生影响：①企业已获得的投资收益会直接增加企业资产价值；②投资收益较高会提高企业的市场价值。

第二，由于投资会带来投资风险，因此企业还必须降低投资风险。投资风险是指投资不能收回的风险，企业降低这种风险，就会使内含于企业价值中的风险价值相对增加。因此，企业投资管理的具体目标是以较少的投资额和较低的投资风险获取同样多或较多的投资收益。

（三）营运资金管理的目标

企业的营运资金是为满足企业日常营业活动的要求而垫支的资金。营运资金的周转与生产经营周期具有一致性。在一定时期内资金周转越快，生产出的产品越多，取得的收入越多，获得的报酬也越多。因此，企业营运资金管理的目标是合理使用资金，加速资金周转，不断提高资金的利用效率。

（四）利润分配管理的目标

企业分配管理的具体目标就是合理确定利润的留存比例及分配形式，以提高企业潜在的收益能力，从而提高企业价值。分配就是将企业取得的收入和利润，在企业与相关利益主体之间进行分割。这种分割不仅涉及各利益主体的经济利益，而且涉及企业的现金流出量，从而影响企业财务的稳定和安全。同时由于这种分割涉及各利益主体经济利益的多少，不同的分配方案也会影响企业的价值。如果企业当期分配较多的利润给投资者将会提高企业的即期市场评价，但由于利润大部分被分配，可能导致企业的即期现金不够，或者缺乏发展和积累资金，从而影响企业未来的市场价值。

四、财务管理目标的协调

科学的财务管理目标，必须分析影响财务管理目标的利益集团，即企业投资者、分享企业收益者和承担企业风险者。股东和债权人都为企业发展提供了必要的财务资源，但是他们处在企业之外，只有经营者即管理当局在企业里直接从事财务管理工作。股东、经营者和债权人之间构成了企业最重要的财务关系。企业是所有者即股东的企业，财务管理的目标是指股东的目标。股东委托经营者代为管理企业，为实现他们的目标而努力，但经营者和股东的目标并不完全一致。债权人把资金借给企业，并不是为了"股东财富最大化"，与股东的目标也不一致。企业必须协调股东、经营者和债权人之间的冲突，才能实现"股东财富最大化"的目标。企业财务活动所涉及的不同利益主体如何进行协调，是实现财务管理目标过程中必须解决的问题。

（一）所有者与经营者之间

企业价值最大化直接反映了企业所有者的利益，这与企业经营者没有直接的利益关系。对所有者而言，经营者获得的利益正是其所放弃的利益，在经济学中这种放弃的利益称为经营者的享受成本。因此，经营者和所有者的主要矛盾表现在经营者希望在提高企业价值和股东财富的同时，能更多地增加享受成本，而所有者和股东则希望以较少的享受成本提高企业价值或股东财富。具体来讲有以下几个方面。

1.经营者的目标

经营者是最大合理效用的追求者，其具体行为目标与股东不一致。他们的目标是：①增加报酬。包括物质和非物质的报酬，如工资、奖金，提高荣誉和社会地位等。②增加闲暇时间。包括较少的工作时间、工作时间里较多的空闲和有效工作时间中较小的劳动强度等。③规避风险。经营者努力工作可能得不到应有的报酬，他们的行为和结果之间有不确定性，经营者总是力图避免这种风险，希望能得到与其劳动付出相匹配的报酬。

2.经营者对股东目标的背离

经营者的目标和股东不完全一致，经营者有可能为了自身的目标而背离股东的利益。这种背离表现在以下两个方面。

第一，道德风险。经营者为了自身的目标，可能不会尽最大努力去实现企业财务管理目标。因为股价上涨的收益将归于股东，如若失败，他们的"身价"将下跌，所以他们没有动力为提高股价而冒险。

第二，逆向选择。经营者为了私利而背离为股东创造价值的目标。例如，装修豪华的办公室，买高档汽车等；借工作之便乱花股东的钱；蓄意压低股票价格，以自己的名义借款买回，导致股东财富受损，自己从中获利。

为解决这一矛盾，应采取让经营者的报酬与绩效相关联的措施，并辅以一定的监督措施。

（1）解聘，即通过所有者约束经营者。如果经营者决策失误，经营不力，未能采取有效措施使企业价值达到最大化，就会面临解聘，经营者因担心被解聘而被迫去实现企业财务管理目标。

（2）接收，即通过市场约束经营者。如果经营者决策失误，经营不力，且未能采取有效措施提高企业价值，该公司就可能被其他公司强行接收或吞并，相应地经营者也会被解聘。因此，经营者为了避免出现这种接收情况，必将采取有效措施提高股票市价。

（3）激励，即把经营者的报酬与其绩效挂钩，让经营者自觉地采取能满足企业价值最大化的措施。激励有两种方式：一种是"股票期权"方式（即"股票选择权"），它允许经营者以固定的价格购买一定数量的公司股票，股票的价格越高于固定价格，经营者所得到的报酬就越多，经营者为了尽可能多地获取股票上涨带给自己的利益，就必然主动采取能够提高股价的行为；另一种是"绩效股"方式，它是公司运用每股收益、资产报酬率等指标来评价经营者的业绩，按其业绩大小给予数量不等的股票作为报酬。如果公司的经营业绩未能达到规定目标，经营者也将丧失部分原先持有的"绩效股"，这种方式使经营者不仅为了多得"绩效股"而不断采取措施提高公司的经营业绩，而且为了实现每股市价最大化将会采取各种措施使股价趋于上升。

当然，不管采取哪一种措施，均不能完全消除经营者背离股东目标的行为，且采取任何一种措施，所有者都必须付出一定的代价，有时代价会很大。监督成本、激励成本和偏离股东目标的损失三者之间此消彼长，相互制约。股东要权衡轻重，力求找出能使三项之和最小的解决办法，也是最佳的解决办法。

（二）所有者与债权人之间

当公司向债权人借入资金后，两者也形成一种委托代理关系。所有者的财务目标与债权人期望实现的目标是不一致的。首先，所有者可能未经债权人同意，要求经营者将资金投资于比债权人预计风险要高的项目，使偿债风险加大，债权人的负债价值必然会降低。若高风险的项目成功，额外的利润就会被所有者独享；

但如果项目失败，债权人却要与所有者共同负担由此造成的损失，这对债权人来说风险和收益是不对称的。其次，所有者或股东可能在未征得现有债权人同意的情况下，发行新债券或举借新债，致使原债务价值降低（因为相应的偿债风险增加）。

所有者与债权人的上述矛盾可通过以下两种方式协调解决。

第一，限制性借款，即通过借款的用途限制、借款的担保条款和借款的信用条件来防止和约束股东利用上述两种方法削弱债权人的债权价值。

第二，收回借款，不再放款。当债权人发现公司有侵蚀其债权价值的意图时，可以收回债权或不给予公司重新放款，从而保护自身的权益。

（三）所有者与社会公众之间

企业总是存在于一定的社会关系之中，它除了与经营者和债权人之间有密切的财务关系外，还必然会与其他相关利益者（如员工、政府、消费者、供应商及竞争对手等）发生各种各样的关系。这就会产生企业是否需要承担社会责任，如何承担社会责任的问题。企业所需要承担的社会责任与企业价值最大化目标有一致的一面，例如，为使股价最大化，企业必须生产出符合市场需要的产品，必须不断地开发新产品，降低产品成本，提高产品质量，增加投资，扩大生产规模，提供高效、优质的服务等，而当企业采取这些措施时，整个社会必将因此而受益。另外，企业适当从事社会公益活动，承担一定的额外社会责任，从短期来看虽然增加了企业的成本，但却有助于改善和增强企业的社会形象与知名度，使企业对股票和债券的需求增加，从而使股价提高，这无疑是符合股东的最大利益的。但是，社会责任与企业价值最大化的目标又存在着不一致的一面，例如，企业为了获利，可能生产伪劣产品；可能不顾工人的健康和利益；可能造成环境污染；可能损害其他企业的利益等。当企业存在这些行为时，社会利益将因此而受损。同时，企业承担过多的社会责任，必然会增加成本，降低每股盈余水平，从而导致股价降低，减少股东的财富。

为解决这一矛盾，可以采取以下两种方式。

第一，法律法规。股东只是社会的一部分，他们在谋求自身利益的同时，不应损害他人的利益。政府要保证所有公民的正当权益。为此，政府颁布了一系列保护公众利益的法律，如《中华人民共和国公司法》《中华人民共和国反不正当竞争法》《中华人民共和国环境保护法》《中华人民共和国消费者权益保护法》和有关产品质量的法规等，依此调节股东和社会公众的利益冲突。

第二，舆论监督。法律因其滞后性不可能解决所有问题，特别是在法律不健全的情况下，企业可能在合法的情况下做不利于社会的事情。因此，企业除了要在遵守法律的前提下去追求企业价值最大化的目标之外，还必须受到道德的约束，接受政府以及社会公众的监督，进一步协调企业与社会的矛盾。

第三节　财务管理的原则

一、货币时间价值原则

货币时间价值是客观存在的经济范畴，它是指货币经历一段时间的投资和再投资所增加的价值。从经济学的角度看，即使在没有风险和通货膨胀的情况下，一定数量的货币资金在不同时点上也具有不同的价值。因此，在数量上货币的时间价值相当于在没有风险和通货膨胀条件下的社会平均资本利润率。今天的一元钱要大于将来的一元钱。货币时间价值原则在财务管理实践中得到广泛的运用。长期投资决策中的净现值法、现值指数法和内含报酬率法，都要运用到货币时间价值原则中；筹资决策中比较各种筹资方案的资本成本、分配决策中利润分配方案的制定和股利政策的选择，营业周期管理中应付账款付款期的管理、存货周转期的管理、应收账款周转期的管理等，都充分体现了货币时间价值原则在财务管理中的具体运用。

二、资金合理配置原则

拥有一定数量的资金，是企业进行生产经营活动的必要条件，但任何企业的资金总是有限的。资金合理配置是指企业在组织和使用资金的过程中，应当使各种资金保持合理的结构和比例关系，保证企业生产经营活动的正常进行，使资金得到充分有效的运用，并从整体上（不一定是每一个局部）获得最大的经济效益。在企业的财务管理活动中，资金的配置从筹资的角度看表现为资本结构，具体表现为负债资金和所有者权益资金的构成比例，长期负债和流动负债的构成比例，以及内部各具体项目的构成比例。从投资或资金的使用角度看，企业的资金表现为各种形态的资产，各形态资产之间应当保持合理的结构比例关系，包括对内投资和对外投资的构成比例。对内投资中流动资产投资和固定资产投资的构成比例，有形资产和无形资产的构成比例，货币资产和非货币资产的构成比例等；对外投资中债权投资和股权投资的构成比例，长期投资和短期投资的构成比例等；以及各种资产内部的结构比例。上述这些资金构成比例的确定，都应遵循资金合理配置原则。

三、成本-效益原则

成本—效益原则就是要对企业生产经营活动中的所费与所得进行分析比较，将花费的成本与所获得的效益进行对比，使效益大于成本，产生"净增效益"。成本—效益原则贯穿于企业的全部财务活动中。企业在筹资决策中，应将所发生的资本成本与所获得的投资利润率进行比较；在投资决策中，应将与投资项目相关的现金流出与现金流入进行比较；在生产经营活动中，应将所发生的生产经营成本与其所获得的经营收入进行比较；在不同备选方案之间进行选择时，应将所放弃的备选方案预期产生的潜在收益视为所采纳方案的机会成本与所获得的收益进行比较。在具体运用成本—效益原则时，应避免"沉没成本"对我们决策的干扰，"沉没成本"是指已经发生、不会被以后的决策改变的成本。因此，我们在做各种财务决策时，应将其排除在外。

四、风险—报酬均衡原则

风险与报酬是一对孪生兄弟，形影相随，投资者要想获得较高的报酬，就必然要冒较大的风险。如果投资者不愿承担较大的风险，就只能获得较低的报酬。风险—报酬均衡原则是指决策者在进行财务决策时，必须对风险和报酬做出科学的权衡，使所冒的风险与所获得的报酬相匹配，达到趋利避害的目的。在筹资决策中，负债资本成本低，财务风险大，权益资本成本高，财务风险小。企业在确定资本结构时，应在资本成本与财务风险之间进行权衡。

五、收支积极平衡原则

财务管理实际上是对企业资金的管理，量入为出、收支平衡是对企业财务管理的基本要求。资金不足会影响企业的正常生产经营，严重时，会影响到企业的生存；资金多余会造成闲置和浪费，给企业带来不必要的损失。收支积极平衡原则要求企业一方面要积极组织收入，确保生产经营和对内、对外投资对资金的正常合理需要；另一方面要节约成本费用，压缩不合理开支，避免盲目决策。保持企业一定时期资金总供给和总需求动态平衡和每一时点资金供需的静态平衡。要做到企业资金收支平衡，在企业内部，要增收节支，缩短生产经营周期，生产适销对路的优质产品，提高销售收入，合理调度资金，提高资金利用率；在企业外部，要保持同资本市场的密切联系，加强企业的筹资能力。

六、利益关系协调原则

企业是由各种利益集团组成的经济联合体。这些经济利益集团主要包括企业的所有者、经营者、债权人、债务人、国家税务机关、消费者、企业内部各部门和职工等。利益关系协调原则要求企业协调、处理好与各利益集团的关系，切实维护各方的合法权益，将按劳分配、按资分配、按知识和技能分配、按业绩分配等多种分配要素有机结合起来。只有这样，企业才能营造一种内外和谐、协调的发展环境，充分调动各有关利益集团的积极性，最终实现企业价值最大化的财务管理目标。

第四节　财务管理的环境

一、财务管理环境的概念

企业财务管理环境是指对企业理财活动具有直接或间接影响作用的外部条件或影响因素，它是企业财务管理难以改变的约束条件。

企业财务活动在相当大程度上受理财环境制约，如生产、技术、供销、市场、物价、金融、税收等因素。只有在理财环境的各种因素作用下实现财务活动的协调平衡，企业才能生存和发展。研究理财环境，有助于正确地制定理财策略。

本书主要讨论对企业财务管理影响比较大的法律环境、金融环境和经济环境等因素。

二、法律环境

市场经济的重要特征就在于它是以法律规范和市场规则为特征的经济制度。法律为企业经营活动规定了活动空间，也为企业在相应空间内自由经营提供了法律上的保护。影响财务管理的主要法律环境因素有企业组织形式的法律规定和税收法律规定等。

（一）企业组织形式

企业是市场经济的主体，不同类型的企业在所适用的法律方面有所不同。了解企业的组织形式，有助于企业管理活动的开展。企业可按照不同的标准进行分类，按其组织形式不同，可分为独资企业、合伙企业和公司。

1.独资企业

个人独资企业是指依法设立，由一个人投资，财产为投资个人所有，投资人以其个人财产对公司债务承担无限责任的经营实体。个人独资企业特点如下。

（1）只有一个出资者。

（2）出资人对企业债务承担无限责任。在个人独资企业中，投资人直接拥有企业的全部资产并直接负责企业的全部负债，也就是说独资人承担无限责任。

（3）独资企业不作为企业所得税的纳税主体。一般而言，独资企业并不作为企业所得税的纳税主体，其收益纳入所有者的其他收益一并计算缴纳个人所得税。

独资企业具有结构简单、容易开办、利润独享、限制较少等优点，但也存在无法克服的缺点：一是出资者负有无限偿债责任；二是筹资困难，个人财力有限，企业往往会因信用不足、信息不对称而存在筹资障碍。我国的国有独资公司不属于本类企业，而是按有限责任公司对待。

2.合伙企业

合伙企业是依法设立，由各合伙人订立合伙协议，共同出资，合伙经营，共享收益，共担风险，并对合伙企业债务承担无限连带责任的营利组织。合伙企业的法律特征如下。

（1）有两个以上合伙人，并且都是具有完全民事行为能力，依法承担无限责任的人。

（2）有书面合伙协议，合伙人依照合伙协议享有权利，承担责任。

（3）有各合伙人实际缴付的出资，合伙人可以用资金、实物、土地使用权、知识产权或其他属于合伙人的合法财产及财产权利出资；经全体合伙人协商一致，合伙人也可以用劳务出资，其评估作价由全体合伙人协商确定。

（4）有关合伙企业改变名称、向企业登记机关申请办理变更登记手续、处分不动产或财产权利、为他人提供担保、聘任企业经营管理人员等重要事务，均须经全体合伙人一致同意。

（5）合伙企业的利润和亏损，由合伙人依照合伙协议约定的比例分配和分担；合伙协议未约定利润分配和亏损分担比例的，由各合伙人平均分配和分担。

（6）各合伙人对合伙企业债务承担无限连带责任。

合伙企业具有开办容易、信用相对较佳的优点，但也存在责任无限、权力不易集中、有时决策过程过于冗长等缺点。

3.公司

公司是指依照《中华人民共和国公司法》（以下简称《公司法》）登记设立，以其全部法人财产，依法自主经营、自负盈亏的企业法人。公司享有由股东投资形成的全部法人财产权，依法享有民事权利，承担民事责任。公司股东作为出资者按投入公司的资本额享有所有者的资产受益、重大决策和选择管理者等权利，并以其出资额或所持股份对公司承担有限责任，我国《公司法》所称公司是指有限责任公司和股份有限公司。

（1）有限责任公司。有限责任公司是指由2个以上50个以下股东共同出资，每个股东以其所认缴的出资额为限对公司承担有限责任，公司以其全部资产对其债务承担责任的企业法人。其特征有：①公司的资本总额不分为等额的股份；②公司向股东签发出资证明书，不发股票；③公司股份的转让有较严格限制；④限制股东人数，不得超过定限额；⑤股东不得少于规定的数目，但没有上限限制；⑥股东以其出资额为限对公司承担有限责任。

（2）股份有限公司。股份有限公司是指其全部资本分为等额股份，股东以其所持股份为限对公司承担责任，公司以其全部资产对公司债务承担责任的企业法人。其特征有：①公司的资本划分为股份，每一股的金额相等；②公司的股份采取股票的形式，股票是公司签发的证明股东所持股份的凭证；③同股同权，同股同利，股东出席股东大会，所持每一份股份有一表决权；④股东可以依法转让持有的股份；⑤股东不得少于规定的数目，但没有上限限制；⑥股东以其所持股份为限对公司债务承担有限责任。

与独资企业和合伙企业相比，股份有限公司的特点：①有限责任。股东对股份有限公司的债务承担有限责任，倘若公司破产清算，股东的损失以其对公司的投资额为限。而对独资企业和合伙企业，其所有者可能损失更多，甚至是个人的全部财产。②永续存在。股份有限公司的法人地位不受某些股东死亡或转让股份的影响，因此，其寿命较之独资企业或合伙企业更有保障。③可转让性。一般而言，股份有限公司的股份转让比独资企业和合伙企业的权益转让更为容易。④易于筹资。就筹集资本的角度而言，股份有限公司是最有效的企业组织形式。因其永续存在以及举债和增股的空间大，股份有限公司具有更大的筹资能力和弹性。⑤对公司的收益重复纳税。作为一种企业组织形式，股份有限公司也有不足，最大的缺点是对公司的收益重复纳税：公司的收益先要缴纳公司所得税；税收收益以现金股利分配给股东后，股东还要缴纳个人所得税。

公司这一组织形式，已经成为西方大企业所采用的普遍形式，也是我国建立现代企业制度过程中选择的企业组织形式之一。本书所讲的财务管理主要是公司的财务管理。

（二）税　收

1.税收的意义与类型

税收是国家为了实现其职能，按照法律规定的标准，凭借政治权力，强制地、无偿地征收资金实物的一种经济活动，也是国家参与国民收入分配的一种方法。税收是国家参与经济管理、实施宏观调控的重要手段之一。税收具有强制性、无偿性和固定性三个显著特征。

国家财政收入的主要来源是企业所缴纳的税金，而国家财政状况和财政政策，对企业资金供应和税收负担有着重要的影响；国家各种税种的设置、税率的调整，具有调节生产经营的作用。国家税收制度特别是工商税收制度，是企业财务管理的重要外部条件。企业的财务决策应当适应税收政策的导向，合理安排资金投放，以追求最佳的经济效益。

税收按不同的标准，有以下四种类型：

（1）按征税物件的不同，可分为流转税类、收益税（所得税）类、财产税类、资源税类和行为税类等；

（2）按中央和地方政府对税收的管辖不同，可分为中央税（或称国家税）、地方税、中央与地方税共享三类；

（3）按税收负担能否转嫁，可分为直接税和间接税；

（4）按征收的实体来划分，可分为资金税和实物税。

2.税法的含义与要素

税法是由国家机关制定的调整税收征纳关系及其管理关系的法律规范的总称。我国税法的构成要素主要包括：

（1）征税人。征税人是代表国家行使征税职责的国家税务机关，包括国家各级税务机关、海关和财政机关。

（2）纳税义务人。纳税义务人也称纳税人或纳税主体，指税法上规定的直接负有纳税义务的单位和个人。纳税义务人可以是个人（自然人）、法人、非法人的企业和单位，这些个人、法人、单位既可以是本国人，也可以是外国人。

（3）课税对象。课税对象即课税客体，是指税法针对什么征税。课税对象是区别不同税种的重要依据和标志。课税对象按其课税范围划分为：以应税产品的增值额为对象进行课征，以应税货物经营收入为对象进行课征，以提供劳务取得的收入为对象进行课征，以特定的应税行为为对象进行课征，以应税财产为对象进行课征，以应税资源为对象进行课征。

（4）税目。税目也称课税品目，指某一税种的具体征税项目，具体反映某一单行税法的适用范围。

（5）税率。税率是应纳税额与课税对象之间的比率。它是计算税额的尺度，是税法中的核心要素。我国现行税率主要有比例税率、定额税率和累进税率三种。

（6）纳税环节。纳税环节是应税商品从生产到消费的整个过程中应纳税的环节。

（7）计税依据。计税依据是指计算应纳税金额的根据。

（8）纳税期限。纳税期限指纳税人按税法法规规定在发生纳税义务后，应当向国家缴纳税款的时限。

（9）纳税地点。纳税地点是指缴纳税款的地方。纳税地点一般为纳税人的住所地，也有定为营业地、财产所在地或特定行为发生地的。纳税地点关系到税收管辖权和是否便利纳税等问题，在税法中明确规定纳税地点有助于防止漏征或重复征税。

（10）减税免税。减税免税是指税法对特定的纳税人或征税对象给予鼓励和照顾的一种优待性规定。我国税法的减免有起征点、免征额和减免规定三种。

（11）法律责任。法律责任是指纳税人存在违反税法行为所应承担的法律责任，包括由税务机关或司法机关所采取的惩罚措施。

3.主要税种

（1）增值税。增值税是以增值额为课税对象的一种流转税。所谓增值额，从理论上讲就是企业在商品生产、流通和加工、修理和修配各个环节中新增的那部分价值。增值税一般纳税人税率：销售商品税率为13%，销售服务税率为9%，特殊服务税率为6%；小规模纳税人征收税率为3%；出口税率为零。增值税属于价外税。

（2）消费税。消费税是对在我国境内从事生产、委托加工和进口应税消费品的单位和个人就其销售额或销售数量为课税对象征收的一种税。

（3）资源税。资源税是对在我国境内开采应税矿产品及生产盐的单位和个人就其应税资源销售数量或自用数量为课税对象征收的一种税。

（4）企业所得税。企业所得税是对企业纯收益征收的一种税，体现了国家与企业的分配关系。企业所得税适用于境内实行独立经济核算的企业组织，包括国有企业、集体企业、私营企业、联营企业、股份制企业和其他组织，但外商投资企业和外国企业除外。上述企业在我国境内和境外的生产、经营所得及其他所得，为应纳税所得额，按25%的税率计算缴纳税款。

外商投资企业和外国企业所得税，以设立在我国境内的外商投资企业和外国企业为纳税人，适用于在中国境内设立的中外合资经营企业、中外合作经营企业和外商独资企业，以及在中国境内设立机构、场所，从事生产、经营和虽未设立机构、场所而有来源于中国境内所得的外国公司、企业和其他经济组织。上述外商投资企业和外国企业的生产、经营所得及其他所得为应纳税所得额，税率为25%。

（5）个人所得税。个人所得税是对个人收入征收的一种税，体现国家与个人的分配关系。个人所得税税率设有3%～45%、5%～35%的超额累进税率和20%的比例税率。

财务人员应当熟悉国家税收法律的规定，不仅要了解各税种的计征范围、计征依据和税率，而且要了解差别税率的制定精神，减税、免税的原则规定，自觉按照税收政策导向进行经营活动和财务活动。

（三）财务法规

财务法规是财务管理的工作准则。财务法规主要有企业财务通则和分行业的财务制度。

1.企业财务通则

企业财务通则是企业从事财务活动、实施财务管理的基本原则和规范。其内容主要包括对企业的资金筹集、资产管理、收益及分配等财务管理工作的基本规定。

2.行业财务制度。

由于不同行业的业务性质不同，具有各自的特点，在财务管理上有其具体不同的管理要求。

我国现行行业财务制度打破了部门管理和所有制的界限，在原有的40多个行业的基础上，重新划分行业，根据各行业经营业务特点和特定的管理要求，制定了包括工业、运输、商品流通、邮电、金融、旅游饮食服务、农业、对外经济合作、施工和房地产开发、电影和新闻出版等十大行业财务制度。

行业财务制度分别根据各行业的业务特点，对各行业企业财务管理从资金筹集到企业清算等全过程的具体内容和要求做出了具体的规定。因此，行业财务制度是整个财务制度体系的基础和主体，是企业进行财务管理必须遵循的具体制度。

除上述法规外，与企业财务管理有关的其他经济法律法规还有企业财务会计报告条例、记账文件管理办法、会计从业资格管理办法、证券法、结算法、合同法等。财务人员应当熟悉这些法律法规，在守法的前提下进行财务管理，实现企业的财务目标。

三、金融环境

企业总是需要资金从事投资和经营活动。而资金的获得，除了自有资金外，主要从金融机构和金融市场获得。金融政策的变化必然影响企业的筹资、投资和资金运营活动，所以金融是企业最为主要的环境因素，影响财务管理的主要金融环境因素有金融机构、金融工具、金融市场和利率等。

（一）金融机构

社会资金从资金供应者手中转移到资金需求者手中，大多要通过金融机构实现。金融机构包括银行业金融机构和其他金融机构。

1.银行业金融机构

银行业金融机构是指经营存款、放款、汇兑、储蓄等金融业务，承担信用中介的金融机构。银行的主要职能是充当信用中介、充当企业之间的支付中介、提供信用工具、充当投资手段和充当国民经济的宏观调控手段。我国银行主要包括各种商业银行和政策性银行。商业银行包括国有商业银行（如中国工商银行、中国农业银行、中国银行和中国建设银行）和其他商业银行（如广东发展银行、光大银行等）；国家政策性银行主要包括中国进出口银行、国家开发银行等。

2.其他金融机构

其他金融机构包括金融资产管理公司、信托投资公司、财务公司和金融租赁公司等。

（二）金融工具

金融工具是在信用活动中产生的、能够证明债权债务关系并据以进行资金交易的合法凭证，它对于债权债务双方所应承担的义务与享有的权利均具有法律效力。金融工具一般具有期限性、流动性、风险性和收益性四个基本特征。

（1）期限性是指金融工具一般规定了偿还期，也就是规定债务人必须全部归还本金之前所经历的时间。

（2）流动性是指金融工具在必要时迅速转变为现金而不致遭受损失的能力。

（3）风险性是指购买金融工具的本金和预定收益遭受损失的可能性，一般包括信用风险和市场风险两个方面。

（4）收益性是指持有金融工具所能够带来的一定收益。

金融工具按期限不同可分为货币市场工具和资本市场工具，货币市场工具主要有商业票据、国库券（国债）、可转让大额定期存单、回购协议等；资本市场工具主要是股票和债券。

（三）金融市场

1.金融市场的含义、功能与要素

金融市场是指资金供应者和资金需求者双方通过金融工具进行交易的场所。金融市场可以是有形市场，如银行、证券交易所等；也可以是无形市场，如利用电脑、电传、电话等设施通过经纪人进行资金融通活动。

金融市场的主要功能有五项：转化储蓄为投资；改善社会经济福利；提供多种金融工具并加速流动，使中短期资金凝结为长期资金；提高金融体系竞争性和效率；引导资金流向。

金融市场的要素主要有四项：①市场主体，即参与金融市场交易活动而形成买卖双方的各经济单位；②金融工具，即借以进行金融交易的工具，一般包括债权债务凭证；③交易价格，反映的是在一定时期内转让资金使用权的报酬；④组织方式，即金融市场交易采用的方式。

从财务管理角度来看，金融市场作为资金融通的场所，是企业向社会筹集资金必不可少的条件。财务管理人员必须熟悉金融市场的各种类型和管理规则，有效地利用金融市场来组织资金的筹措和进行资本投资等活动。

2.金融市场的种类

金融市场按组织方式的不同可划分为两部分：一是有组织化的、集中的场内交易市场，即证券交易所，它是证券市场的主体和核心；二是非组织化的、分散的场外交易市场，它是证券交易所的必要补充，下面对第一部分市场的分类做介绍。

（1）按期限划分为短期金融市场和长期金融市场。短期金融市场又称资金市场，是指以期限1年以内的金融工具为媒介，进行短期资金融通的市场。其主要特点包括：①交易期限短；②交易的目的是满足短期资金周转的需要；③所交易的金融工具有较强的资金性。

长期金融市场是指以期限1年以上的金融工具为媒介，进行长期性资金交易活动的市场，又称资本市场。其主要特点包括：①交易的主要目的是满足长期投资性资金的供求需要；②收益较高而流动性较差；③资金借贷量大；④价格变动幅度大。

（2）按证券交易的方式和次数分为初级市场和次级市场。初级市场也称一级市场或发行市场，是指新发行证券的市场，这类市场使预先存在的资产交易成为可能。次级市场也称二级市场或流通市场，是指现有金融渠道的交易场所。初级市场可以理解为"新货市场"，次级市场可以理解为"旧货市场"。

（3）按金融工具的属性分为基础性金融市场和金融衍生品市场。基础性金融市场是指以基础性金融产品为交易对象的金融商场，如商业票据、企业债券、企业股票的交易商场；金融衍生品市场是指以金融衍生品生产工艺为交易对象的金融市场。所谓金融衍生产品是一种金融合约，其价值取决于一种或多种基础资产或指数，合约的基本种类包括远期、期货、掉期（互换）、期权，以及具有远期、期货、掉期（互换）和期权中一种或多种特征的结构化金融工具。

除上述分类外，金融市场还可以按交割方式分为现货市场、期货市场和期权市场；按交易对象分为票据市场、证券市场、衍生工具市场、外汇市场、黄金市场等；按交易双方在地理上的距离划分为地方性的、全国性的、区域性的金融市场和国际金融市场。

（四）利率

利率也称利息率，是利息占本金的百分比指标。从资金的借贷关系看，利率是一定时期运用资金这一资源的交易价格。资金作为一种特殊商品，以利率为价格标准的融通，实质上是资源通过利率实行的再分配。因此利率在资金分配及企业财务决策中起着重要作用。

1.利率的类型

（1）按利率之间的变动关系，利率分为基准利率和套算利率。基准利率又称基本利率，是指在多种利率并存的条件下起决定作用的利率。所谓起决定作用是说，这种利率变动，其他利率也相应变动。因此，了解基准利率水平的变化趋势，就可了解全部利率的变化趋势。基准利率在西方通常是中央银行的再贴现率，在我国是中国人民银行对商业银行贷款的利率。

套算利率是指基准利率确定后，各金融机构根据基准利率和借贷款项的特点而换算出的利率。例如，某金融机构规定，贷款AAA级、AA级、A级企业的利率，应分别在基准利率基础上加0.5%、1%、1.5%，加总计算所得的利率便是套算利率。

（2）按利率与市场资金供求情况的关系，利率分为固定利率和浮动利率。固定利率是指在借贷期内固定不变的利率。受通货膨胀的影响，实行固定利率会使债权人利益受到损害。浮动利率是指在借贷期内可以调整的利率。在通货膨胀条件下采用浮动利率，可使债权人减少损失。

（3）按利率形成机制不同，利率分为市场利率和法定利率。市场利率是指根据资金市场上的供求关系，随着市场而自由变动的利率。法定利率是指由政府金融管理部门或者中央银行确定的利率。

2.利率的一般计算公式

正如任何商品的价格均由供应和需求两方面来决定一样，资金这种特殊商品的价格—利率，也主要是由供给与需求来决定的。但除这两个因素外，经济周期、通货膨胀、国家资金政策和财政政策、国际经济政治关系、国家利率管制程度等，对利率的变动均有不同程度的影响。因此，资金的利率通常由三部分组成：①纯利率；②通货膨胀补偿率（或称通货膨胀贴水）；③风险收益率。利率的一般计算公式可表示为：

利率=纯利率+通货膨胀补偿率+风险收益率

纯利率是指在没有风险和通货膨胀情况下的均衡点利率；通货膨胀补偿率是指由于持续的通货膨胀会不断降低资金的实际购买力，为补偿其购买力损失而要求提高的利率；风险收益率包括违约风险收益率、流动性风险收益率和期限风险收益率。其中，违约风险收益率是指为了弥补因债务人无法按时还本付息而带来的风险，由债权人要求提高的利率；流动性风险收益率是指了为弥补因债务人资产流动不好而带来的风险，由债权人要求提高的利率；期限风险收益率是指为了弥补因偿债期长而带来的风险，由债权人要求提高的利率。

四、经济环境

经济环境是指企业进行财务活动的宏观经济状况。

（一）经济发展状况

经济发展的状况对企业理财有重大影响。在经济增长比较快的情况下，企业为了适应这种发展并在其行业中维持其地位，必须保持相应的增长速度，因此要相应增加厂房、机器、存货、工人、专业人员等，通常需要大规模地筹集资金。在经济衰退时，最受影响的是企业销售额，销售额下降会给企业现金的流转带来困难，需要筹资以维持运营。

（二）通货膨胀

通货膨胀不仅对消费者不利，而且给企业造成很大影响。企业对通货膨胀本身无能为力，只能在管理中充分考虑通货膨胀的影响因素，尽量减少损失。企业有时可采用套期保值等办法减少通货膨胀造成的损失，如提前购买设备和存货，买进现货，卖出期货。

（三）利率波动

银行存贷款利率的波动，以及与此相关的股票和债券价格的波动，既给企业以机会，也是对企业的挑战。在为过剩资金选择投资方案时，利用这种机会可以获得额外收益。例如，在购入长期债券后，由于市场利率下降，按固定利率计息的债券价格将上涨，企业可以出售债券获得较预期更多的现金流入。当然，如果出现相反的情况，企业会蒙受损失。

企业在选择筹资渠道时，情况与此类似。在预期利率将持续上涨时，以当前较低的利率发行长期债券，可以节省成本。当然，如果企业发行债券后利率下降了，企业要承担比市场利率更高的资金成本。

（四）政府的经济政策

政府具有调控宏观经济的职能，国民经济的发展规划、国家的产业政策、经济体制改革的措施、政府的行政法规等对企业的财务活动有重大影响。

国家对某些地区、某些行业、某些经济行为的优惠鼓励和有利倾斜构成了政府政策的主要内容。从反面来看，政府政策也是对另外一些地区、行业和经济的限制。企业在财务决策时，应认真研究政府政策，按照政策导向行事，才能趋利除弊。

（五）同行业竞争

竞争广泛存在于市场经济之中，任何企业都不能回避企业之间、各产品之间、现有产品和新产品之间的竞争，涉及设备、技术、人才、营销、管理等各个方面。竞争能促使企业用更好的方法来生产更好的产品，对经济发展起推动作用，但对企业来说，竞争既是机会，也是威胁。为了改善竞争地位，企业往往需要大规模投资，成功了企业盈利增加，若投资失败则竞争地位更为不利。

竞争是商业战争，综合了企业的实力和智慧，经济增长、通货膨胀、利率波动带来的财务问题，以及企业的对策，都将在竞争中体现出来。

第五节　财务管理的环节

财务管理环节是指财务管理的工作步骤及一般程序。总的来讲，企业财务管理的基本环节有以下几个方面。

一、财务预测

财务预测是根据企业财务活动的历史资料，参考企业财务管理的现实要求和条件，对企业未来的财务活动、财务成果做出科学的预计和测算。财务预测是财务管理的一项重要工作，其作用在于测算各项生产经营方案的经济效益，为财务决策、财务预算和日常财务管理工作提供可靠的依据，使企业合理安排收支，提高资本使用效率和企业整体管理水平。

财务预测的内容具体包括资金预测、成本和费用预测、营业收入预测和利润预测。按预测时间的长短，财务预测可以分为长期预测、中期预测和短期预测。

财务预测的程序一般包括确定预测对象和目的、收集和整理资料、选择预测模型；实施财务预测。

财务预测的方法主要有定性预测和定量预测两种。定性预测是利用已收集的资料，依靠财务人员的经验和吸收各方面的意见进行分析，做出定性的判断；定量预测是利用历史和现实的资料，运用数学方法建立经济模型，对未来财务发展趋势做出量化的预测。在实践中一般是将这两种方法结合运用。

二、财务决策

财务决策是企业决策的一部分。财务决策是为了实现预定的财务目标，根据财务预测资料，运用科学方法对若干可供选择的财务活动方案进行评价，从中选出最佳方案的过程。财务决策主要包括融资决策、投资决策两个部分，是有关资本筹集和使用的决策。财务决策是财务管理的核心，在财务预测的基础上所进行的财务决策，是编制财务计划、进行财务控制的基础。

财务决策的程序一般分为以下几个步骤。第一，确定决策目标。根据企业经营目标，在调查研究财务状况的基础上，确定财务决策所要解决的问题，如发行股票和债券的决策、设备更新和购置的决策、对外投资的决策等，然后收集企业内部的各种信息和外部的情报资料，为解决决策面临的问题做好准备。第二，提出备选方案。在预测未来有关因素的基础上，提出为达到财务决策目标而考虑的各种备选的行动方案。拟订备选方案时，对方案中决定现金流支出、流入的各种因素，要做周密的测定和计算；拟订备选方案后，还要研究备选方案的可行性、各方案实施的有利条件和制约条件。第三，选择最优方案。备选方案提出后，根据一定的评价标准，采用有关的评价方法，评定出各方案的优劣及经济价值，从中选择一个预期效果最佳的财务决策方案。对择优选出的方案，如涉及重要的财务活动（如筹资方案、投资方案）还要再进行一次鉴定，经过专家鉴定认为决策方案切实可行，方能付诸实施。

财务决策的方法很多，财务管理中常见的方法主要有优选对比法和数学模型法。其中，优选对比法包括总量对比法、差量对比法和指标对比法等，数学模型法包括数学微分法、线性规划法、概率决策法及损益决策法。

三、财务预算

财务预算是运用科学的技术手段和量化分析方法，对未来的财务活动内容、目标进行的具体规划。财务预算是财务预测、财务决策的具体化，是以财务预测提供的数据信息及财务决策中确定的方案为基础编制的，是进一步监督、控制财务活动的依据。

企业财务预算主要包括：资金筹集计划、固定资产投资和折旧计划、流动资产占用和周转计划、对外投资计划、利润和利润分配计划。除了各项计划表格以外，还要附列财务计划说明书，财务计划一般包括以下内容。

（一）根据财务决策的要求，分析主客观条件，全面安排计划指标

按照国家产业政策和企业财务决策的要求，根据供产销条件和企业生产能力，运用各种科学方法，分析与所确定的经营目标有关的各种因素，按照总体经济效益的原则，确定主要的计划指标。

（二）对需要与可能进行协调，实现综合平衡

企业要合理安排人力、物力、财力，使之与经营目标的要求相适应，在财力平衡方面，要维持流动资金同固定资金的平衡、资金运用同资金来源的平衡、财务支出同财务收入的平衡等。还要努力挖掘企业潜力，从提高经济效益出发，对企业各方面生产经营活动提出要求，制定好各单位的增产节约措施，制定和修订各项定额，以保证计划指标的落实。

（三）调整各种指标，编制计划表格

以经营目标为核心，以平均现金定额为基础，计算企业计划期内资金占用、成本和利润等各项计划指标，编制财务计划表，并检查、核对各项有关计划指标是否密切衔接、协调平衡。

财务预算的编制过程，实际上就是确定计划指标，并对其进行平衡的过程。财务预算的编制方法有许多，常用的有固定预算法、弹性预算法、增量预算法、零基预算法、定期预算法和滚动预算法等。

四、财务控制

财务控制是指在财务管理过程中利用相关信息和特定的方法，对企业具体财务活动所施加的影响或进行的具体调节行为，以保证财务预算的实现。财务控制与财务预算紧密相连，财务预算是财务控制的重要依据，财务控制是财务预算执行的重要手段，两者构成了财务管理的基本循环体系。财务控制的工作步骤为以下几点。

第一，制定控制标准，分解落实责任。按照责、权、利相结合的原则，将计划任务以标准或指标的形式分解落实到车间、科室、班组以及个人，即通常所说的指标分解。这样，企业内部每个单位、每个职工都有明确的工作要求，便于落实责任，检查考核。通过计划指标的分解，可以把计划任务变成各单位和个人控制得住、实现得了的数量要求，在企业形成一个"个人保班组、班组保车间、车间保全厂"的经济指标体系，使计划指标的实现有坚实的群众基础。对资金的收付、费用的支出和物资的占用等，要运用各种手段（如限额领料单、费用控制手册、流通券及内部货币等）进行事先控制。凡是符合标准的，就予以支持，并给予机动权限；凡是不符合标准的，则加以限制，并研究处理。

第二，实施追踪控制，及时调整误差。按照"干什么，管什么，算什么"的原则详细记录指标执行情况，将实际同标准进行对比，确定差异的程度和性质。要经常统计财务指标的完成情况，考察可能出现的变动趋势，及时发出信号，揭示生产经营过程中发生的矛盾。此外，还要及时分析差异形成的原因，确定造成差异的责任归属，采取切实有效的措施，调整实际过程（或调整标准），消除差异，以便顺利实现计划指标。

第三，分析执行情况，做好考核奖惩。在一定时期终了，企业应对各责任单位的计划执行情况进行评价，考核各项财务指标的执行结果，把财务指标的考核纳入各级岗位责任制，运用激励机制，实行奖优罚劣。财务控制环节的特征在于差异管理，在标准确定的前提下，应遵循例外原则，及时发现差异，分析差异，采取措施，调节差异。

财务控制的方法有很多，常见的有防护性控制、前馈性控制和反馈控制。

五、财务分析

财务分析是指根据会计核算资料，运用特定的财务分析方法，对企业的财务活动过程及其结果进行分析和评价，以掌握各项财务计划的完成情况，评价企业财务状况，分析财务活动的规律性，完善财务预测、决策、预算和控制，提高企业的经营管理水平和经济效益。进行财务分析的具体步骤如下。

第一，收集资料，掌握信息。开展财务分析首先应充分占有有关资料和信息。财务分析所用的资料包括财务报告等实际资料、财务计划资料、历史资料以及市场调查资料。

第二，指标对比，揭示矛盾。对比分析是揭示矛盾、发现问题的基本方法。先进与落后、节约与浪费、成绩与不足，只有通过对比分析才能辨别出来。财务分析要在充分占有资料的基础上，通过数量指标的对比来评价业绩，发现问题，找出差异，揭露矛盾。

第三，因素分析，明确责任。进行对比分析，可以找出差距，揭露矛盾，但为了说明产生问题的原因，还需要进行因素分析。影响企业财务活动的因素，有生产技术方面的，也有生产组织方面的；有经济管理方面的，也有思想政治方面的；有企业内部的，也有企业外部的。进行因素分析，就是要查明影响财务指标完成的各项因素，并从各种因素的相互作用中找出影响财务指标完成的主要因素，以便分清责任，抓住关键。

第四，提出措施，改进工作。要在掌握大量资料的基础上，去伪存真，去粗取精，由此及彼，由表及里，找出各种财务活动之间以及财务活动同其他经济活动之间的本质联系，然后提出改进措施。提出的措施应当明确具体，切实可行。实现措施应当确定负责人员，规定实现的期限。措施一经确定，就要组织各方面的力量认真贯彻执行，要通过改进措施的落实，完善经营管理工作，实现财务管理发展到更高水平的循环。

财务分析的方法有很多，主要有对比分析法、比率分析法、趋势分析法和因素分析法等。

第二章 财务管理的价值观念

第一节 资金时间价值概述

一、资金时间价值的含义

资金时间价值是指一定量的资金在不同时点上的价值量的差额。资金的时间价值来源于资金在运动过程中，经过一定时间的投资与再投资后所产生的增值。

资金时间价值在商品经济中是十分普遍的。例如，在不存在风险和通货膨胀的情况下，某人将1元存进银行，假设年利率为10%，则在一年后此人从银行能够取得本息1.1元。这就说明1年前的1元经过投资（存入银行）产生了增值（增值了0.1元），这部分的增值额便是资金时间价值。

资金时间价值有两种表达形式：相对数和绝对数。相对数即时间价值率，是指没有风险和通货膨胀条件下的社会平均资金利润率，通常可以用国库券来代替。例如，上述例子中的存款利率10%。绝对数即时间价值额，是资金在生产过程中带来的绝对增值额。例如，上述例子中的年利息0.1元。

二、资金时间价值的作用

随着我国经济的不断发展，各项金融体系、经济制度等正在不断地完善和建立。资金时间价值由于代表的是扣除了风险和通货膨胀贴水后的社会平均收益率，它是企业资金利润率的最低限度，因此它是评价企业经济效益、考核经营成果的重要依据。

在企业的筹资活动中，企业需要根据资金时间价值选择筹资的时机，确定筹资的规模。在实际的筹资环境中，企业筹资的时点和投放资金的时点总是不一致的。企业只有在最接近资金投放时点筹集到足够的资金，才能避免资金的浪费，使企业的收益达到最大化。企业有很多的投资机会，但并不是所有的投资机会都适合企业，只有在项目的收益大于筹资成本时该项目才是可行的。

在企业的投资活动中，企业需要从动态的角度分析不同项目的可行性，为投资决策提供依据，从而提高投资决策的正确性。企业树立资金时间价值观念，以能够正确地看待项目的建设期以及不同时点上的资金流量。

三、资金时间价值的几组重要概念

（一）现值和终值

现值又称本金，是指未来某一时点上的一定量的资金折合为现在资金的价值。终值又称本息和，是指现在一定量的资金折合为未来某一时点上的价值。

（二）复利和单利

单利，是指按照固定的本金计算利息的一种计利方式。按照单利的计算方法，只有本金在贷款期间获得的利息，不管时间长短，所生利息均不得加入本金重复计算利息。

复利，是指不仅本金计算利息，还对利息计算利息的一种计利方式，即俗称的利滚利。

在现代财务管理中，财务估价一般都按照复利计息方式计算资金的时间价值。在本书中，如果题目没有特别强调，则需要采用复利方式进行计算。为了计算方便，在本书中相关符号的含义如下：F表示终值，P表示现值，I表示利息，i表示利息率（折现率），n表示计算利息的期数，A表示年金。

第二节　资金时间价值计算

一、一次性收付款项的计算

（一）单利的终值和现值的计算

1.单利的终值

例2-1　小张于2024年1月1日将1元存入银行，年利率为10%，从第一年到第三年，各年年末的终值计算如下：

第1年年末的终值：$1+1 \times 10\% = 1 \times (1+1 \times 10\%) = 1.1$（元）

第2年年末的终值：$1+1 \times 10\% + 1 \times 10\% = 1 \times (1+2 \times 10\%) = 1.2$（元）

第3年年末的终值：$1+1 \times 10\% + 1 \times 10\% + 1 \times 10\% = 1 \times (1+3 \times 10\%) = 1.3$（元）

因此，单利终值的一般计算公式如下：

$F=P（1+i×n）=P+I$

2. 单利的现值

由于单利现值和单利终值互为逆运算，因此计算公式如下：

$P=F÷（1+i×n）$

例 2-2 小张欲于第三年年末从银行取得 1 元的收入，年利率为 10%，则从第一年年初应存多少钱？

解：$P=F÷（1+i×n）=1÷（1+10%×3）=0.769\ 2$（元）

（二）复利的终值和现值的计算

1. 复利的终值

复利终值是指若干时期后包括本金和利息在内的未来价值，即本利和。

复利终值的计算公式推导如下：

1 年后的终值：$F=P+P×i=P（1+i）$

2 年后的终值：$P=［P×（1+i）］×（1+i）=P×（1+i）^2$

3 年后的终值：$［P×（1+i）2］×（1+i）=P×（1+i）^3$

同理可推，第 n 年后的终值：$F=P×（1+i）^n$

上式是复利终值的一般计算公式，其中（1+i）^{n} 称为复利终值系数或者 1 元的复利终值，用符号（F/P，i，n）表示。例如，（F/P，10%，3）表示利率为 10%，期数为 3 的复利终值系数。

例 2-3 张先生把闲置的 100 000 元存入银行，若银行利率为 10%，问 5 年后张先生可以一次性从银行取得多少钱？

解：$F=P×（1+i）^n=P×（F/P，i，n）=100\ 000×（F/P，10%，3）=100\ 000×1.610\ 5=161\ 050$（元）

2. 复利的现值

复利现值的计算公式可由复利终值的计算公式推导得出：

因为：$F=P×（1+i）^n$

所以：$P=F×（1+i）^n$

式中，（1+i）$^{-n}$ 称为复利现值系数或者 1 元复利现值，用符号（F/P，i，n）表示。例如，（P/F，10%，3）表示利率为 10%，期数为 3 的复利现值系数。

例 2-4 张先生想在 5 年后得到 100 000 元购买汽车，若银行年利率为 10%，问张先生现在应一次性存入多少钱？

解：$P=F×（1+i）^{-n}=F×（F/P，i，n）=100\ 000×（P/F，10%，3）=100\ 00×0.620\ 9=62\ 090$（元）

二、系列收付款项的计算

在实际生活中，除了有一次性收付款项外，我们还经常遇到多次收付款项的情况，例如，分期等额还款、分期投资等。我们把进行了多次收付的情况称为系列收付款项。由于每次收付的款项金额可能不相等，我们把系列收款款项分为两种：一种是收付款项的金额不相等的，称为不等额的收付款项；另一种是每一期收付款项的金额都相等的，称为等额的收付款项或者年金。

（一）不等额系列收付款项的终值

不等额的系列收（付）款项按照一定的时间价值计算的终值的和，称为系列收（付）款的终值。不等额系列收付款项的终值计算中，由于资金的出现没有规律，因此在计算时我们只能把每个资金转化为复利终值，然后把每个复利终值相加得到不等额系列收付款项的终值。计算公式如下：

$$F = \sum P_t (1+i)^{n-t} (t \geqslant 0)$$

例2-5 假设银行存款复利率为8%，第一年年初存款2 000元，第一年年末存款5 000元，第二年年末存款3 000元，第三年年末存款6 000元，第四年年末存款4 000元，则第四年年末的本利和为多少？

解：$F = \sum P_t (1+i)^{n-t}$

$= 2\,000 \times (F/P, 8\%, 4) + 5\,000 \times (F/P, 8\%, 3) + 3\,000 \times (F/P, 8\%, 2) + 6\,000 \times (F/P, 8\%, 1) + 4\,000$

$= 2\,000 \times 1.360\,5 + 5\,000 \times 1.259\,7 + 3\,000 \times 1.166\,4 + 6\,000 \times 1.08 + 4\,000$

$= 2\,721 + 6\,298.5 + 3\,499.2 + 6\,480 + 4\,000$

$= 22\,998.7$（元）

（二）不等额系列收付款项的现值

不同时点的各次收付款项，按照一定的时间价值计算的现值之和。同不等额系列收付款项的原理一样，不等额的系列收付款项的现值也没有一成不变的公式。具体公式如下：

$$P = \sum F_t (1+i)^{n-t} (t \geqslant 0)$$

例2-6 假设银行存款年复利率为10%，某企业第一年年末需用款10 000元，第二年年末需要用款20 000元，第五年年末需要用款15 000元，问现在应向银行存款多少才能恰好到时够用？

解：$P = \sum F_t / (1+i)^{n-t} (t \geqslant 0)$

$= 10\,000 \times (P/F, 10\%, 1) + 20\,000 \times (P/F, 10\%, 2) + 15\,000 \times (P/F,$

10%，5）

=10 000 × 0.9091+20 000 × 0.826 4+15 000 × 0.620 9

=9 091+16 528+9 313.5

=34 932.5（元）

三、等额系列收付款项——年金

年金，是指在一定时期内每间隔相同时期等额收付的系列款项。在提及年金概念的时候，我们需要注意两个问题：一是每期的金额和间隔时间是相等的；二是期数必须两期（包括两期）以上。年金根据发生时间的不同分为普通年金、预付年金、递延年金、永续年金四种。

（一）普通年金的终值和现值的计算

1.普通年金终值的计算

普通年金也称后付年金，每期的金额均发生在每期期末。普通年金终值可以简称为年金终值，是指年金系列中每一笔金额在第 n 年年末的复利终值之和。不同之处在于：复利终值是计算一笔款项（ P ）的终值，年金终值是计算一系列款项（ A ）的终值。

假设每年年末支付相等的金额 A ，利率为 i ，期数为 n 。

根据复利终值的计算原理，年金终值的计算公式如下：

$$F=A+A(1+i)+A(1+i)^2+\cdots+A(1+i)^{n-1} \qquad ①$$

等式两边同时乘以（1+i），可得：

$$F(1+i)=A(1+i)+A(1+i)^2+\cdots+A(1+i)^{n-1}+A(1+i)^n \qquad ②$$

①—②，可得：

$$i \times F=A(1+i)^n-A$$

经过整理可得：

$$F=A[(1+i)^n-1]/i$$

式中 $F=A[(1+i)^n-1]/i$ 称为年金终值系数，记作（ F/A ，i ，n ），其含义是在已知 A ，i 和 n 的条件下求 F 所用的系数。因此，年金终值公式又可以表示为：

$$F=年金 \times 年金终值系数=4 \times (F/4，i，n)$$

例2-7 小张是位热心公益事业的人，他自20×0年年末起，每年都向一位家庭困难的大学生捐款，每次捐款的金额均为4 000元，帮助这位大学生完成4年的大学教育。假定每年定期存款利率为10%，则小王4年所捐助的款项相当于20×4年年末的本息和为多少元？

解： $F=A[(1+i)^n-1]/i=A(F/A，i，n)$

=4 000×（F/A，10%，4）=4000×4.641 0=18 564（元）

2.年偿债基金的计算

年偿债基金是指为了在约定的未来某一时点清偿某笔到期债务或者积聚一定数额的资金而必须分次等额形成的存款准备金。同时需要注意的是存款的准备金均在每期期末存入。

由于每次存入的金额相同，而且是在每期期末存入的，可以将其看作年金A；每次准备的存款是在未来偿还的，可以将其看作年金终值F。由此可见，年偿债基金与年金终值互为逆运算。偿债基金的公式为：

$A=i/F\left[(1+i)^n-1\right]$

式中，$i/F\left[(1+i)^n-1\right]$称为偿债基金系数，记作（$A/F$，$i$，$n$），其表示的含义是在已知$F$，$i$和$n$的条件下计算$A$。观察发现，年偿债基金系数和年金终值系数互为倒数，因此，偿债基金的计算公式又可以表示为：

$A=$年金终值×偿债基金系数$=F×$（A/F，i，n）$=F/$（F/A，i，n）

例2-8　小陆准备在5年后存够20万元购买汽车，她计划从现在起每年年末存入一笔款项。假设年利率为10%，那么她每次应存入多少钱才可以实现购车计划？

解：$A=F/$（A/F，i，n）$=200\,000/$（F/A，10%，5）$=200\,000/6.105\,1=32\,759.50$（元）

3.普通年金现值的计算

普通年金现值是指将在一定时期内按照相同时间间隔在每期期末收入或者支付的相等金额折算到第一期期初的现值之和。根据复利现值的方法计算普通年金现值的公式如下：

$P=A(1+i)^{-1}+A(A+i)^{-2}+A(A+i)^{-3}+\cdots+A(A+i)^{-n}$　　　①

①式两边同时乘以（1+i），可得：

$P(1+i)=A+A(1+i)^{-1}+A(A+i)^{-2}+A(A+i)^{-3}+\cdots+A(A+i)^{-(n-1)}$　②

②-①，可得：

$P×i=A\left[1-(1+i)^{-1}\right]$

整理可得：$P=A\left[1-(1+i)^{-1}\right]/i$

式中，$\left[1-(1+i)/\right]/i$称为普通年金现值系数，记作（P/A，i，n），其含义是在已知A，i和n的条件下求P所用的系数。因此，年金现值公式又可以表示为：

$P=$年金×年金现值系数$=A×$（P/A，i，n）

例2-9　某公司进行一项投资，项目于2010年年初动工，假设项目当年投产，从投产之日起每年年末可得收益50 000元。假设年利率为8%，计算预计10年收益的现值。

解：$P=A\left[1×(1+i)^{-1}\right]/i=A×$（$P/A$，$i$，$n$）$=50\,000×$（$P/A$，8%，10）$=$

50 000×6.710 1=335 505（元）

4.年资本回收额

年资本回收额是指在约定年限内等额回收初始投资额或者清偿所欠债务的金额。

由于每次回收或者偿还的金额相同，而且是在每期期末发生的，可以将其视同年金 A；回收的是初始投资额或债务，可以将其视同年金终值 P。由此可见，年资本回收额与年金现值互为逆运算。偿债基金的公式为：

$A=P \times i/ [1-(1+i)^{-n}]$

式中，$i/[1-(1+i)^{-n}]$ 称为年资本回收额系数，记作 $(A/P, i, n)$，其表示的含义是在已知 P，i 和 n 的条件下计算 A。观察发现，年资本回收额系数和年金现值系数互为倒数，因此，资本回收额的计算公式又可以表示为：

$A=$ 年金现值 $\times$ 资本回收额系数 $=P \times (A/P, i, n)=P(P/A, i, n)$

例2-10　某企业投资2 000万元的项目，若投资报酬率为10%，则该企业在10年内每年年末要收回多少投资额才能全部收回？

解：$A=P \times (A/P, i, n)=P/(P/A, i, n)=2 000/(P/A, 10\%, 10)=2 000/6.144 6=325.49$（万元）

（二）预付年金终值和现值的计算

预付年金又称先付年金，是指在一定的时期内，每期期初等额的系列收付款项。

1.预付年金终值的计算

预付年金终值是指一定时期内每期期初等额收付的系列款项的终值。

预付年金终值和普通年金终值相比，计算的期数增加了1期，即是原来普通年金每期的 A 均需要再计算多一期的利息。因此，预付年金终值的计算公式可以在普通年金终值计算公式的基础上乘以 $(1+i)$，公式如下：

$F=A [(1+i)^n-1](1+i)/i$

$=A \{[(1+i)^n-1]/i-1\}$

$=A(F/A, i, n)(1+i)$

$=A [(F/A, i, n+i)-1]$

例2-11　陈先生为了供女儿上大学准备资金，陈先生连续10年于每年年初存入银行5000元。若银行的存款利率为5%，则陈先生在第10年年末一次性能够取出本利和多少元？

解：$F=A(F/A, i, n)(1+i)=5 000 \times (F/A, 5\%, 10) \times (1+5\%)=5 000 \times 12.577 9 \times 1.05=66 033.98$（元）

或者：

$F=A$ $[（F/A，i，n+1）-1]$ $=5\,000\times$ $[（F/A，5\%，10+1）-1]=5\,000\times$ $[14.206\,8-1]=66\,034$（元）

2.预付年金现值的计算

预付年金现值和普通年金现值相比，计算的期数减少了1期，即是原来普通年金每期的A均需要少算一期的利息。因此，预付年金现值的计算公式可以在普通年金现值计算公式的基础上乘以（1+i），公式为：

$P=A\times$ $[1-（1+n）^{-n}]$ $（1+i）$ $/i$

$=A\times$ $\{[1-（1+n）^{-(n-1)}]$ $/i+1\}$

$=A\times（P/A，i，n）\times（1+i）$

$=A\times$ $[（P/A，i，n-1）+1]$

例2-12　5年期的分期付款购车，每年年初付款50 000元，设银行利率为4%，该项分期付款相当于现在一次性付款的买价是多少元？

解：$P=A（P/A，i，n）（1+i）=50\,000\times（P/A，4\%，5）\times（1+4\%）$

$=50\,000\times4.451\,8\times1.04=231\,493.6$（元）

或者：

$P=A$ $[（P/A，i，n-1）+1]=50\,000\times$ $[（P/A，4\%，5-1）+1]=50\,000\times$ $[3.629\,9+1]$

$=231\,495$（元）

（三）递延年金的终值和现值的计算

递延年金又称延期年金，是指在最初的若干期没有收付款项的情况下，后面若干期每期期末有等额的系列收付款项。它是后付年金的特殊形式，凡不是从第一期开始的后付年金都是递延年金，其中没有收付款项的m期称为递延期。

假设最初的m期没有收付款项，后面的n期有等额收付款项。

1.递延年金的终值计算

递延年金的终值与普通年金的终值计算方法是一样的，公式为：

$F=A（F/A，i，n）$

注意：式中的n表示A的个数，与递延期无关。

例2-13　某企业计划入驻B商场，租赁期为5年，前两年免租金，从第三年开始每年年末付租金10万元，年利率为10%，问第五年年末总租金的终值是多少元？

解：$F=A（F/A，i，n）=100\,000\times（F/A，10\%，3）=100\,000\times3.310\,0=$
$331\,000$（元）

2.递延年金的现值计算

递延年金现值是指间隔一定时期后每期期末或者期初收付或者付出的系列等额款项，按照复利计息方式折算的现时价值，即是间隔一定时期后每期期末或者期初等额收付资金的复利现值之和。递延年金现值的计算方法有以下三种。

第一种方法：假设递延期也有年金收付，先求出（$m+n$）期的年金现值，再减去递延期 m 的年金现值，公式如下：

$P=A（P/A，i，m+n）-A（P/A，i，m）$

第二种方法：先把 n 期期初（即 m 期末）视为第0期（即最开始）计算出现值，实际上这里的现值即为 m 期的终值，再把终值进行贴现。公式如下：

$P=A（P/A，i，n）×（P/F，i，m）$

第三种方法：先把 n 期期初（即 m 期末）视为第0期（即最开始）算出终值（即第 n 期），实际上这里的终值即为第 $m+n$ 期的终值，再把终值进行贴现。公式如下：

$P=A（F/A，i，n）×（P/F，i，m+n）$

例2-14　某公司准备购置一处房产，付款条件是：从第7年开始，每年年初支付15万元，连续支付10次，共计150万元。假设该公司的资金成本率为10%，则相当于该公司在第1年年初一次付款的金额为多少万元？（要求：用上述的三种方法进行解题）

解：第一种方法：

$15×[（P/A，10\%，15）-（P/A，10\%，5）]$

$=15×[7.6061-3.7908]=57.23$（万元）

第二种方法：

$15×（P/A，10\%，10）×（P/F，10\%，5）=15×6.1446×0.6209=57.23$（万元）

第三种方法：

$15×（F/A，10\%，10）×（P/F，10\%，15）=15×15.9370×0.2394=57.23$（万元）

（四）永续年金

永续年金是一种无期限发生的等额收付特种年金，只有起始点没有终结点。它是普通年金在期限趋于无穷条件下的特殊形式。

由于永续年金没有终结点，因此其没有终值的计算，只有现值的计算。由于永续年金是普通年金的特殊形式，因此其现值的公式可以根据普通年金现值的公式推导出来，公式如下：

$$P (n \to \infty) = A [1 - (1+n)^{-n}] / i = A / i$$

例2-15　高先生是一位海外华侨，他欲在某高校建立一项永久性的奖励基金，每年年末颁发20 000元奖金给品学兼优的学生。假设目前银行的存款利率为10%，则高先生现在应存入多少款项才可以使该基金正常运转？

解：$P = A / i = 20\ 000 / 10\% = 200\ 000$（元）

四、资金时间价值特殊问题

（一）利率 i 或者期数 n 的确定

在复利和年金的现值、终值的计算公式中，共有4个变量，F，P，i，n 在前面的例子中，都是已知 i，n 同时已知 F，P 中的其中一个，求解 P 或者 F。相反，在已知 P，F 时，若已知 i，n 的其中一个，也同样可以求解 n 或者 i。在复利的条件下求解 n 或者 i 时，可以直接运用复利现值或者复利终值进行求解；而在年金的条件下求解 n 或者 i 时，推算比较复杂，无法直接运用年金终值或者现值进行求解，而必须利用系数表，有时还会使用内插法（也称插值法）进行求解。

内插法一般是指数学上的直线内插，利用等比关系，用一组已知的未知函数的自变量的值和与它对应的函数值来求一种未知函数其他值的近似计算方法。

1.利率 i 的确定

利率的确定一般分为下面几步：

第一步：根据普通年金终值，普通年金现值的公式推出年金终值系数或者年金现值系数。

第二步：根据年金终值系数表或者年金现值系数表查找相应的利率 i。

第三步：若在表中能够找到 n 所对应的利率 i，则便是要求的利率 i。

第四步：若在表中不能够找到 n 所对应的利率 i，则在 n 这一行找到最接近题目系数的两个系数，再根据内插法计算所要求的利率 i。

例2-16　某企业第一年年初投资77.217万元购买一台设备，不需要安装调试，使用期10年，在使用期内每年为企业创造收益10万元，则该设备的投资收益率为多少？

解：根据年金现值计算公式，可得：

$77.217 = 10 \times (P/A, i, 10) \to (P/A, i, 10) = 7.721\ 7$

在年金现值系数表中，在 $n=10$ 这一行刚好找到系数7.7217，其所对应的 $i=5\%$ 便是所要求的投资收益率。

例2-17　某企业第一年年初投资100万元购买一台设备，不需要安装调试，使用期5年，在使用期内每年为企业创造收益30万元，则该设备的投资收益率为多少？

解：根据年金现值计算公式，可得：

$100=30（P/A，i，5）\rightarrow（P/A，i，5）=3.333\ 3$

在年金现值系数表中，在 $n=5$ 这一行找不到相应的系数，在这一行找到 3.3333 的两个最接近的系数 3.352 2 和 3.274 3，得：

$（P/A，15\%，5）=3.352\ 2$

$（P/A，i，5）=3.333\ 3$

$（P/A，16\%，5）=3.274\ 3$

根据以上结果可以判断，所求的 i 介于 15% ~ 16%，最后求得：$i=15.24\%$。

2.期数 n 的确定

期数的推算和利率的推算原理是一样的。

例 2-18　陈先生现有闲置资金 20 000 元，打算投资 A 项目，要求的投资报酬率为 15%，问：需要经过多少年后才能够增值到 100 000 元？

解：根据年金现值公式，可得：

$100\ 000=20\ 000\times（F/P，15\%，n）\rightarrow（F/P，15\%，n）=5$

在复利终值系数表中，在 $i=15\%$ 这一列找不到相应的系数，在这一列找到 5 的两个最接近的系数 4.652 4 和 5.350 3，得：

$（F/P，15\%，11）=4.652\ 4$

$（F/P，15\%，n）=5$

$（F/P，15\%，12）=5.350\ 3$

根据以上结果可以判断，所求的 n 介于 11 ~ 12，最后求得 $n=11.5$ 年。

（二）短于一年的计息期

在之前的学习过程中，题目给出的利率都是年利率，但是在实际生活中一年计息的次数超过一次是常见到的情况，例如，银行之间的拆借为每天计息一次。由此，产生了实际利率和名义利率之分。

实际利率是指一年复利一次时，给出的利率。

名义利率是指一年复利的次数超过一次时，给出的年利率。把名义利率转换为实际利率，公式如下：

实际利率 $i=（1+r/m）^{m}-1$

式中：r 为名义利率，m 为复利的次数。

短于一年的计息期实际上是名义利率和实际利率的换算问题。此时计算资金时间价值的方法有两种：一种是将名义利率先调整为实际利率，再按照实际利率计算资金时间价值；另一种是不计算实际利率，将名义利率调整为期利率（r/m），

期数调整为 $n \times m$ 期，再按照期利率和调整后的期数计算资金的时间价值。

例 2-19　某企业存在银行的一笔资金 10 万元，年利率为 5%，每季度复利一次，求到第 5 年年末的本利和是多少？

解：第一种方法：$i=（1+5\%/4）^4-1=5.09\%$

$F=10 \times （1+5.09\%）^5=12.82$（万元）

第二种方法：$F=10 \times （1+5\%/4）^{4 \times 5}=12.82$（万元）

（三）分期等额偿还贷款的现值计算

分期等额偿还在现实生活中应用非常广泛，如购房贷款、汽车贷款等。但是需要注意的是，每期等额偿还的金额中包括两部分：上期的应付利息和本期分摊的本金。

1.利率不变的情况下分期等额还款的计算

例 2-20　小梁计划申请贷款购置汽车，与银行约定贷款金额为 15 万元，期限 5 年，贷款期间内，每年年末银行从小梁的银行账户中扣款。假设银行规定的贷款利率为 6%，小梁每年年末应偿还多少贷款？每期偿还的利息和贷款本金各是多少？

解：已知 $P=15$，$n=5$，$i=6\%$，求 A

$A=P/（P/A，6\%，5）=15/（P/4，6\%，5）=15/4.212 4=35\ 609.15$（元）

第 1 年度：利息 $=150\ 000 \times 6\%=9\ 000$（元）

本金偿还额 $=35\ 609.15-9\ 000=26\ 609.15$（元）

贷款余额 $=150\ 000-26\ 609.15=123\ 309.85$（元）

其他年度如此类推。

2.利率变动的情况下分期等额还款的计算

由于经济环境和资金市场的变动等因素，市场利率会发生变动，在利率变动的情况下如何正确地确定资金时间价值成了至关重要的问题。解决这一问题的关键是无论在何时点利率发生的变化，未偿还的本金不会发生变动。

例 2-21　某公司于 2013 年 1 月 1 日向银行借入 100 万元，10 年期可变利率的贷款，合同中规定从 2013 年 12 月 31 日起按年度在每年年末等额还本付息，贷款年利率 5%，但在 2018 年年末银行宣布调整年贷款利率按 8% 计算，问：从 2019 年年末起某公司每年年末应偿还多少金额？

分析：在该例中，无论利率如何变动，某公司借入本金 100 万元，不会随着利率的调动而改变总额。只是在 2013 年 1 月 1 日时某公司并没有想到 2018 年年末银行会调动利率，因此某公司期初会按照利率 5% 计算每年年末应偿还的金额。在每次偿还的金额中既包括本金也包括利息。到 2018 年年末某公司应偿还了银行一部分的本金，而剩下未偿还的本金则需要在利率8%的情况下偿还，但是，未偿还的本金总额不管在5%还是在8%的情况下都是相等的。

解：2013～2018年偿还的金额为：

$100=A \times (P/4，5\%，10)$，

可得：$A=12.950\ 5$（万元）

在2018年年末某公司为偿还的本金余额$=12.950\ 5 \times (P/A，5\%，4)=45.922\ 5$（万元）

设2019年年末～2022年年末每年偿还的金额为B，则：

$B \times (P/A，8\%，4)=45.922\ 5$，

可得：$B=13.8651$（万元）

第三节　风险与收益

一、概述

在现实的经济活动中，无论是个人还是公司都是在有风险的情况下进行各种经济活动的，例如，公司进行项目投资时，并不确定该投资行为最终是盈利的还是亏损的。一般来说，风险是指在一定条件下和一定时期内可能发生的各种结果的变动程度。从财务活动的角度看，风险主要指无法达到预期收益率的可能性。

风险一般有以下特征：第一，风险具有客观存在性。在一定时期内，每项财务活动中的风险大小都是既定的，是每位决策者均无法改变的事实。但是，决策者可以决定的是是否冒风险以及冒多大的风险，这些是决策者可以进行主观决定和控制的。第二，风险具有相对性。风险的大小是相对一定时间而言的，当经历一段时间之后原来不确定的因素逐渐变得确定，则原来的风险就变成了事实。例如，在决策一个项目的可行性时，由于各种因素本身的不确定性以及不可控性，因此预测时很难做到准确。但是随着时间的推移，原来不确定的因素逐渐成为事实，决策的不可预测性在逐渐减少，同时风险也在减少。当项目结束之后，所有的因素均已变成了事实，则此时，项目的风险也就不存在了。

二、风险的类别

（一）从企业本身来看，风险主要包括经营风险和财务风险

经营风险，是指生产经营的不确定性带来的风险，它是任何商业活动都具有

的风险，也称商业风险。影响经营风险大小的主要有外部环境因素，例如，政治环境、资源环境、金融环境等；除此之外，还有内部环境，例如，营运状况、管理状况等。

财务风险，是指因企业举债而增加的风险，是筹资决策带来的风险，也称筹资风险。企业举债经营，有部分资金是借入的，这需要还本付息。如果企业营运成功，举债资金会给企业带来额外的收益；如果企业营运失败，无力还本付息时，企业将会陷入财务困境甚至破产。企业要避免陷入这样的困境，关键是要保持一个合理的资本结构，既可以利用举债资金提高企业自有资金的盈利能力，又可以控制财务风险的加大。

（二）从风险产生的原因看，风险主要包括市场风险和公司风险

市场风险，是指公司运营环境中存在的对所有企业均产生影响的风险，也称为不可分散风险或者系统风险。例如，战争、经济周期的变化、通货膨胀等。这类风险是投资者无法通过多元化的投资进行分散的。

公司风险，是指发生在个别公司的特有事件所造成的风险，也称可分散风险或者非系统风险。例如，罢工、新产品开发失败、诉讼失败等。这类风险是投资者可以通过多元化的投资进行分散的。

三、单项资产的风险与收益

（一）单项资产风险的衡量

风险是客观存在的，它广泛影响着企业的财务活动，因此，企业应当正视风险并且进行较为准确的量化，为企业的决策提供有用的帮助。同时，风险的量化过程是不易进行的，但是由于风险与概率相关，因此，对风险的衡量和计算需要使用概率和统计的方法进行。衡量风险的指标主要有方差、标准离差、标准离差率等。

1.概率分布

在经济活动中，有些事件在相同条件下可能发生也可能不发生，这类事件被称为随机事件，在概率论中，用来描述该随机事件发生可能性大小的数值称为概率。通常把必然发生的事件的概率定为1，把不可能发生的事件的概率定为0，而一般性的随机事件的概率则介于0～1的一个数值。概率越大表示该事件发生的可能性越大，反之，概率越小表示该事件发生的可能性越小。概率论中用 P_i 表示。因此，概率必须符合下列两个要求。

（1） $0 < P_i < 1$

（2） $\sum_{i=1}^{n} P_i = 1$

例2-22 某公司面临两个投资机会的选择，A项目是一个成熟的产品，市场发展稳定，但是利润较低甚至亏损；B项目是一个高科技的项目，市场竞争激烈，如果研制成功，将会获得较大的市场份额，同时获得较高的利润。经过预测，A、B产品将会面临的市场行情可能有三种：繁荣、一般、衰退。

2.期望值

期望值也称期望报酬率，是一个概率分布中的所有可能结果的平均化。它是以各自相应的概率为权数计算的平均值，通常用 E 表示。它表示在一定风险的条件下，投资者的合理预期。常用计算公式如下：

$$\bar{E} = \sum_{i=1}^{n} X_i P_i$$

式中，X_i 为第 i 种结果的报酬（率）；P_i 为第 i 种结果出现的概率；n 为所有可能的个数。

例2-23 根据例2-22的数据可得：

$$\overline{E_A} = 0.3 \times 16\% + 0.4 \times 12\% + 0.3 \times 8\% = 12\%$$

$$\overline{E_B} = 0.3 \times 90\% + 0.4 \times 15\% + 0.3 \times (-70\%) = 12\%$$

从上述计算结果可知，A、B两个项目的期望报酬率均是相同的（12%），但是否说明两个项目是等同的呢？答案是否定的。例如，即使项目的期望值相同，但是其风险也可能不一样。因此，我们还需要利用概率的方差、标准离差以及标准离差率等指标来分析项目的离散程度。通常，离差程度越大，风险越大；相反，离差程度越小，风险越小。

3.离散程度

（1）方差。方差是用来表示随机变量与期望值之间的离散程度的一个数值，计算公式如下：

$$\sigma^2 = \sum_{i=1}^{n} (X_i - \bar{E})^2 \times P_i$$

例2-24 根据例2-22与例2-23的数据可得：

$\sigma_A^2 = 0.3 \times (16\% - 12\%)^2 + 0.4 \times (12\% - 12\%)^2 + 0.3 \times (8\% - 12\%)^2 = 0.096\%$

$\sigma_B^2 = 0.3 \times (90\% - 12\%)^2 + 0.4 \times (15\% - 12\%)^2 + 0.3 \times (-70\% - 12\%)^2 = 38.46\%$

（2）标准离差。标准离差也称均方差，是方差的平方根。计算公式如下：

$$\sigma_A = \sqrt{\sum_{i=1}^{n} (X_i - \bar{E})^2 \times P_i}$$

标准离差以绝对数衡量风险的高低。在期望值相同的情况下，标准离差越大，风险越大；标准离差越小，风险越小。

例2-25 根据2-24的计算结果可得：

$$\sigma_A = \sqrt{0.096\%} = 3.10\%$$

$$\sigma_B = \sqrt{38.46\%} = 62.02\%$$

从上述结果可知，A项目的风险要低于B项目的风险。

（3）标准离差率。标准离差率是标准离差与期望值的比值，通常用 V 表示。计算公式如下：

$$V = \frac{\sigma}{E}$$

标准离差率是一个相对数指标。通常，标准离差率越大，风险越大；标准离差率越小，风险越小。

例 2-26　根据例 2-23 与例 2-25 的计算结果可得：

$$V_A = \frac{3.10\%}{12\%} = 25.83\%$$

$$V_B = \frac{62.02\%}{12\%} = 516.83\%$$

从上述结果可知，A项目的风险低于B项目的风险。此判断结果与标准离差率的判断结果是一样的，但是并不是任何情况下这两个指标的判断结果均相同。只有在项目的期望值相同的情况下，二者的判断结果才是相同的。因此，当计算得出项目的期望值相同时，我们可以直接根据标准离差判断风险的大小，而不需要再计算标准离差率。但是，如果项目的期望值不相同时，则必须使用标准离差率判断风险的高低。

例 2-27　某公司投资两个项目，A项目的期望值为13%，标准离差为3.1%；B项目的期望值为12%，标准离差为62.02%。问：哪个项目的风险更高些？

分析：由于A、B项目的期望值不同，因此不可以直接根据标准离差的大小判断风险。我们需要分别计算A、B项目的标准离差率。

解：$V_A = \dfrac{3.10\%}{13\%} = 23.85\%$

$$V_B = \frac{62.02\%}{12\%} = 516.83\%$$

从计算结果可知，B项目的风险要更高些。

（二）单项资产的风险与收益

风险报酬率可以表示为风险程度的线性函数，公式如下：

$$R_R = b \times V$$

式中，R_R 为风险收益率；b 为风险价值系数；V 为风险程度，标准离差率。投资者进行投资时，所要求的风险报酬为：

$$K = R_f + R_R = R_f + b \times V$$

式中，K 为风险报酬；R_f 为无风险收益率。

四、组合资产的风险与收益

考虑到风险的存在，在实际的投资决策中，很少有决策者只进行一项投资，决策者尽可能地分散风险，将两项或者两项以上的投资进行有机地组合，或者形成组合投资。

组合投资的风险衡量指标有协方差、方差（或者标准差）、β 系数等。组合投资的风险和组合投资的收益同样有两种表达方式：一是以组合标准差表示；二是以 β 系数表示。这里，我们仅仅讨论以 β 系数表示组合资产的风险与收益的关系——资本资产定价模型。

β 系数称为风险价值系数，它表示系统风险的高低，反映投资者承担风险的大小。β 系数越大说明投资者承担的风险越大，投资者的投资报酬率将会越高；反之亦然。β 系数的高低通常受到企业的资产组合，负债结构等因素的影响，为了更好地进行对比，我们把市场的平均风险所对应的 β 系数确定为 1。公司的系数有多种计算的方法，实际的计算过程相当复杂，所幸的是 0 系数一般由一些投资机构定期公布，不需要投资者进行计算。

组合资产的 β 系数是单个证券办系数的加权平均数，权数为各个资产在组合中所占的比重。计算公式如下：

$$\beta_P = \sum_{i=1}^{n} X_i \beta_i$$

式中，β_P 为资产组合的 β 系数；x_i 为第 i 种股票所占的权重；β_i 为第 i 种股票的 β 系数。

投资者在进行组合资产投资和单项资产投资一样，多承担的风险均需要进行补偿，风险越大，报酬率越高。但是，由于组合资产可以把非系统风险分散，因此组合投资的风险补偿只是对系统风险要求补偿。资产组合的风险补偿是投资者因承担不可分散风险而要求的超过时间价值的额外报酬，计算公式如下：

$$R_R = \beta_P (R_m - R_f)$$

式中，β_P 为投资组合的 β 系数；R_m 为市场的平均收益率；R_f 为无风险收益率，一般以国库券利率衡量；R_R 为资产组合的风险收益率。

因此，投资者的收益率如下式所示：

$$K = R_f + R_R$$

式中，K 为投资收益率；R_f 为无风险收益率；R_R 为风险收益率。

上述公式便是资本资产定价模型的核心关系式，这一模型把组合投资的风险分为两部分：一是无风险收益，二是风险收益。这一模型说明了必要收益与不可分散系数的关系。

第三章　会计信息化的相关知识

会计是一个信息系统。为确保会计信息的正确和完整，必须对会计数据按一定的程序进行处理。在会计信息化条件下，可以通过财务软件的各模块功能进行处理，形成会计信息，为企业管理和经济决策提供信息支持。

第一节　信息技术对会计的影响

一、信息技术对会计理论的影响

（一）信息技术对会计假设的影响

会计假设是会计核算的基本前提，是商品经济活动条件下进行会计活动的基本环境和先决条件。传统财务会计以会计主体、持续经营、会计分期和货币计量四项基本假设为基础，而基于网络的会计由于其特殊性往往可以不受这四项基本假设的束缚。

1.对会计主体假设的影响

在网络经济环境下，企业可以借助网络进行短期联合或重组，形成虚拟企业，从而导致会计主体具有可变性，使得会计主体认定产生困难，使会计核算空间处于一种模糊状态，虚拟经济的出现对传统会计主体假设是一种挑战。

2.对持续经营假设的影响

持续经营假设假定会计主体在可以预见的将来，其生产经营持续不断。在信息技术条件下，虚拟公司的兴起及其迅猛发展对传统的持续经营假设提出了挑战。虚拟公司的特点是根据业务需要，将多个个体通过网络联结起来，当既定目标完成之后便解散。这些虚拟公司根据需要迅速地进行重组，故这类公司随时都有被清算和终止的可能。虚拟公司的经营活动呈现出短暂性的特征，但这并没有影响企业遵循持续经营假设进行会计处理，在会计信息化环境下仍应遵循持续经营假设。

3.对会计分期假设的影响

会计分期的目的是为了分阶段地提供会计信息，满足企业内部和外部管理或决策的需要。限于处理能力，会计期间分为年度、半年度、季度和月度。在网络经济时代，通过网络，企业内外部会计信息的需求者可以动态地得到企业实时的财务信息，在这种情况下，会计分期已从年、半年、季、月缩短为日甚至到实时。

4.对货币计量假设的影响

货币计量假设要求以货币为统一的计量尺度，包括货币计量、币种唯一、币值稳定。但是，在信息时代，网络公司在网络中实现用电子货币进行交易结算，以及网上银行、手机银行的兴起，使得货币逐渐成为一种观念的产物。在经济全球化、资本国际化愈演愈烈的现代信息时代，网络公司所涉及的币种更为多样化，而各国货币的价值、货币之间的汇率等是不断波动的，这无疑使币值稳定假设受到较大冲击。但无论什么情况，都要有个计量单位，以公允地反映财务状况，反映整个企业的价值。

（二）信息技术对财务报表的影响

在信息技术高速发展的今天，信息技术对财务报表的影响主要表现在财务报表的目的、财务报表的内容、财务报表的形式、财务报表的披露方式四个方面。

1.对财务报表目的的影响

企业财务报表应以披露成员企业投入资源与产生收益的比重为目的，通过财务报表的编制，将各成员企业的核心优势予以量化。

2.对财务报表内容的影响

信息技术为充分披露前瞻性信息、非财务信息、社会责任信息及未来层出不穷的衍生性商品信息提供了条件。所以，财务报表的内容必然要尽量包含这些重要信息。

3.对财务报表形式的影响

财务报表提供的信息非常丰富，不仅包括财务信息，还包括产品的市场占有率、用户满意度等非财务信息，这也就决定了信息技术影响下的财务报表形式的多种多样。

4.对财务报表披露方式的影响

在信息时代，财务报表披露方式的要求也是灵活多样的，特别是披露的及时性，要求能做到几乎同步反映财务状况的变动情况。

二、信息技术对会计实践的影响

（一）提高了人们对会计信息处理的能力

信息技术的高速发展，使得原来人们许多难以处理的会计问题变得轻而易举，极大地提高了会计信息处理的能力，要求实现会计信息的及时性、相关性、预测性，要求会计信息实现共享化、个性化、数据库化、反映形式的多样化。

（二）改变了传统会计组织形式

1.对会计核算组织程序的影响

传统会计核算组织程序中大量重复性的工作被标准化和系统化，手工记账中记账、算账、报账的循环过程不再清晰和被强调，凭证、账簿、报表的一一对应关系也不再清晰直观。会计工作的日常起点只是一个终端信息录入，其他都由既定程序自动完成。信息技术颠覆了传统的会计形象，琐碎繁复的结账、对账、试算平衡都变得迅捷，大大提升了会计信息生成的速度和效率。

2.对会计机构设置的影响

会计信息化使会计信息处理高度自动化，会计信息和业务信息可实现集成和同步，使会计核算工作量大大减少，会计部门中的各个岗位进行合并和重组，这样可以减少企业中会计人员的数量，并减轻会计人员的工作负担。同时，在会计专业人员的配备上要增加和充实如系统维护员、系统管理员等新岗位。为了防范计算机舞弊，企业会计内部控制制度也要改变，应建立新型的会计工作组织体系。

（三）提高了对会计人员的素质要求

通过信息技术的应用，大量的业务核算工作实现自动化，使会计人员的工作重点从事中记账、算账和事后报账转向事前预测、规划和事中控制以及事后分析、决策的一种全新的会计管理模式；会计人员不仅要承担企业内部管理员的职责，而且随着外部客户对会计信息需求的增长，会计人员应及时地向外传递会计信息，适时披露真实的会计信息，提供职业化的咨询服务；会计人员的任务不再仅仅是客观地制造和反映会计信息，而应使会计信息增值和创造更高的效能，通过财务控制分析参与企业综合管理和提供专业决策。

一方面，未来的会计人员应该具有多方面的能力，如对会计信息系统的管理，实际上要求会计人员具有一些系统分析员的素质能力。另一方面，会计人员用到的很多管理方法、手段和模型，其他的管理人员也可以做，未来的职业可能出现融合的情况，此时，最重要的是企业员工具备的知识素养。因此，未来会计人员不仅要有管理和决策方面的知识，还应具有利用信息技术完成对信息系统及其资源的分析和评价能力。

通过分析用户的信息需求，会计人员不但可以制定有关的信息制度维护和报告等的规则，还可以制定在信息处理过程中用到的相关模型和方法等，并将这些结果经过信息系统的处理传递给相应的用户。

第二节　企业信息化与会计信息化

一、企业信息化的概念

21世纪是全球信息化和经济全球化的新世纪。随着计算机技术、自动化技术、网络通信技术和数据库技术的迅猛发展，以及现代化通信技术的广泛运用，信息技术已经渗入世界经济的各个领域。在这种大环境下，企业信息化已成为企业生存与发展之本。

企业信息化是指企业利用现代信息技术，通过信息资源的深化开发和广泛利用，不断提高生产、经营、决策的效率和水平，进而提高企业经济效益和企业竞争力的过程。也就是说，企业信息化是以企业业务流程为基础，在一定的深度和广度上利用信息技术控制和集成管理企业生产经营活动中的信息资源，实现企业内外部信息资源的共享和有效利用，以提高企业的经济效益、市场反应速度和市场竞争能力；实现先进的管理理念，整合企业现有的生产、设计、制造、销售等环节，及时地为企业的管理和决策层人员提供准确的、有效的信息，以便对市场做出迅速反应，其本质是加强企业的核心竞争力以及与其他企业协作的能力。

由以上定义可以看出，企业信息化是手段和目的的统一。其中，手段是指信息技术的采用、管理思想的运用以及信息资源的开发和利用；目的是指提高企业的经济效益及综合竞争能力。

由此，我们可以确认企业信息化是企业采用先进的科学技术，运用科学的管理思想，充分挖掘和开发企业的信息潜能，进而提高企业的柔性、健壮性、敏捷性及综合社会竞争能力，使企业赢得市场竞争。

二、企业信息化的特征

（一）组织更具弹性

与企业生产系统一样，信息化企业的组织要灵活地适应生存环境，根据市场需求，调整企业组织规模，下移管理重心，减少中间环节，降低成本，建立扁平化、网络化的组织结构，加强组织的横向联系。各种信息系统在思想上都要求信息及时反馈，这只有在对组织结构进行相应调整时才能实现。因此，弹性化是企业信息化的重要特征。

（二）管理呈现一体化

管理一体化是指在企业内部网络和信息系统的基础建设上，从科学、及时决策和最优控制的高度将信息作为战略资源加以开发和利用，并根据战略的需要把诸多现代科学管理方法和手段有机地集成，实现企业内部的人力、资金、物资、信息要素的综合优化管理。

基于信息技术的企业管理系统全方位支持企业生产、销售和营销等经营管理活动，而且把关联的多个企业连成整体。其运用信息技术，将企业计划、生产、销售、财务、供应、人事、设备、技术档案子系统集合起来，从整体上收集、存储并分析有关数据，提供给组织和企业中心管理人员，实现一体化管理，提高管理效益。

（三）信息化是一个过程

企业信息化不是一朝一夕能够完成的，特别是对于传统企业而言。信息技术起初的作用是战术层次的，但随着它向企业经营各个环节的渗透，会逐渐产生战略性的影响，从作为自动化的工具和信息沟通的手段，到决策支持直至促使企业运作模式和组织结构的变化，这可能是一个相当漫长的过程。企业信息化发展的速度取决于两个因素：一是随着企业业务的发展而发展，而信息系统的发展、企业信息化水平的提高反过来又促进企业业务的发展，这样就形成一个良性的循环；二是随着员工对数字化工具使用水平的提高而提高。

由此可见，企业信息化是一个复杂的、综合性很强的概念，它涉及企业生产、经营、管理、营销、组织结构、企业文化等各个方面，需要从企业发展战略的高度给予重视，需要在实践中不断总结经验教训。

三、会计信息化

1.会计信息化的含义

"会计信息化"一词脱胎于"会计电算化"。会计电算化以计算机为工具，在计算机上模仿会计手工处理过程，它不仅在一定程度上减轻了会计人员的劳动强度，而且还提高了会计工作的效率。但是，我们需要说明的是，会计电算化在实际运用中存在许多不足。所以，在信息技术的帮助下，会计行业进入了会计信息化阶段，并在企业会计工作中发挥着重要的作用。

会计信息化是一个全方位、立体化的信息体系，涉及会计领域的各个方面。对于会计信息化的理解，可以是企业利用计算机、网络通信等现代信息技术手段开展会计核算，以及利用上述技术手段将会计核算与其他经营管理活动有机结合的过程。

2.会计信息化的内容与目标

（1）会计信息化的内容。根据会计信息化达到的不同层次和发挥的不同作用，会计信息化可以分为会计核算信息化、财务管理信息化和会计决策支持信息化三个主要内容。

（2）会计信息化的目标。

第一，推进企事业单位会计信息化建设。

第二，推进会计师事务所审计信息化建设。

第三，推进会计管理和会计监督信息化建设。

第四，推进会计教育与会计理论研究信息化建设。

第五，推进会计信息化人才建设。

第六，推进统一的会计相关信息平台建设。

四、企业信息化与会计信息化的关系

企业会计在企业发展中占据重要的地位，它就像是企业的眼睛与耳朵一样，随时监督着企业的一举一动。信息时代的到来使会计面临的环境发生了巨大变化，会计必须不断适应网络信息时代的要求，不断利用新的工具和方法进行创新，不断实现会计信息化，这样才能真正满足企业发展的需要。

企业信息化是对企业整体进行的信息化，在信息技术的辅助下，企业的各项管理工作将更加平稳，管理水平也能得到很好的提升。因此，会计信息化也应该纳入企业信息化之中，毕竟会计信息化也是企业信息化的一个重要组成部分，二者是局部与整体的关系。

在企业信息化的过程中，需要明晰的一点是，企业有可能先实现会计信息化，但是，这并不表明它可以越过企业信息化，毕竟二者并不是同级的关系，会计信息化还是要考虑并服务整体的企业信息化。

第三节　会计信息系统

一、会计信息系统的产生与发展

（一）会计信息系统的产生

会计是以货币为主要计量单位，采用一系列专门方法，对社会再生产过程进行全面、连续、系统地核算和监督，以提供准确可靠的会计信息，为最终提高经济效益服务的一种经济管理活动。传统的会计是采用专门的方法，对经济业务全

面、连续、系统地进行记录、整理、分类和汇总，并定期反映财务状况、经营成果和现金流量。随着经济业务的发展，企业内外各方面对会计所提供经济信息的需求，不仅在数量上有了大幅度的增加，而且在质量上要求有更高的精确度，并具有正确性、相关性、适应性和及时性。显然，传统的会计处理已无法满足现代企业的需求，电算化会计信息系统则应运而生。

1946年2月，世界上第一台计算机ENIAC在美国宾夕法尼亚大学诞生。计算机问世后不久从单纯的科学计算开始向各行业发展。1954年10月，美国通用电气公司首次在UNIVC-1计算机上处理工资业务，掀起了会计数据处理技术的变革，开创了利用计算机进行会计数据处理的新纪元。

我国第一台数字电子计算机103机诞生于1958年8月1日，它是由中国科学院计算技术研究所负责研制的，开创了我国计算机发展史上的里程碑。我国最早于1979年在长春第一汽车制造厂进行了会计电算化的试点，主要处理工资业务，这一试点从此拉开了我国会计电算化工作的序幕。

"会计电算化"一词是1981年8月10日由中国人民大学王景新教授正式提出的。在财政部、第一机械工业部和中国会计学会的支持下，长春第一汽车制造厂召开了"财务、会计、成本应用计算机专题学术讨论会"，这次会议正式把"电子计算机在会计工作中的应用"简称为"会计电算化"。"会计电算化"这一名称目前已经在我国财会行业得到公认，这是我国首创的专用术语。

（二）我国会计信息系统的发展

1979年，财政部给长春第一汽车制造厂拨款500万元，从原东德进口一台EC-1040计算机，用于进行工资计算，标志着我国会计电算化的开始。随着计算机在各领域的迅速普及，计算机在会计领域的应用也得以快速发展。我国会计信息系统的发展大致可分为以下四个阶段。

1.起步阶段（1979—1983年）

20世纪70年代末，会计电算化的主要工作内容是应用计算机处理工资等业务。这一阶段的主要特点是：从核算内容看，处理单项会计业务，会计电算化主要指的是工资处理电算化；从应用范围看，只有少数大型企业使用计算机开展电算化工作；从计算机技术的应用程序看，硬件设备主要是中小型计算机，价格高、设备规模大、操作不便捷；从软件方面看，操作系统西文版，普及难度大，系统对中文的识别能力和处理能力差；从会计电算化工作人员看，复合型人才奇缺，缺乏既具有会计专业理论知识，同时又具备一定的计算机技术技能的人才。

2.自发发展阶段（1983—1989年）

1983年，国务院成立了电子振兴领导小组（现改为电子信息系统推广应用领导小组），在全国掀起了计算机应用的热潮，特别是微型计算机在国民经济各个领域均得到了广泛应用，会计电算化工作也有一个自发的发展阶段。这一阶段的主要特点是：软件系统的中文处理功能大幅加强，程序设计主要采用数据库管理系统；会计电算化处理内容得到扩展，程序处理模块增加，会计电算化信息系统逐步形成，一些企业开始向电算化会计信息系统过渡，并逐渐形成电算化会计信息系统；应用软件的研制和开发主要以企事业单位委托有关单位开发为主，应用软件的通用性弱、实用性差；开始重视复合型人才的培养，出现了一批既懂会计又懂计算机的复合型人才，会计电算化专业成为一个独立的专业学科。这个阶段缺乏统一规范和指导，各单位自行开发，各自为政，投资大、周期长、见效慢，造成大量人力、物力和财力的浪费。

3.计划发展阶段（1989—1994年）

1989年12月9日，财政部颁布了第一个会计电算化法规《会计核算软件管理的几项规定（试行）》；1990年7月18日，财政部颁布了《关于会计核算软件评审问题的补充规定（试行）》。这一阶段会计电算化工作的特点是：会计电算化由核算型向财务管理型转变；会计软件由定点委托开发向商品化、通用化、规范化、专业化方向发展，会计软件市场初步形成；会计电算化工作开展的重要性引起各级主管部门的广泛重视，以财政部为中心的会计电算化宏观管理体系形成；会计电算化人才队伍形成。

4.普及阶段（1994年至今）

1994年6月30日，财政部相继颁布了《会计电算化管理办法》《商品化会计核算软件评审规则》《会计核算软件基本功能规范》《关于大力开展会计电算化培训工作》等法规。同时，对会计电算化的制度做了系统、全面的更新。这就为会计电算化的普及打下了扎实的基础。1994年10月，财政部、中国会计学会和中国科学技术协会联合在北京举办了全国首届会计电算化成果展览，为电算化在城市各企业的普及造了声势。到1994年底，各省市均开始了会计电算化的培训工作，这就为会计电算化普及做了组织准备。1996年6月10日，财政部发布《会计电算化工作规范》，进一步规范了会计电算化工作。

会计电算化工作日趋成熟，财政部及省市财政部门对开展会计电算化工作加大了推广力度，尤其是会计软件市场出现了竞争态势。国外优秀财务软件开始引入国内市场，国内具有实力的财务软件公司迅速壮大。这一阶段会计电算化工作的特点是：会计电算化打破了传统的数据处理范围，业务处理内容由核算型转向管理型，形成一套集成的会计电算化信息系统，实现系统之间信息的传递和共享；基于开放性的网络资源，提供集中式管理服务，实现财务与业务的协同。

（三）会计信息系统发展趋势

会计电算化已成为一个系统学科，应用于会计数据处理、分析、管理、预测和决策，给企业赢得了显著的经济效益。会计电算化随着电子计算机技术的产生而产生，也必将随着电子计算机技术的发展而逐步完善和发展。

1.向"网络财务"方向发展

"网络财务"是基于国际互联网技术，以财务为核心，业务管理与财务管理一体化，能够实现各种远程操作、事中动态会计核算和在线财务管理，并能处理电子单据和进行电子货币结算的一种全新财务管理模式，是电子商务的重要组成部分。它是以互联网为主体，将先进的信息技术（IT技术）与管理理念相结合，在财务信息系统中的应用。

先进的网络技术，为网络财务提供了信息共享资源，实现了网络分布式并发处理。各项财务事项在一个开放的财务网络平台实现处理，工作方式和处理手段发生了本质的变化，财务审批、审计、会计教育、资金调度、系统维护、金融咨询、软件版本升级等工作都可在线处理。随着企业之间的竞争日趋激烈，企业经营和管理模式必须运用先进的科学理论和方法做指导，会计电算化实现"网络财务"将成为新的发展趋势。

2.向"综合管理体系"方向扩展

网络、数据库等计算机技术的发展在技术上为会计电算化提供了向"综合管理体系"发展的可能。网络使财务信息不仅可实现内部与内部信息管理，同时也可实现内部与外部信息管理，从微观管理向宏观管理发展，实现公共财务信息要素整合，强调与企业管理信息系统相集成并服务于企业自身，是一种高度统一的管理构架模式。从发展趋势来看，会计电算化工作将逐步与其他业务部门的电算化工作结合起来，由单纯的会计业务工作的电算化向财务、统计等综合利用会计信息的方向发展。

3.实现人–机交互作用的"智能型"管理

会计电算化实现人–机交互"智能化"，主要包括：一是操作过程智能化，在原始数据输入过程中实现智能化，对于属性选择、金额的汇总、借贷关系确定等工作都要实现智能操作；二是业务分析智能化，业务分析的前提是业务分类，会计软件能自动分析会计核算中的总账科目、明细科目、辅助核算内容、核算方式、用户权限等；三是决策智能化，既能解决有规律可循的问题，又能解决无规律可循的问题，并能将财务人员丰富的知识、实践经验、创造性思维模式、直觉判断等能力，在程序执行过程中体现出来，形成程序模块，支持财务管理系统。

二、电算化会计信息系统

会计信息系统是组织管理信息系统中最重要的子系统之一，是专门用于收集、存储、传输和加工会计数据，输出会计信息的信息系统。会计信息系统的目标是为组织内外部的信息使用者（如投资人、债权人、经营者、政府等）提供有用的会计信息和相关的非会计信息，并通过对信息的管理为组织创造价值。以计算机为主要信息处理手段的会计信息系统称为电算化会计信息系统，是一个人–机系统。

（一）电算化会计信息系统的构成要素

电算化会计信息系统基本要素包括会计人员、硬件资源、软件资源、信息资源等，其核心部分是功能完备的会计软件资源。

1.会计人员是会计电算化系统的主体

会计电算化的实施过程离不开会计人员的参与，主要包括系统管理员、会计数据录入员、审核记账员等。会计人员不仅要完成会计业务的处理过程，同时也是会计电算化系统的管理者和控制者。此外，会计人员的工作重点还包括对企业各项业务活动及资源利用的绩效评价，对信息技术、信息系统等新技术应用的风险管理，与企业经营、发展战略密切相关的会计决策活动。因此，未来的会计人员必须是多面手，需要掌握更先进的管理方法和手段，具备一定的知识素养。所以要使会计这一古老的行业在未来信息社会有立足之地，就必须大力提高会计人员的素质。

2.硬件资源是会计电算化系统的基础

硬件资源是指进行会计数据输入、处理、存储、输出、传输及信息共享的各种电子设备。其中，输入设备主要有键盘、鼠标、扫描仪等；数据处理设备主要有计算机主机等；存储设备主要有硬盘、移动硬盘、U盘、光盘等；输出设备主要有显示器、打印机等；传输及信息共享的主要设备有交换机、集线器、网卡、服务器等。另外，在电算化方式下，为防止意外断电造成数据丢失，必须配备不间断电源（UPS）。UPS按工作方式的不同可分为在线式和后备式两种。在线式价格较高，几乎不需要转换时间，可以保证计算机运行更安全。后备式价格较低，在断电时，切换到蓄电池供电需要一定的转换时间，但一般不会影响微机的工作。

3.软件资源是会计电算化的核心和灵魂

软件系统包括系统软件和应用软件两部分。系统软件主要包括操作系统、数据库管理系统等。应用软件主要指实现会计业务处理的会计软件。系统软件的作用是支持、管理会计软件的实施；会计软件的作用是具体实现会计业务的处理过程。

会计软件是专门用于会计核算和会计管理的软件,是会计信息系统的一个重要组成部分。拥有会计软件是会计信息系统区别于其他信息系统的主要因素。目前会计软件非常多,国内会计软件有上百种,如用友软件、金蝶软件、浪潮国强软件、管家婆软件、新中大软件等;国外会计软件在中国销售的也非常多,如SAP公司、ORACLE公司、JDE公司等推出了不同版本的会计软件。

4.信息资源是会计电算化的保障

会计数据文件和会计规范是会计信息资源的主要内容。会计数据文件主要包括基础档案文件(如会计科目文件、人员档案文件、客户档案文件、供应商档案文件)、凭证库文件、各种账簿文件、报表文件、财务分析报告文件等。会计规范是指保证系统正常运行的各项管理制度和控制程序,如会计电算化岗位责任制、计算机软硬件管理制度、会计数据管理制度、会计电算化档案管理制度、内部控制制度等。

(二)电算化会计信息系统的意义

实现会计电算化操作是会计史上的一场革命,具有重要的现实意义和深远的历史意义。体现在以下几方面。

1.保证会计核算的及时性

电子计算机以其高速运算的特点而优于其他任何一种计算工具,尤其体现在数据量大、计算复杂的会计数据核算过程中。手工方式需要大量人力和时间完成的工作,采用电子计算机只需很短的时间就可以完成。如在手工方式下,会计报表需要在月末结账后才能完成,而在电算化方式下,如果想及时了解企业的财务状况、经营成果及现金流量,均可在凭证填制后即时实现(需要在报表计算公式设计时选择包括未记账凭证)。

2.提高了会计核算的质量

电子计算机在进行会计数据核算时,是通过会计软件实时控制完成核算的。由于程序有很强的缜密性和逻辑性,加之有很高的精确度,在程序自动完成各项数据的计算和处理时,只要会计人员输入的会计数据是正确的,就保证了会计核算结果的正确性。因此,在电算化方式下,要严把输入环节,确保输入数据准确可靠。而在手工方式下,由于会计数据重复核算和登录工作较多,发生各种错误是难免的。

3.提高了会计工作的效率

实现会计电算化后,会计人员只需将原始会计数据、记账凭证输入计算机,大量的数据计算、分类、归集、存储、分析等工作,都可由计算机自动完成,减少了工作环节，节省了大量的时间和人力。这样，不仅可以把广大会计人员从繁杂的记账、算账、报表工作中解脱出来，而且大大提高了会计工作效率，如审核凭证、记账、结账、报表工作都由计算机自动完成。

4.促进了会计人员素质的提高

在信息技术环境下，会计人员工作重点、所扮演的角色、会计人员的素质将发生巨大的变革。信息技术的应用彻底改变了会计工作的处理工具和手段。由于大量的会计核算工作实现自动化，会计人员的工作重点将从事后核算转为事前预测与决策、事中控制与监督、事后核算与分析的一种全新管理模式。会计人员所扮演的角色也将从传统的"账户先生"角色变成管理角色，承担对经济业务活动过程进行实时反映、控制和评价的责任。会计人员不仅要懂核算，还要懂管理、懂决策，这就要求会计人员既要有过硬的会计核算功底，还要具备一定的财务管理学、投资决策学、运筹学、企业管理学等相关知识；不仅要掌握会计的相关理论与技能，还要通晓计算机的相关知识，更要掌握电子商务的具体操作方法与技能。此外，随着网上交易的日益增多，开展国际企业间的相互合作进一步增强，这更要求网络会计人员必须熟悉国际会计及商务惯例，并具有较为广博的国际社会文化背景知识，还应具备知识创新和知识运用的能力，以适应网络经济发展的需要。

5.促进了会计理论的发展

在现有环境和条件下，会计电算化的研究和实践虽然没有达到理想的深度、广度和高度，会计理论研究也尚未对会计电算化形成强有力的支持，但随着会计电算化理论研究的不断发展，会计电算化实践应用越来越广泛。电算化会计与传统会计相比，其会计信息更具有科学性和前瞻性。会计人员原有的核算职能将由管理、分析、预测、决策、控制职能所替代。会计电算化将对会计实践工作产生积极推动作用，必然使会计实践得以发展，会计理论要指导会计实践，会计理论也将面临严峻的挑战。所以，会计电算化有助于促进、提升会计理论的发展，会计理论又可以指导促进会计电算化的发展，更好地适应和指导会计实践，形成理论、实践交替上升的良性循环。

三、会计信息系统管理

（一）会计信息系统宏观管理

会计信息系统宏观管理是指各级财政部门和各级业务主管部门对全国和本地区会计信息系统工作实行的综合管理，即财政部管理全国的会计电算化工作，地方各级财政部门管理本地区的会计电算化工作。主要内容包括：制定会计电算化发展规划；制定会计电算化管理制度；建立健全会计软件的评审制度；建立健全会计电算化验收审批制度；制定会计电算化人才培养方案；建立会计电算化理论研究发展体系，其中，人才培养是会计电算化的关键。会计电算化人才的缺乏是制约我国会计电算化事业进一步发展的关键因素。因此，要大力培训会计电算化人才。财政部已设置了会计电算化初级、中级、高级等培训层次，分别制定了培训大纲。

《企业会计信息化工作规范》规定，在我国销售的商品化会计核算软件必须通过评审，并取得由组织评审的财政部门核发并统一印制的商品化会计核算软件评审合格证。通过评审的软件在我国销售不受地区的限制，销售单位必须为使用单位培训操作人员、提供软件维护和版本更新等售后服务。各单位使用的会计核算软件及其生成的会计凭证、会计账簿、会计报表和其他会计资料，应当符合我国法律、法规、规章的规定。

《企业会计信息化工作规范》规定的评审依据主要是《会计软件基本功能和服务规范》，评审分为部级和省级。申请评审软件的功能模块数量省级3个、部级6个以上，并且都包括账务处理系统和报表系统，试用单位的数量省级3个、部级10个，并且省级2个、部级5个以上单位使用了软件的全部功能模块并已达到替代手工记账的条件。通过省级评审1年以上，并经省级财政部门推荐的软件可参加部级评审。

（二）会计信息系统微观管理

会计信息系统微观管理是指各基层单位会计电算化的管理。各基层在遵循财政部门和主管部门会计电算化工作发展规划、制度等基础上，根据单位具体情况，设立组织机构，拟定有关制度等管理活动。会计电算化的微观管理主要包括日常操作管理、系统维护管理、会计档案管理。

1.日常操作管理

日常操作管理是指通过对系统日常使用的管理，保证系统正常、安全、有效地运行。日常管理包括系统使用管理、上机操作管理和会计业务处理程序的管理。

2.系统维护管理

系统维护管理是整个系统生命周期中最重要、最费时的环节，搞好系统维护工作具有相当重要的意义。系统维护包括硬件维护、软件维护和数据维护。

硬件维护是指对性能进行维护的措施，是提高使用效率和延长使用寿命的重要措施。

软件维护包括正确性维护、适应性维护、完善性维护三种。正确性维护是指诊断和改正错误的过程；适应性维护是当单位的会计工作发生变化时，对软件进行的维护；完善性维护是指为了满足新的需求，进一步完善功能而进行的维护。

数据维护是为确保会计数据和会计软件的安全保密，防止他人对数据和软件的非法修改和删除。数据维护包括：必须经常进行数据备份工作；对磁介质存放的数据要保存双备份，且应定期复制；健全防病毒措施等。

3.会计档案管理

会计档案管理工作是重要的会计基础工作。企业必须加强对会计档案管理工作的领导，建立健全会计档案的立卷、归档、保管、调阅和销毁管理制度。在电算化方式下，会计档案主要包括存储在计算机及相关介质中的会计数据和打印出来的呈书面形式的会计数据。会计数据是指凭证、账簿、报表等相关数据，以及会计信息系统开发运行中编制的全套文档资料。通用会计软件、定点开发会计软件、通用与定点开发相结合会计软件的全套文档资料及会计软件程序，视同会计档案保管，保管期截止到该软件停止使用或有重大更改之后的5年。

第四章　会计管理信息化

第一节　会计核算的信息化

一、会计核算信息化

从 20 世纪 80 年代中后期开始，会计核算信息化是我国企业信息化的主要突破口。过去的手工记账和算账被计算机代替，减轻了会计工作人员的负担，提高了工作效率。会计核算的主要工作内容是使用计算机进行账务处理、工资与固定资产的核算、制作财务报表等。

二、财务业务一体化

20 世纪 90 年代，我国财务软件商提出了财务业务一体化的概念，这是中国财务软件行业特有的概念。信息系统中业务模块的数据能够传递到财务模块中，并自动生成相应的会计凭证，实现财务业务一体化，如此能够有效缩短会计工作的时间，提高工作效率。因此，从实质上来看，财务业务一体化就是 ERP。在财务业务一体化的概念刚提出的时候，国内财务软件商争相开发各种业务模块。

国外发展成熟的 ERP 厂商已经实现了业务模块与财务模块的集成化，业务模块产生的数据会自动在财务模块上生成相应的财务凭证。在大多数情况下，不能直接调整财务模块的数据，若要调整数据则必须从业务模块开始。

三、会计集中核算

会计集中核算的业务框架主要包括：财务系统与业务系统实现数据共享与数据安全，实现各财务主体数据的共享与安全，财务可对业务进行实时监控，实现多公司、跨行业、多组织的会计核算，建立可满足各层级单位不同需求的科目结构。

第二节　出纳管理的信息化

出纳管理信息化是信息时代下财务管理信息化新的发展方向，将出纳管理与现代信息技术有机结合，顺应了信息化时代发展的趋势。在网络环境下，出纳管理信息化是企业管理层获取信息的主要渠道，能够有效解决会计电算化造成的"孤岛"现象，提高企业的决策能力与管理水平，增强企业竞争力。从中国会计信息化的发展历程来看，会计信息系统得到了广泛的应用，特别是各大、中型企业都在不同程度上实现了会计信息化。随着现代信息技术的发展，会计信息系统的功能进一步增强，功能越来越多，能够满足不同会计业务的需求。但从中国会计信息化发展的总体来看，尽管在几十年的发展中取得了可喜的成绩，但仍存在一些亟须解决的问题。

一、出纳信息化的理论发展

在我国，出纳信息化是从会计电算化与会计信息系统这两个概念中派生而来的，是区别于会计电算化的全新概念。各界对于出纳信息化与会计信息化的理解仍没有形成统一的说法，对于出纳信息化与会计信息化内涵的把握一直是学界探讨的课题。

会计信息化的最终目的并非仅建立会计信息系统，还包括通过现代信息技术手段开展对会计信息系统和内部控制制度的审计，对内部控制制度的执行进行审查，保障制度的有效执行，最终实现会计信息系统安全、有效地运行。

二、出纳信息化的概念与意义

（一）出纳信息化的概念

出纳信息化是指将会计信息作为管理信息资源，全面运用以计算机、网络通信为主的信息技术对其进行获取、加工、传输、应用等处理，为企业经营管理、控制决策和经济运行提供充足、实时、全方位的信息。出纳信息化是将计算机、网络、通信等先进的信息技术引入会计学科，与传统的会计工作相融合，在业务核算、财务处理等方面发挥基础作用，如会计基本理论信息化、会计实务信息化、会计教育信息化、会计管理信息化等。

（二） 出纳信息化的特征

1.普遍性特征

现代信息技术要全面应用于出纳的所有领域。准确地说，在现阶段，出纳信息化仍以传统出纳理论为指导，仍没有对传统出纳理论进行修正与更新，更没有建立适应现代信息技术发展的出纳理论体系。出纳信息化要求在理论层面、工作层面、出纳管理、教育领域中普遍推广并形成完整的、较为成熟的应用体系。

2.集成性特征

为了支持出纳信息化中新的组织形式与管理模式，出纳信息化会调整、重构传统出纳的组织形式与业务处理流程，最终实现信息的集成化。信息的集成化是在会计领域、企业组织内部领域及企业与外部利益关系人的集成化。会计领域的信息集成是指财务会计与管理会计之间的信息集成化，协调和解决会计信息真实性和相关性的矛盾；企业组织内部的信息集成化是指企业内部财务业务的一体化，实现业务信息与财务信息的无缝连接；企业与外部利益关系人的信息集成化是指企业与外部信息的高度共享与信息集成。企业组织内部及外部利益关系人所有的与企业组织有关的原始数据，只需要输入一次即可实现分次利用或多次利用，大大降低了输入次数与工作量，同时能保持数据的一致性和共享性。会计信息系统是建立在会计信息化基础上的多元化、数字化、动态化的信息系统，是企业组织内部信息系统与外部信息系统的有机整合，具有强大的适应能力，能够满足不同企业的个性化需求。

3.动态性特征

出纳信息化的动态性特征主要表现在出纳信息的动态性、出纳信息处理的实时性，以及会计信息发布的实时性与动态性三个方面。

出纳信息的动态性是指出纳信息的采集是动态的。无论是企业内部的数据还是企业组织外部的数据，抑或局域数据还是广域数据，数据在产生后都会自动存入相应的服务器并被传送到会计信息系统中等待处理。

在会计信息系统中，出纳数据在进入信息系统后，立刻就会有相应的处理模块对输入的信息进行分类、汇总、计算、分析等操作处理，使信息能够动态地反映企业的财务状况与经营状况。

会计信息采集的动态性及会计信息处理的实时性使会计信息的发布具有实时性与动态性特征，会计信息的使用者能够及时获取动态的会计信息做出相应的决策。

4.渐进性特征

运用现代信息技术重构出纳模式是一个具有主观能动性的渐进改造过程。首先，实现出纳核算的信息化，建立核算型会计信息系统是现代信息技术适应传统出纳模式的过程。其次，实现出纳管理的信息化，传统出纳模式会计理论、工作方法会出现局部细小的变化以适应现代信息技术的应用，现代信息技术在出纳工作中的运用范围扩大，这是现代信息技术与传统出纳模式相互适应的过程。最后，通过上述两个过程奠定出纳模式重构的基础，构建现代会计信息系统，实现全面出纳信息化，即出纳核算信息化、出纳管理信息化，以及出纳决策支持信息化。

会计电算化与会计信息化都是在会计业务处理中运用现代信息技术手段，以提高会计工作效率和企业财务管理水平。但会计电算化在实质上仍以手工会计核算的思想为指导，相比会计电算化系统，在企业环境下，会计信息化系统在技术上和内容上都是对会计电算化的质的超越，二者在内涵上也有极大的区别。

（三）出纳信息化的条件

知识经济是促进出纳信息化概念产生的外部条件。各行各业都应顺应时代潮流做出一定的改变才能在新时代中更好地生存和发展。在信息化时代背景下，会计业务充分运用现代信息技术，提高财务信息的传输速度与处理速度，增强财务信息的质量，是顺应时代发展、满足知识经济对财务信息要求的最佳选择。

企业信息化是促进出纳信息化发展的外部动力。一方面，会计信息系统是构成企业管理信息系统的重要组成部分，企业中超过七成的信息都是由会计信息系统产生的；而出纳信息化是企业信息化的核心内容，在推动企业信息化建设中具有举足轻重的地位。企业管理信息化建设离不开会计信息化，不建立会计信息化，企业管理信息化的建设也无从谈起。另一方面，会计信息系统的开放性是企业管理信息化发展的必然要求。企业管理信息化的发展要求各信息数据的高度共享与及时传输，为各部门提供综合、全面的信息服务。可见，会计信息化的建立是实现企业管理信息化的重要条件。

出纳信息的准确性、真实性等问题的出现是出纳信息化概念产生的直接原因。出纳信息的准确性与真实性不仅对企业经营管理有重要意义，而且是帮助企业管理层正确、充分认识企业资金总量与财务成果的重要依据，也是国家制定各项经济政策的重要客观依据。

传统的出纳模型与现代信息技术之间的矛盾是出纳信息化产生的内在动力。传统出纳模型是工业社会的产物，对应的是工业社会经济环境与手工信息处理技术。而在信息化时代下，会计业务所处的社会经济环境与信息处理技术发生了翻天覆地的变化，若不及时做出相应的改变则将会面临被时代淘汰的危机。

（四）出纳信息化的意义

出纳信息化的概念在中国提出的时间较晚，发展的时间较短，对这一概念的解读与内涵的分析仍不够深入，但无法否认的是，出纳信息化随着信息化的不断发展终将成为一股不可阻挡的趋势，出纳信息化无论是在理论层面还是在实践层面都将对会计行业的发展产生重大影响。

第一，一方面，出纳信息化的实现使会计信息系统真正地或为企业管理系统的一分子。涉及企业各项业务的信息都可以直接从企业内部系统与外部系统中直接抽取，并自动汇总到会计信息系统进行处理。会计自此将打破传统会计记账、算账模式的局限，充分发挥其管理控制功能，信息使用者可以随时在会计信息系统中获取动态的、准确的数据信息，合理预测出企业未来的财务形式，制定出适合企业管理和未来发展的科学决策。另一方面，对于会计假设而言，信息化时代环境下的会计主体不仅包括拥有资金和厂房的现实企业主体，还包括互联网上的虚拟公司和网络公司。为了实现特定的目标，这些公司会暂时结合在一起，其各自的目标实现后再解散，会计假设中的持续经营、会计分期和货币计量的基本前提都受到了严重冲击。会计信息化实现了企业内部网络与外界网络的互联，使用者可在经过授权后随时通过系统获取会计信息。

第二，信息技术的应用有效提高了信息的及时性，远对提高信息的预测价值和反馈价值、加快信息流动速度、增强企业管理水平具有重要意义。此外，会计信息系统能够直接获取数据并进行分析，能够避免徇私舞弊的情况发生，提高了会计信息的真实性与可靠性，增强了会计信息质量。

第三，大多数会计软件仍是基于手工处理流程设计制作的，独立于其他系统之外。会计信息化使会计系统与其他业务系统连接起来，成为一个高度自动化、信息处理实时化的系统。由于与其他业务系统的连接，会计系统可以直接从其他系统中抽取数据信息，同时能对信息进行汇总、整理、加工、分析等操作。生成的会计报告可通过网络传输，提高了会计信息的及时性，用户可随时在会计信息系统中获取信息，极大地提高了工作效率。

21世纪是科技大发展、知识大爆炸的时代，在充满机遇和挑战的社会大环境下，出纳人员既要熟练掌握出纳基本原理与会计电算化技术，还要学习通信技术、决策过程、组织与行为观念等方面的基本理论。出纳信息化是一种全新的出纳理论与观念，是现代信息技术与出纳有机结合的产物，是出纳在信息化时代发展的必然趋势。出纳人员要紧跟时代潮流，把握趋势，勇于接受挑战，推动我国出纳信息化的发展。

三、出纳信息化与会计电算化的区别

（一）历史背景区别

会计电算化是工业经济社会的产物，随着工业的发展，会计业务的处理量大

大增加，完全手工的处理方法渐渐无法适应工业社会发展的需要，因此采用了计算机来处理出纳业务，加强信息处理能力。出纳信息化是信息社会的产物，信息社会中企业的财富是企业经营管理与信息处理运用双管齐下的结果。社会信息化是信息社会的要求，企业是社会的一个有机组成部分，社会信息化势必要求企业信息化，企业信息化必然要求出纳信息化。

（二）目标的区别

会计电算化系统是在手工会计系统的基础上发展形成的，其业务处理与流程基本与手工操作相同，采用计算机处理会计业务的目的是降低重复性的手工操作，提高信息处理的效率。出纳信息化系统是根据企业管理者的需求进行设计的，以实现会计业务的信息化管理为目的，充分发挥会计工作在企业管理与企业决策中的作用。

（三）技术手段的区别

会计电算化系统在开发设计时受当时环境因素的影响，主要是对单一功能的计算机设立的，后面开发的会计电算化软件也是在此基础上进行的发展与完善。出纳信息化系统是基于网络环境的创新设计，是以计算机网络与现代信息技术为主要技术手段。

（四）功能范围与会计程序的区别

会计电算化是在传统手工出纳模式的基础上形成的，是对手工出纳的改进。因此，会计电算化在会计程序上也与手工出纳程序类似，都从记账凭证开始，最后的经济业务记账、转账和提取报表等通过计算机完成。出纳信息化是会计业务顺应信息化时代要求设计而成的，具有实时性、准确性和及时性的特点。出纳信息化系统具有业务核算、管理出纳信息及决策分析等功能，通过信息技术与信息管理原理对会计流程进行重构。

（五）信息输入输出对象的区别

会计电算化系统的建立主要考虑的是财务部门的需求，为提高财务部门的工作效率，其主要负责财务部门会计信息的输入和输出，信息的输出也主要采用打印后送报各部门的方式。出纳信息化系统是构成企业管理信息系统的重要组成部分，可以直接从企业内部和外部系统中直接获取信息，信息的输出通过网络实现，各部门和组织机构根据授权可在系统中直接读取信息。

（六）系统层次的区别

会计电算化系统主要为财务部门服务，属于部门级应用系统。出纳信息化系统是企业信息化系统的一部分，属于企业级应用，它能够为财务部门、企业决策层、信息管理层提供服务。

四、出纳信息化存在的问题

（一）出纳信息化理论研究滞后

出纳信息化理论研究滞后是制约中国出纳信息化发展的重要因素。出纳理论很少考虑计算机及网络进入会计领域所引起的变化，这严重制约了出纳信息化的发展进程。具体表现在：

对出纳信息化理论的研究不足会制约出纳信息化的发展。在研究出纳信息化理论时，很少将信息技术与网络技术领域的发展对会计领域的影响考虑进去。以会计假设理论为例，会计假设是构建传统会计理论的基础，是一种为会计核算划定时间与空间范围的一种二维平面单向传递观念，在信息时代环境下，会计假设对会计信息系统的支持就显出明显的不足。首先，会计的主体是企业，随着企业的发展会计主体的外延在不断变化进而呈现模糊性，这就需要重新去认识和拓展会计主体假设的空间范围；其次，在市场经济条件下，各种不确定因素大大增多，这些不确定因素都有造成企业解体的可能，与持续经营假设产生矛盾，缩小了会计的时间范围；最后，在信息环境下的会计信息化打破了传统会计的壁垒，使会计核算从事后变成了实时，财务管理由静态变为了动态，会计分期假设的时间和端点都消除了。除此之外，以传统会计假设为理论基础的会计原则也无法满足会计信息化的需求，需要在新的会计假设理论的基础上重新设定。

（二）财务数据的共享问题

企业在生产、经营活动中主要表现为信息流、资金流与物流的统一。然而，仅通过财务部门使用财务软件无法实现对信息流、资金流和物流的有效控制，各部门须将业务信息纳入财务软件管理范畴之中才能使其功能扩展至企业经营管理的各方面。如此才能建立财务信息与其他业务信息的联系，实现财务信息与其他信息的共享，即财务信息和业务信息一体化。只有建立了财务信息和业务信息一体化，真正地实现信息的高度共享，才能多方位、多层次地体现可信、可靠的决策信息。但事实上，我国目前仍存在一部分无法真正实现财务信息和业务信息一体化的企业。由于企业管理层缺乏管理意识，或企业资金困难、人才匮乏、业务链脱节等原因而无法实现信息的高度共享，对我国企业会计信息化的发展造成了不良影响。在信息时代，网络成为财务信息传递的主要方式，如何保障财务信息在传递过程中的真实性与可靠性成为信息化发展进程中需重点思考的问题。在信息时代，传统的会计数据被电子符号取代；作为信息传输重要媒介的纸介质也被磁介质取代，在财务数据传输过程中传统的签字盖章等确认方式和手段也逐渐消失，网络上传输信息的真实性无法得到可靠的确认。尤其是一些跨国企业，这些企业主要通过网络交换信息和传输数据，然而开放的网络也存在众多风险与隐患。此外，企业内部信息使用权限划分不明、内部管控松弛等也容易出现信息泄露和滥用信息的问题。可见，在信息化环境下如何确保财务信息的真实性、安全性与可靠性是会计信息化未来发展中必须考虑的问题。

第三节 账务处理的信息化

作为会计信息系统的核心，账务处理系统不仅具备账务处理的功能，还能为其他子系统提供数据处理功能，满足各子系统的数据处理需求。建立优良、高效的账务处理子系统是会计信息化建设的关键环节。

一、账务处理子系统概述

（一）账务处理子系统

会计以全面提高企业经济效益为目的，对企业一切经济活动实施系统、全面、连续性、综合性的核算与监督，并以此为基础对企业经济活动进行预测、分析、控制与决策。采用会计核算、会计控制与会计分析等方法可以实现会计任务，其中，会计核算方法是最基本会计方法。任何一项经济业务都是从填制凭证开始的，经审核后录入到不同的账簿中，为之后的财务核算、编制报表、财务分析等提供信息。因此，将会计核算的账户设置、复式记账、填制凭证、审核凭证，以及登记账簿等工作方法称为账务处理。

（二）账务处理子系统的特点

国外会计信息化系统中的总账系统大致与我国的账务处理系统相同。国外的总账系统既能产生总账，也能产生日记账、明细账及对外提供的会计报表。与国内账务处理系统不同的是，国外的总账系统不具备银行对账功能和往来账辅助管理功能，且通常不会产生带有数量、金额的明细账。

与其他会计子系统相比，账目处理子系统具有规范性强、一致性好、综合性强、准确率高的特点。

复式记账法既是全球通用的会计记账方法，也是账务处理子系统的基本原理。企业会根据自身业务量选择相应的登记总账的方法，但账簿最终的格式大致相同。正是因为账务处理子系统具有极强的规范性与一致性，在软件市场上到处可见各式各样的账务处理系统软件包。企业在建立会计信息系统时也可以考虑选用账务处理系统软件包，节约系统开发成本。

账务处理子系统是会计信息系统的核心，以货币为主要计量单位，能够全面、综合、系统地反映企业供、产、销的情况，具有强大的综合性与概括性。而会计信息系统的其他子系统既能将货币作为计量单位，还能使用实物数量指标，并且只能局部地反映企业供、产、销在某个环节或某类业务的情况。账务处理子系统生成的报表能够准确地反映出企业全部的经营状况与财务状况。此外，账务处理子系统还是会计信息系统中各子系统之间交换数据的平台，既能接收其他系统的记账凭证，并自动记账，还能向其他子系统传输需要的账目数据，通过账务处理系统能将会计信息系统中其他子系统进行有机结合，形成一个完整、有序的会计信息系统。

账务处理子系统生成的财务报表非常重要，不仅要提交给企业的投资人和债权人，而且要向国家财政部门、税收部门、审计部门等政府部门和银行部门提交，报表数据错误会造成严重影响和重大损失。企业投资人和债权人会根据报表数据评估企业的经营状况制定投资决策；财政部门会根据报表数据统计经济指标制定经济方针与政策；银行根据报表数据对企业资金的使用进行监督。因此，账务处理子系统的正确性是确保报表数据真实性、正确性的基础。此外，要从根源上保证报表数据的准确性。报表的数据来源是账簿，账簿的数据来源是各种单据凭证，因此，从单据凭证开始就应加强数据准确性的控制，强化账务处理各流程环节的监控，避免错误的发生。

（三）账务处理子系统的功能

1.初始化功能

账务处理子系统具有较强大的通用性，不仅能反映出会计核算与账务管理的一般性特征，而且能良好地适应不同企业、部门的业务特点。账务处理子系统的初始化功能就是企业应用账务处理子系统之前必须进行的初始化设置工作。通常在账务处理子系统软件终端包含初始化功能模块，可以设置科目、凭证类型、装入初始余额、分配不同工作人员的使用权限等。科目设置是向系统描述会计核算过程中使用的各项科目，科目的设计结果要保存在科目文件中。科目设置是会计管理的基础，在科目设置模块中财务人员可以根据自身业务特点设计需要的会计科目体系。凭证类型设置与科目设置没有较大区别，实际上是对凭证类型的管理，凭证类型设置完成后需将设置结果保存在凭证类型文件中。大多数账务处理子系统软件凭证类型功能设置比较全面，财务人员可结合自身业务特点选择相应的凭证类型。

载入初始余额可使手工账簿内容与计算机账簿内容具有继承性和连续性。载入初始余额是指在计算机中输入手工账簿各科目的余额，并在汇总文件中保存初始余额。载入初始余额的方法有两种：一种是在计算机中装入开始使用会计信息化系统的初始月份的月初余额，另一种是载入年初余额及开始使用会计信息化系的当年每个月的发生额。在载入所有余额后，需按照平衡公式及"总账及其下属明细科目"自动试算平衡。试算平衡通过后还应再检验载入的余额是否正确。

分配不同工作人员的使用权限。在会计信息化系统中，财务主管具有最高权限，可以使用分配人员使用权限的功能模块，也可进行授权和撤销权限的操作。各人员的使用权限设置完成后，需将设置结果保存在人员权限文件中。账务处理子系统的初始化功能模块中除上述介绍的几个功能外，还具备代码设置、结算方式设置、自动转账分录、币种及结算汇率设置等功能。完成了账务处理系统的初始化设置后，就可以通过系统处理账务事务。

2.凭证处理功能

凭证处理模块的功能包括凭证的输入、审核、查询、打印等日常处理工作。

输入凭证即将凭证录入账务处理子系统中，财务人员在录入过程中可以进行编辑与修改，完成录入后需检查录入结果，确认正确无误后保存在凭证文件中。凭证审核是指对录入凭证的正确性、有效性、合法性的综合审核。凭证审核的目的：一是查找凭证输入过程中无法发现的如借贷反向、借贷金额同增同减等错误；二是为审核完全无误的凭证添加一个审核标记，只有具备审核通过标记的凭证才能入账。凭证通过审核后不能进行修改、删除等操作，只有设置取消审核后方可进行，取消审核的操作只能由审核人操作。通常凭证审核模块有两种审核方式：一种是静态屏幕审核方式，另一种是二次输入审核方式。在凭证审核模块中，录入人与审核人不能是同一个人。

在查询打印凭证功能模块中，无论是未经审核的凭证还是已审核通过的凭证都可以进行查询和打印。使用者还可按照日期、凭证类型等自定义查询、打印的范围。

3.记账与结账功能

在财务处理信息系统中，记账和结账是数据处理的两个重要环节。

记账是财务处理系统根据凭证文件或通过审核的临时文件更新账务数据库文件，之后自动生成制作账簿和报表的各项信息。实际上，记账的过程是较为复杂的，不仅设计多个数据库文件，还需妥善处理传递关系，对数据进行加工。因此，传统的手工记账十分容易发生错误，且工作量巨大，耗时时间长。在会计信息化体系中，记账工作全部由计算机完成，不仅提高了工作效率，而且能够有效避免传统手工记账中容易出现的错误。此外，账务处理系统中还提供了灵活多变的记账方式，使用者可根据自身业务特点选择记账方式，既可以每制作一张凭证就记一次账，也可以一天一记、一天数记、数天一记。记账模块的处理过程也可以根据不同的数据流程任意选择。

记账模块的处理流程大致包括四个步骤：记账凭证的平衡性检验、记账前的数据备份、开始记账、关闭所有文件并结束记账。结账功能是一种只能在结账日使用的批处理。根据企业要求在结账期进行转账业务处理与结算。若为月结则需标记结账当月的期末余额；若为年结则需做年处理。在账务处理子系统中可进行跨月记账，如上月没有完成结账，仍可以输入本月的凭证并进行记账；前一年12月没有结账，来年仍可以输入凭证并进行记账。结账的处理流程大致分为三个步骤：结账前状态的保护、结账前的必要检查及结账处理。

结账前状态的保护是指在结账前将所有数据进行保护性备份，避免因操作错误或其他突发状况中断结账操作时而引起的系统混乱、账目混乱等。实施账目前状态保护后，就算结账过程中发生系统混乱的情况，账务处理系统也能在系统恢复正常后还原到记账前的状态，继续进行记账。

结账前的必要检查主要包括检查上个月是否未结账，以及本月是否存在未记账的凭证。若上个月未结账或本月有未记账的凭证，则不可进行本月结账工作。结账处理的主要工作内容是为结账的凭证添加结账标志。已经结账的月份不能再输入凭证和记账。如果结账的月份为12月，在结账后还应生成下一年的空白账簿文件并结转年度余额。

4.账表输出与关系服务功能

账表输出功能是指对账务数据库文件进行排序、汇总等处理后，向企业管理层和会计部门输出所需账表的过程。账表的输出方式主要有三种：打印输出、磁盘输出及屏幕显示输出。可输出的账表类型主要有总账、明细账、日记账、对外报表、综合查询结果。综合查询是账表数据输出的一个特殊形式，是一种财务人员通过输入指定条件从相应的数据库文件中获取所需记录数据的方式。这里所说的指定条件既可以是单项条件，如日期、经手人、审核人、支票号等，也可以是几个单项条件组合成的组合条件。

子系统服务功能主要包括口令密码的修改、会计数据的备份与恢复、系统日常维护、获取外部数据等。

口令密码是使用者在账务处理系统中使用的授权口令。使用者在通过系统授权后会获得一个初始口令密码，为防止泄密，使用者需修改初始口令密码并定期更新。

会计数据备份与恢复是为降低会计信息系统软件、硬件故障而进行的保护性备份。通常做法是将存储在硬盘上的数据备份到软盘上。进行数据备份时，需给出备份数据字节、所需时间、备份进程等相关提示。在进行数据恢复时需提前确认，谨慎操作，这是因为数据恢复会将现有账务环境完全覆盖，为避免再次造成数据损失，可设置恢复密码、恢复日期的核对等功能。

系统维护功能的作用就是对系统磁盘空间进行管理，及时排除故障、消除计算机病毒等，以确保系统正常、有序、高效地运行。

5.辅助管理功能

在账务处理子系统中，除必要的会计核算功能模块外，还提供了一些辅助管理功能，如银行对账功能，除提供了多种对账方式外，还具备自动获取对账单、输出对账结果、删除已达账项等功能；往来核算与管理功能，可建立往来单位通信录、查询往来记录、往来核销记录、设置期初未达往来账等；项目核算与管理功能，通过项目定义、项目账表输出等方式进行成本管理与收入核算；自动转账功能，定义自动转账分录、自动生成转账凭证、获取外部数据等。

（四）账务处理子系统与其他会计核算子系统的关系

与账务处理子系统关系较为密切的其他会计核算子系统主要有工资核算子系统、固定资产核算子系统、材料核算子系统、成本核算子系统及报表子系统等。

1.账务处理子系统与工资核算子系统的关系

工资核算子系统用于企业职工工资及福利基金的核算，根据职工数据及其他相关数据核算职工工资，如应发工资、实发工资、福利基金等，核算结果汇总后转送至相关部门。工资处理子系统涉及银行存款、职工工资核算、企业管理费等科目的总分类核算，需向账务处理子系统传送记账凭证。

2.账务处理子系统与固定资产核算子系统的关系

固定资产核算子系统根据固定资产的各项数据如固定资产的增加或减少、修理费用、拆旧等制作成记账凭证，并向账务处理子系统提供不同科目的总分类核算数据，如固定资产数据、在建工程数据、无形资产数据等，账务处理子系统会根据这些数据制作总账和明细账。

3.账务处理子系统与材料核算子系统的关系

材料核算子系统根据外购材料的采购凭证、收入凭证和发料凭证，计算材料采购的成本（计划成本与实际成本）、成本差异及材料领取的内部转账凭证，按规定编制相关凭证并向财务处理子系统传送分类科目的记账凭证。

4.账务处理子系统与成本核算子系统的关系

成本核算子系统对其他子系统的费用类数据进行汇总与整理，按照一定的标准分配到各车间、各产品中。成本核算子系统的数据来源于多个子系统，如工资核算子系统、材料核算子系统、固定资产核算子系统等。成本核算子系统会将费用类数据的记账凭证传送到账务处理子系统中，登记总账和明细账。

二、账务处理子系统的设计

（一）账务处理子系统的设计原则

在账务处理子系统设计中，要实现其基本功能，满足核算的各种需求。同时还要考虑到系统的适用性、易用性及可维护性等其他性能指标。账务处理子系统既要具备前面所述的各种功能以满足不同部门的需求，同时还要考虑是否与企业管理系统与会计信息系统相适应，便于相关人员操作和使用，易于维护。在设计账务处理子系统时应遵循以下原则。

1.合法性原则

我国先后颁布了一系列会计相关的法律法规以规范会计工作，保障会计人员的合法职权，充分发挥会计在强化经济管理、提高社会经济效益中的重要作用。因此，在设计账务处理子系统时，各模块的功能、使用的专业术语、界面设计等都应严格按照国家相关法律法规的规定执行。

（1）1999年全国人民代表大会常务委员会正式颁布了《中华人民共和国会计法》，它是规范我国会计活动的基本法，其他的会计法规和制度都以此为基础。《中华人民共和国会计法》对会计核算、会计监督、会计机构、会计人员、法律责任等方面都作出了详细规定。

（2）会计准则和行业会计制度。会计准则规定了会计活动的总的原则和标准规范，是所有会计制度的总概括。会计准则是行业会计制度的依据，行业会计制度规定了行业会计核算的标准，为行业会计核算提供了依据。账务处理子系统的软件设计必须严格遵守会计准则与行业会计制度的规定。

2.满足管理需求及不同核算需求

企业的规模大小、采取的管理模式不同，会计管理形式与会计核算形式也应有所不同。根据企业会计特点专门设计的会计核算软件能够满足企业的会计需求，但通用会计软件则只考虑不同的核算需求和管理需求。随着市场经济的发展，企业规模的扩大，企业的管理要求在不断提高，即便使用专门设计的会计核算软件，也应将会计核算形式的变化考虑进去。

（二）账务处理子系统的数据流程设计

通过分析企业账务处理任务可以得到账务处理子系统的基本数据处理流程。大致上账务处理系统的数据处理流程包括五个步骤：建账、记账凭证的录入与审核、凭证分录、自动转账及结账。

1.建账是账务处理系统日常工作的第一步，主要工作内容是建立初始账户，并对账户进行相应的设置，如输入科目编码及名称、设置账户余额等。

2.录入的记账凭证需保存在记账凭证库中，记账凭证需通过负荷后方可记账。日记账、明细账、专项账可根据记账凭证直接登录，总账需先进行科目汇总再记账。在一个会计月份中可多次记账，后一次记账会在前一次记账的结果上进行。记账后，记账结果便可在账簿中进行查询、打印等操作。原则上讲记账凭证在登录后便不可进行修改，但在实际工作中，为了增加系统的灵活性，只要报表账簿没有正式输出都可以撤销记账，使凭证恢复到记账前的状态，对修改后的凭证要重新记账。因此，只有月末结账正式输出后的账簿才是真正有效的。

3.分录。不同的科目要分录到不同的账目中，如现金科目应记入现金日记账中，存款科目应记入银行往来日记账中。

4.自动转账。完成记账后，系统会自动在相关账户中提取数据并生成转账凭证，进行自动转账。

5.结账。结账是在完成最后一次记账后进行的操作。在结账时，记账凭证库会作为后备处理，之后清空数据库，为下个月记账做准备。对科目数据库、银行对账库、账簿数据库等也进行相同操作。此时已无法修改上个月的记账凭证，因为上个月的记账凭证已经从记账凭证数据库中删除了。如果上月凭证中存在错误，则应在当月凭证中用红字凭证冲销上个月的错误凭证。

账务处理子系统与会计信息系统中的其他子系统可进行数据互联，能够互相从对方系统中读取数据。

（三）账务处理子系统的业务流程设计

账务处理子系统的基本业务处理过程大致上可分为系统初始化阶段和日常账务处理阶段。在系统初始化阶段可进行参数设置、科目设置、科目类型设置等基础性设置，还提供输入账户余额、客户往来账余额等功能。日常账务处理阶段一般以月为基本单位。一个月的账务处理流程完成后便可进行下个月的账务处理业务。日常账务处理的主要内容包括：输入记账凭证，可根据实际情况对凭证进行修改；对录入的凭证进行复核；进行科目汇总和记账；月末时的试算平衡、转账、对账和结账；账簿与报表的打印；银行对账。其中，凭证复核、记账和结账是日常账务处理的关键环节，在实际工作中，为了保证账务处理系统的灵活性，允许取消复核、取消记账、取消结账的操作，使凭证恢复到之前的状态，当然，这些取消操作都由有权限的专人操作。

（四）账务处理子系统的科目编码设计

1.账务处理子系统科目编码的设计

账户编码是账户的主关键字，在账务处理子系统中，通过科目编码可以很容易地识别各账户及各账户凭证中的各分录。此外，科目编码是账务查询的关键依据。科目编码的重要性决定了科目编码设计的重要性，编码需具备一定的结构性、代表性，才能方便使用者的应用。

2.账务处理子系统输入界面的设计

在账务处理子系统的输入界面中应设有各种输入界面，如记账凭证输入界面、科目信息输入界面等。根据账务处理业务来看，记账凭证输入界面应是使用率最高的输入界面。在记账凭证输入界面中还应设计收入、支付、转账及通用记账凭证等不同格式以便使用者根据需要自由选择。

三、账务处理子系统的操作

（一）记账凭证的输入与控制

记账凭证的输入除输入数据外，还可进行数据追加、数据删除、数据修改等操作，并对输入的记账凭证进行校验。在输入记账凭证时需遵守五点基本要求。第一，记账格式与凭证模式应保持一致；第二，确认记账日期，应为当前月份，记账凭证号应为连续号码；第三，确认输入科目是否正确。理论上讲，会计科目是在科目管理环节输入并确认过的，如果在科目库中没有找到要输入的科目，允许在输入凭证的环节增加科目；第四，在记账凭证中，借贷方合计金额应是相等的；第五，如果输入的科目中包含辅助核算，应当输入辅助核算需要的信息。如在输入库存商品科目时，还要输入商品的数量、单价等信息。

（二）明细账的记账过程

明细账是对总账核算内容的详细分类记录。明细账用于反映某个具体经济活动的财务状况，是对总账的补充和详细说明，同时也为会计报表的编制提供重要的依据。明细账格式的三个基本要素是账目科目名称、业务发生日期和编号及业务摘要余额，无论明细账采用何种格式编制都应以这三个要素为基础。

总账科目名称通常是会计法规定的一级科目，如果某个科目的明细较多，可以在总账科目下设置明细科目分别汇总。在大多数情况下，明细账都是按照时间顺序依次登记的，除此之外，也可以按照业务发生的情况分别登记。编号是指记账凭证的编号，设置编号主要是为了方便查账和审核使用。业务摘要用于反映业务内容，因此摘要应简单明了。通常情况下，填写的摘要应当与记账凭证的摘要相同，但对于业务繁多且复杂的记账凭证，可以再分别写出其他摘要。记账时，填写的金额应当与原始凭证上的金额及记账凭证上的金额相同，在填写过程中还应特别注意借贷方向，切勿填错借贷方向。

（三）月末处理过程

1.自动转账的过程

月末时，财务部门需编制转账凭证进行转账。传统的手工账务处理方式不仅耗费大量时间，还容易产生数据错误。在会计信息化系统中，账务处理基本全部通过计算机完成，到了月末，系统会自动从账户数据中抽取数据生成转账凭证进行自动转账。

在账务处理子系统中，要使系统在月末自动转账，首先要定义转账凭证格式，其中，转账公式是定义转账格式的关键项目。转账公式主要由转账函数构成，常用的转账函数有QC、QM、FS和JG。QC的意义为在指定科目中取给定期间的期初余额；QM的意义为在指定科目中取给定期间的期末余额；FS的意义为在指定科目中取给定期间的借方余额或贷方余额；JG的意义为取对方科目的和。完成转账格式的定义后，会在公式中出现相应的科目，如果该科目的记账凭证已经完成记账，系统就会执行自动转账程序了。自动转账程序的转账凭证会根据相关账户的数据进行填制，填制完成的转账凭证会保存在记账凭证数据库中。转账凭证经过复核后可进行记账处理。

转账公式的设置是自动转账实现的关键，系统会根据设置的转账公式自动从相应的账户中读取数据。在设置完转账函数后，系统会对转账函数进行分析，将函数参数放到对应的参数区中。之后，根据科目编码找出对应的数据库，如总账库、明细账库、日记账库等。系统再次对函数进行判断，并根据系统分析进行相应处理。如此反复，直到系统处理完所有的转账公式。

2.对账的过程

对账的目的：一是检查记账的正确性，二是检验账簿的平衡性。对账即账簿数据的核对，既是账簿与账簿数据的核对，也是账簿与凭证数据的核对。通常情况下，在账务处理子系统中，只要记账凭证的录入是正确的，那么记账后的账簿应是正确、平衡的。但计算机病毒、非法操作及一些其他原因可能会破坏系统数据，造成数据不符。账簿与账簿的核对能够检查账簿的平衡性，账簿与凭证的核对能够检查出是否存在记账错误。

3.结账的过程

在本月所有凭证均已记账且自动转账、对账等均正确后即可进行月末结转。结转后意味着：在月末，本月的所有凭证都已完成记账和自动转账，且经过对账确认无误后，便可进行月末转结。结账时，本月记账已全部完成，输出的账簿与报表均已存档，本月的所有凭证将无法再进行修改，如果发现本月凭证中存在错误，只能在下个月记录一笔相反的分录将其抵消掉。本月的全部凭证将被储存到后备库中，记账凭证库与分录库将会清空，输入控制参数已确定为下个月的参数值。结账的最后，需建立下个月的初始账簿，本月的月末置入下个月的初始账簿成为下个月的期初余额。若此时已有下个月的凭证在凭证库中，则可以进行记账操作。完成结转后，若要查询或打印本月的凭证则可在后备库中进行。

（四）账务查询

1.数据库查询的基本方法

建立会计信息系统的一个主要功能与目的就是将输入的凭证进行处理保存为相关的数据形式储存起来，以便企业各部门、各层级能快速、精准地在系统中调取所需信息数据。数据库查询就是通过给定的关键字在数据库中查找与之相匹配记录的过程。账务查询主要涉及凭证查询、账簿查询及报表查询。

凭证查询可通过凭证账号、记账日期、科目编码等进行查询。账簿查询既可以查询日记账户，也可以查询专项审核账户。日记账户的查询可通过记账日期、科目编码等查询账户的现金日记账、银行存款日记账等。专项审核账户的查询可通过记账日期、科目编码、往来单位编码等进行查询。报表查询可查看会计报表中的各项数据信息。

除上面介绍的关键字查询和条件查询外，还可通过数据库查询语言的方式在数据库中查找信息。下面介绍数据库查询语言的数据库查询方法。

FOXBASE提供了多种查询方式与查询语句，其中，LIST（DISPLAY）语句的使用最为简单，能够在指定记录范围内查询满足给定条件的记录信息，查询结果会直接输出到计算机屏幕上，还可进行打印操作。LIST语句的查询功能强大，但查询结果在屏幕上输出的格式不规范，这是LIST语句查询的最大缺点。解决的办法是，使用LOCATE命令定位所需记录。

在数据库查询过程中，设置了筛选条件后，系统会将不满足筛选条件的记录屏蔽起来，只显示满足筛选条件的记录，就像建立一个新的数据库一样。如果需在满足筛选条件的记录中反复查找，可使用FILTER语句进行，但使用FILTER语句在满足条件的记录中筛选有用信息的速度较慢，且不建议使用FILTER语句进行一次性的查询。

如果要在比较大的数据库中进行查询，可使用FIND语句或SEEK语句。首先将查询关键字表达式建立一个索引，之后再使用FIND语句或SEEK语句进行查找。其中，FIND语句只能定位到相同关键字的第一个记录。

上面介绍的几种查询语句适用于同一时间的多个数据库的查询，在多数据库间建立关联可实现多数据库的查询。

2.记账凭证的查询

由于记账凭证存放在凭证头库和分录库中，因此记账凭证的查询属于多数据库查询。在通过凭证编号进行查询时，应建立以记账凭证头库为主库的数据库关联，关联关键字为JZPZH。如此，在查找时，记录指针就会在记账凭证头库中自动移向JZPZH字段的内容。

3.明细账簿的查询

明细账簿只储存在明细账数据库中，因此，可通过关键字如科目编码、记账日期等进行查询。在实际操作中，明细账簿的查询多采用组合查询的方式。当输入组合查询条件后，要将查询条件转化为逻辑运算表达式，通过逻辑运算表达式查询所需数据信息。

4.系统操作人员的操作规范

（1）设置操作人员的操作权限。设置操作人员的操作权限是加强会计信息化系统管理的重要手段，规定了操作人员的权责范围，确保会计信息化系统内会计信息的安全、可靠。通常，权限的设置与分配以操作人员的岗位分工为依据，系统权限主要有以下几种：系统权限，能够设置人员的操作权限，管理系统操作日记及账套；建账权限，可设置会计科目，输入初始余额；制单权限，可在系统中填制记账凭证；审核权限，可对记账凭证进行审核，对自己审核过的凭证可进行撤销审核的操作；处理权限，可进行记账、自动转账、结账等操作；查询权限，可在数据库中查询信息，如总账、日记账、明细账等；往来权限，可管理往来账簿；银行权限，可与银行进行对账；数据权限，可进行数据的备份、恢复、索引、查询等操作。

在设计账务操作系统时应注意，无论系统权限的划分方法如何，能够为操作人员设置操作权限的管理员只能由一人担任和执行；而口令设置允许全部操作人员都有权执行。

（2）口令设置。操作员口令与操作员姓名共同构成了操作系统安全使用的第一道防线，以防止无关人员非法登录或非法使用。只有操作员口令密码与操作员姓名均输入正确方可允许进入系统。

操作员口令设置完成后会采用加密的方式保存在操作权限库中，以防口令泄密。同时，为增加口令的安全性，可规定口令密码的结构，如必须由数字和字母组成，定期更改口令。在系统中增加操作员时，系统管理员可设置一个默认口令，或默认口令为空，之后由操作员自己设置口令密码。口令密码的设置与修改只能由操作员本人操作，不能由他人代替。

（3）操作员更换。实际工作环境，特别是单机操作的环境中，会出现需要更换操作员的情况。为了增加系统的便利性与灵活性，在系统设计时应考虑在不退出系统的前提下更换操作员的情况。更换操作员的设计与系统登录设计比较相似，区别在于更换操作员不需要选择账套。

（4）操作日志管理。操作日志记录了系统的操作记录与运行情况，是系统日常维护与管理的依据。系统日志库会记录下使用系统的操作员的姓名、所选功能及登录和退出系统的日期与时间。只有系统管理员具有管理操作日志的权限，才可通过操作员姓名、操作日期、所选功能等关键字或条件在操作日志中查询信息。操作员在系统中的每一项操作都会记录在操作日志中，因此操作日志中的内容较多，可定期对操作日志进行备份，然后删除。由于操作日志可以作为一种特殊的辅助账使用，操作日志的删除不可随意进行，应当与系统其他数据一样进行统一管理。在设计系统时，操作日志的删除可增设一些条件，比如，不单独提供操作日志的删除功能，操作日志只能同其他数据一同备份和删除；本年度的操作日志不可删除，往年操作日志可以删除；本月操作日志不可删除，其他月份操作日志可以删除；操作日志在打印前不可删除；等等。

第四节　报表处理的信息化

一、报表合并的挑战

合并财务报表能够综合、全面、系统地反映集团企业的财务状况、经营成果和现金流量情况，为企业管理层与决策层提供了重要信息，也是投资人判断企业投资价值的一个重要依据。

（一）合并财务报表面临的四问题

第一，集团企业各成员企业财务人员在手工处理合并报表时没有统一的标准，如报表格式、报表内容、统计口径、抵消规则等，每个成员企业在手工处理时都采用自己的标准操作，这为集团总部财务合并与财务分析工作带来诸多不便。此外，各企业的财务人员在个人能力与知识水平上也存在差异。

第二，随着集团企业规模的扩大，成员企业的数量增多，有的还包括海外成员企业，合并报表的工作量巨大，海外企业还需同时满足国内与国外的会计准则，财务披露信息的质量与频率要求也更高。

第三，Excel是主要的报表文件格式与报表分析工具，但通过Excel制作、分析报表的工作量巨大，需要花费大量的时间成本和人力成本。并且，用Excel文件存储数据不方便查询和比较历史信息。

第四，报表分析是合并报表的重点内容，而财务人员却花费更多的时间和精力用于整理、制作报表，本末倒置，这在一定程度上是一种资源的浪费。

（二）财务报表工作的目标

第一，财务报表工作的规范化。统一规定集团法定财务报表合并与事业部财务报表合并的方法和流程，最终实现财务报表自动合并。同时，逐步建立规范化的财务信息发布中心，统一集团企业财务对内与对外信息的发布。

第二，财务报表工作的透明化。逐步消除财务信息"孤岛化"，提高财务信息的透明度，建立财务数据共享平台。同时，提高财务数据的利用率，充分挖掘财务数据的利用价值，增强财务数据的利用程度，实现同一财务数据能产生不同角度的信息，为不同的使用者提供数据依据。

第三，财务报表的全球化。随着经济全球化的程度不断加深，集团企业整体管理与经营均会顺着时代发展的趋势产生变化。财务报表的全球化既满足了集团股权、集团法人架构及管理架构的变化，又加强了集团企业的财务管理，特别是对合资企业、海外企业的财务管理。

第四，财务报表的实时化。信息的传输效率与反馈效率决定了报表合并的周期，提高信息的传输效率和反馈效率才能实现及时地为管理决策提供准确的财务信息。

二、报表合并系统的功能特点

（一）报表合并系统的框架结构

报表合并系统的框架根据企业合并范围的大小划分出多个级别，上至集团总部层级的用户，下到企业基层的会计核算主体。

基层合并主体的主要操作内容是从核算系统和ERP系统中调取数据，对数据进行加载、计算、校验等相关操作后向上一级合并主体上报数据，并通过手工录入系统录入和补充数据。总部层级与中间层级合并主体的操作内容基本相同，主要负责对下级上报的报表和数据进行审阅，调整下级主体的数据，审批下级主体上报的报表数据，本级的相关财务计算，如币种转换、合并、抵消等。

（二）合并报表系统流程

系统根据提交的报表数据和内部交易的明细数据合并报表。如果上级主体调整了下级主体的数据，则应以调整分录的方式保存在系统中。系统会根据币种、准则计算多套报表数据并进行存储。

（三）合并报表软件系统的主要功能

合并报表软件系统的主要功能有：币种的转换与汇率的维护；企业之间内部交易的对账和抵消，主要通过建立抵消关系来实现，反映企业之间往来科目和差异科目；填制调整分录和抵消分录；计算持股比例；调整组织关系和投资关系；实现国内会计准则与国际会计准则的转换，如国际会计准则、美国会计准则等；财务报表的流程管理与审计追踪。

第五章　大数据背景下的会计信息化发展

第一节　大数据背景下会计面临的挑战

一、会计概述

（一）会计的概念及特征

1.会计的概念

会计理论界对会计的定义主要形成了两大观点：一是信息系统论，认为会计是为提高单位的经济效益、加强经营管理而建立的主要提供财务信息的经济信息系统；二是管理系统论，认为从本质上看，会计是一种经济管理活动，是企业管理的重要组成部分。尽管专家对会计的定义描述有所不同，但观点之间并不存在矛盾，只是侧重点有所不同。比如，信息系统论侧重会计的结果，是一种时点性或者静态性表述，说明现代会计就是为信息使用者提供财务信息；管理活动论侧重于会计的操作过程和内容，是一种时期性或者动态表述，说明在形成会计信息的过程中要采用适当的手段对经济活动进行核算和监督。因此，在理解会计的含义时，应当和当时的会计理论发展形势及提出相关观点的学者的研究角度相联系。

简单来说，会计就是记账、算账、保障。追溯我国历史，早在数千年前的西周时期，就诞生了"会计"一词，当时，会计主要指的是记录、计算、监督、考察收支活动。人们对会计概念的认识不尽相同。会计是在社会实践中产生和发展的。会计是从人们在生产中同时记数的生产职能的附属物，发展为用货币记录、计算劳动成果的独立管理职能。随着经济的不断发展，在经济管理方面，会计也更多地发挥其作用。从会计的记账、算账、报账的核算作用，发展为对账务进行审核、检查、预测、决策的会计监督和反馈作用。随着现代科学技术的发展，会计作用也越来越被凸显出来，不再局限于监督、核算领域，而更涉及分析、控制、决策、预测等经济管理活动。经过长期实践，人们已经深刻认识到，经济越是不断发展，会计所起到的作用也就越为关键、越为重要。

综上所述，总结出如下会计概念：会计是将货币作为主要计量单位，将凭证作为依据，通过专门技术与方法，系统、连续、综合、全面地监督、核算一定单位的资金运动，以实现单位经济效益提升为目的的经济管理活动，即会计是一项管理工作，是一个信息系统，是一项管理过程。

企业通过会计工作，把生产经营过程中的每项经济业务所产生的初始信息（数据）运用原始凭证的方式接收下来；然后利用填制记账凭证、复式记账和账簿登记等专门方法，对初始数据进行分类、记录（储存）、整理和汇总，使之成为具有初步用途的账簿信息；最后通过财务报告的编制程序对账簿信息进行进一步的加工，形成会计报表信息，并向有关各方进行报送。

2.会计的特征

从会计的产生和发展过程可以看出，与其他经济管理活动相比，会计具有以下几个特征。

（1）从本质上看，会计属于经济管理活动。当社会生产发展到一定阶段后，会计便应运而生，其与生产发展和管理需要相适应。随着社会经济的不断发展，会计也不断变化、完善着自身的形式与内容，从单纯的对外报送会计报表、办理账务业务、记账、算账，逐渐发展为对事前经营决策、预测进行参与，对经济活动进行事中监管、控制，事后进行检查、分析。我们都知道，基于商品生产与交换，经济活动中的财产物资，都表现为价值形式，而会计是借助价值形式管理财产物资。

（2）特定单位的经济活动是会计的对象。会计核算、监督的内容是会计对象，即特定单位的以货币表现的经济活动。由于企业、行政事业单位的经营活动内容和方式不同，经济活动各有特点，会计的具体对象也不同。

（3）会计以货币为主要的计量单位。一个单位的经济活动千差万别，若不采用统一的计量单位，就无法进行综合比较。要全面、系统、连续地反映一个单位的经济活动情况，客观上需要有一种统一的计量单位。常用的计量单位有劳动量度、实物量度和货币量度三大类。其中，货币是商品的一般等价物，是衡量商品价值的共同尺度。会计采用货币量度，能对一个单位经济活动的各个方面进行综合核算和监督。当然，在将货币作为主要计量单位的同时，会计也需要将劳动与实物量度作为辅助量度，这样才能向会计信息使用者提供所需的信息，以便他们做出正确的决策。

（4）会计具有专门的程序和方法。为了正确地反映单位的经济活动，会计在长期发展过程中形成了一系列科学且行之有效的会计方法。这些方法相互联系、相互配合，构成了一个完整的体系。会计采用这些专门方法，遵循相关程序，对经济活动进行核算与监督，为经济管理提供必要的会计信息。

（5）会计信息具有综合性、系统性、连续性、完整性。完整性指的是会计对一切被纳入会计核算的经济活动都必须进行记录，不能遗漏，不能避重就轻或选择性地记录。所谓连续性，是指在会计核算中对各种经济活动按发生的先后顺序进行不间断的记录。所谓系统性，指的是在进行会计核算的过程中，要遵循科学的方法，分类、汇总、加工处理的经济活动，以生成经济管理所需的各项信息。所谓综合性，是指以货币为统一的计量单位，将大量分散的数据进行集中核算，从而获取反映经济活动的各项总括指标。

（二）会计的职能

会计职能是指会计在企业经济管理中所具有的功能，通俗地讲，就是人们在经济管理中用会计做什么。会计职能包括业绩考评、规划、决策、预测、监督、核算等。会计的基本职能是会计核算职能和会计监督职能。

1.会计核算职能

会计核算职能，又称会计反映职能，指的是会计将货币作为主要计量单位，确认、计量和报告特定主体的经济活动。其中，会计确认对定性问题进行解决，旨在对发生的经济活动进行判断，看其是否应该被纳入会计核算之中，是何种性质的业务，应当被归为负债、资产还是其他会计要素等；会计计量对定量问题进行解决，其以会计确认为基础，进一步对具体金额进行明确；会计报告属于会计确认与会计计量的结果，也就是归纳、整理会计确认与会计计量的结果，通过财务报告的形式向财务信息使用者进行提供。会计的首要职能就是会计核算职能，其是整个经济管理活动的基础，贯穿单位经济活动全过程。

2.会计监督职能

会计监督职能，也称会计控制职能，即审查特定主体经济活动及相关会计核算的合理性、合法性与真实性。

（1）会计监督主要是对各种价值指标进行利用，开展货币监督工作。会计核算利用价值指标，对经济活动的过程与结果进行综合反映，而会计监督也需要对价值指标进行利用，使其有效、及时且全面地对各单位的经济活动进行控制。

（2）会计监督贯穿单位经济活动的全过程，涉及事前、事中与事后。所谓事前监督，就是对经济活动开始前进行监督，具体来说，指的是对企业未来的经济活动进行审查，看其是否遵循相关政策、规章、法律，是否与市场经济规律要求相符合；所谓事中监督，就是审查企业正在进行的经济活动，以及所取得的核算资料，旨在对经济活动中的失误、偏差进行纠正，使有关部门更加合理地对经济活动进行组织；所谓事后监督，就是审查、分析已经发生的经济活动与相关的核算资料。

（3）会计监督的依据是国家现行的政策和法律法规，会计监督应遵循合法性和合理性。会计核算职能与会计监督职能是相辅相成的。

唯有正确核算经济业务活动，才能为监督提供可靠的资料依据；唯有落实好会计监督，才能确保经济业务的开展符合规定要求，使其实现预期目的，将会计核算的作用充分发挥出来。总的来说，会计监督的基础是会计核算，而会计核算的保证为会计监督。

（三）会计的目标

所谓会计目标，就是会计工作应当达到的标准及需要完成的任务，具体来说，就是将与企业现金流量、经营成果、财务状况等相关的会计信息提供给财务报告使用者，对企业管理层受托的责任履行情况进行反映，为财务报告的使用者做出经济决策提供帮助。

社会公众、政府及其有关部门、债权人、投资者属于财务报告的外部使用者。企业在编制企业财务报告时，首要出发点就是对投资者的信息需要予以满足。财务报告中所提供的信息，应当对以下信息如实反映：企业对经济资源的要求权，企业所控制、拥有的经济资源，企业经济资源及其要求权的变化情况，企业各项筹资活动、投资活动、经营活动等形成的现金流入与流出情况，企业的各项利润、费用、收入的金额及其变动情况，等等。其能够帮助现在的或者潜在的投资者合理、正确地对企业的营运效率、盈利能力、偿债能力、资产质量等进行评价。投资者以相关会计信息为依据，能够更为理性地做出投资决策，对与投资有关的未来现金流量的风险、时间、金额等进行评估。

尽管企业财务报告的外部使用者不只有投资者，但是，由于企业资本的主要提供者为投资者，因此假如财务报告能满足投资者的会计信息需求，一般来说，也能满足除投资者之外的其他财务报告使用者的大部分会计信息需求。

二、大数据背景下会计的制约因素

（一）网络信息安全制约

大数据成分中有一部分非结构数据比结构数据还要多。以前的结构性数据往往是传统的会计信息的主要来源，面对这主要的信息，会计只能根据其本身进行一系列判断和工作，由此可见，非结构数据的加入势必会让会计行业发生一次变革。原因有以下几个方面：首先，非结构性数据越来越多地加入会计信息中，这表明大量的结构性及非结构性数据将会互相结合，通过共同分析用于反映企业的运营发展情况当中。其次，大数据下的相关关系不同于传统的因果关系，能够更多地反映数据之间的关系。最后，传统会计追求的精准也会在这一过程中产生变革，因为大数据时代下，信息的来源更多地集中在数据本身的使用性能上，所以传统的会计行业必须变革才能适应。

当前，综观整个会计领域，越来越多的企业对信息化进行普及，然而，会计人员的水平却在原地踏步，技术与人工严重不匹配。另外，由于资源共享平台是以互联网为基础的，这就不能保证它是绝对安全的，目前最突出的问题就是安全隐患和信息泄露，因此大数据在具体运用时需要慎重考虑信息的利用范围和法律保障等问题。

面对迅猛发展的信息时代，各个领域都与网络具有不可分割的关系。会计工作的一系列数据大多源自互联网，企业借助会计软件对诸多会计数据进行加工处理，最后生成财务报表，看起来非常便利，省时省力。但是，企业的所有数据都行经网络，信息安全令人担忧，如一些企业的机密数据，包括经营状况和资金使用等。当会计部门与其他部门的业务接触过密就容易暴露。另外，操作不当也会造成数据丢失。对于企业而言，这些就是难以挽回的损失。除此之外，大数据时代的信息化发展离不开软件的支撑。这些软件要求具备较强的兼容性，技术欠缺和维护不当也会加大数据丢失的风险，这是对会计信息化安全的另一威胁。会计工作高度敏感和绝对机密的特点，使会计信息在企业中处于核心地位，企业的发展需要建立在会计信息安全的前提下。我国会计工作平台的登录方式和加密技术都比较滞后，企业不愿投入资金去研发软件新的加密技术，软件问题的补救也缺乏针对性，这就造成软件的后期维护成本增加，信息安全漏洞百出。另外，企业的管理制度不健全，不仅增加了会计信息安全的风险，而且还阻碍了会计信息化的革新。

（二）行业理论研究制约

会计人员参与企业会计信息化建设需要处理诸多会计信息，为企业管理和预算决算做好充分准备。因此在海量信息的处理上，会计人员既要积累丰富的专业知识，又要能对计算机软件进行熟练操作。由此可见，会计信息化的发展离不开会计人员与计算机的有效结合，会计人员对综合知识技能的掌握至关重要。因此，要重视会计信息化的理论研究，普及理论知识，将大数据时代下阻碍会计发展的因素快速扼杀，以充分发挥大数据在会计信息化发展中的作用。

（三）数据信息利用制约

大数据时代下，信息资源的有效利用，可以为社会生活提供各种便利。例如，根据消费者偏好，能够获取企业的经营建议；根据顾客选择倾向，为制造商分析得出最优化的建议等。会计信息化可以汇总市场数据信息，为企业提供最有价值的决策建议。但就目前而言，大部分企业的会计工作领域较为狭窄，这就造成数据信息未能得到充分利用，取得的建议可以为企业经营提供助力，但也仅限于此，运营方面尚未显示出明显价值。

（四）标准法律不够完善

大数据的有序运行离不开法律体系的保障，当今时代对运行环境的要求更高，我国目前关于网络安全的法律尚不健全，想要拥有一个安稳的会计信息市场，立法就显得尤为必要。法律制度的出台能够在一定程度上避免出现信息安全问题，如信息泄漏问题、用户权益问题等。

（五）中小企业会计管理

1.企业对大数据建设资金投入不足

对大数据技术的应用，将企业财务人员与智能机器的工作进行了重新分配，财务会计渐渐转为管理会计，其职能也不再局限于核算，而是向管理深入拓展。然而，对于当前绝大多数中小企业而言，其财务人员还未全面、深入地了解大数据技术的内涵与特点，未能真正形成大数据思维，在数据管理、数据需求方面缺乏正确思路，没能规划好企业整体信息化建设，并且存在"只有大型企业才需要掌握大数据技术"的片面认知。他们没能认识到，大数据时代将渗透、裹挟所有企业与个人，使其成为被分析、被记录的对象。同时，大部分中小企业管理者认为，如果对大数据技术进行应用，将在购置、维护专业设备，培养、引入数据管理人才等方面付出巨大成本，这会远远超过对财务人员进行聘用所花费的部分。所以，大部分中小企业未曾对大数据技术进行更多投入，未曾真正重视大数据技术。

2.大数据面临重要技术难题

在中小企业的会计工作中，大数据技术带来了极大的机遇，然而，在应用大数据技术方面，依旧存在很多亟待解决的问题。例如，如何对信息技术等手段进行利用，对发票、订单、合同信息内容中的半结构化数据与非结构化数据进行处理，同时从这些随机的、复杂的数据中探索有关规律；如何对本企业业务相适应的大数据方案进行确定，借助大数据分析，结合实践经验、业务知识进行管理决策；如何对企业大数据的信息安全予以保证，防止出现非法入侵企业数据管理系统的情况，避免泄露商业信息、技术秘密与个人隐私。想要广泛应用大数据技术，就要对上述问题进行突破与解决。

3.财务大数据专业人才缺乏

想要将企业拥有的数据资源变为能够看见的效益，需要借助计算机辅助设备的力量；而想要对数据安全、数据分析工具等方面的问题进行解决，需要借助大数据专业人才的力量。企业所需求的财务大数据人才，属于跨领域的复合型人才，这意味着其不仅要有丰富的会计专业知识，还要能对与大数据技术相关的多方面知识进行综合运用。当前，尽管各大高校都先后开设了大数据与会计、数据科学与大数据技术等交叉融合的专业，日益重视数据智能化的科学应用，但从财税领域来看，高层次的大数据核心人才仍十分匮乏，这种情况在中小型企业和二三线城市表现得格外严峻。

（六）数据资产的会计确认与计量

1.数据资产的初始确认不定

数据资产没有明确的会计科目，这是数据资产确认存在的显著问题。想要设计会计科目，就需要对具体对象进行选定，同时从现有的经济管理规则出发，保证预先规定的核算规则能令相关核算操作顺利完成。对于公司的账务处理而言，会计科目可谓是重要内容；同时，对于会计账户来说，会计科目是必备要素，是会计核算工作得以顺利完成的关键。所以，如果企业想要对数据资产进行会计确认、计量，想要将其价值更好地体现出来，就需要对具体的会计科目存在设定相应的需求。如果设定好了数据资产相关会计科目，就能完成具有其相应特征的经济业务的核算工作，继而提升数据资产的利用效率，让相关会计核算流程得到进一步规范。

2.数据资产的再确认界定不明

数据资产属于无形资产，是其中一种特殊类别。基于此，数据资产也会遭遇无形资产后续确认中产生的费用化、资本化等问题。费用化支出有别于资本化支出。企业在开展生产经营活动的过程中，会对资产的消耗进行追踪，同时对消耗进行进一步细化，将其划分为费用化支出与资本化支出。而"消耗的去处"是划分标准。假如企业付出某部分消耗，对新的资产进行换取、那么这部分消耗则属于资本化支出；假如企业付出某部分消耗，主要是投入企业经营之中，那么这部分消耗就属于费用化支出，我们要对它们的界限加以区分与明晰。一旦我们混淆了费用化支出与资本化支出，未能正确处理它们的关系，就会造成二者之间无边界的问题，将难以充分体现企业资产价值，最终对企业成本的计量造成影响，导致失真问题产生。

3.数据资产的确认条件不统一

在进行会计确认与人表时，假如缺乏确认条件，就无法明确何种数据资源能按照数据资产登记，无法完成会计意义上的确认，自然也就没办法开展后续的计量工作。我们都知道，无形资产的确认条件主要为其定义，以及除此之外的其他确认条件，依照这些原则，我们方能对无形资产进行更好的区分与确定，为之后的工作奠定基础。然而，目前的研究中，并未对数据资产的相关确认原则予以明确，也未能完善相关理论。

4.数据资产的初始计量

（1）数据资产计量属性存在不明确的选用。通常来说，我们会在会计科目中登记数据资产计量属性，同时在企业财务报表中对数据资产计量属性加以报告，以对其实际数量金额进行确定。数据资产的计量不宜依靠现值属性与重置资本。历史成本指的是制造某种财富，或者完成某项生产活动时，需要实际支付的现金、成本，是取得时的实际成本；可变现净值是预期售价对加工成本进行扣除后，所得到的净值。数据资产究竟适用于上述何种计量属性，有待进一步选择与明确。

（2）数据资产初始确认金额没有明确的确定标准。所谓资产的初始确认金额，其实就是资产得以入账的依据。因此，后续会计处理必须建立在确认工作完成的基础之上。由于数据资产具有特殊性，同时对无形资产的初始确认方法进行参考，本书认为，我们应当以自制与外购为切入点，对数据资产的初始确认金额进行较为准确的确定，将良好的基础提供给后续，然后再进行确认与计量工作。然而，由于数据资产具有特殊性，我们需要对数据资产初始确认金额的特殊性予以考虑。当前，如何对不同来源的数据资产的初始确认金额进行更加准确的衡量，仍然有待进一步研究。

5.数据资产的后续计量

（1）使用寿命难以确定。前文中已经提到，数据资产是一种特殊的无形资产，因而，其也同无形资产一样，难以确定自身的使用寿命。一般来说，企业合法获得的无形资产的使用寿命，不能超过企业规定的实际期限；法律未详细规定无形资产的使用寿命时，企业需要依照恰当的因素，对判断的依据进行综合考虑；如果不能对上述方法进行采用，则可以认为该无形资产具有不确定的使用寿命。所以，想要确定数据资产的使用寿命，就要从数据资产自身特点出发，对无形资产的相关处理方法进行参考与借鉴。

（2）摊销方法不明确。对摊销方法进行选择时，企业应当从自身经济需要出发，结合最大预期效益，对具体的消耗方式进行确定，统一适用于不同会计期间。加速折旧法与直线法是无形资产的两种主要摊销方法。所谓加速折旧法，就是在无形资产使用初期进行多计、使用后期进行少计的摊销方法；所谓直线法，就是在各会计期间对无形资产的摊销额进行平均分配的摊销方法。数据资产要在加速折旧法、直线法等摊销方法中进行选择，选出与自身最适应的方法，并对相应的后续计算予以完善。

（3）数据资产的经济价值易波动。很多要素都极易影响数据资产的经济价值。相对于其他无形资产，大环境与应用场景更容易影响数据资产，使其产生波动。为了对无形资产价值的变化进行更好的衡量，我国会计准则与相关制度对企业提出要求，其需要对相应的监督管理条例进行制定，定期复核财务报表的账面价值。一旦账面价值比可回收金额高，就需要根据差额计提无形资产进行减值准备。不过，其能否适用于数据资产的后续计量，以更好地对数据资产的经济价值进行核算，有待进一步研究。

第二节　大数据背景下企业运用的会计信息系统

一、企业会计信息系统运行现状

（一）企业会计信息系统安全问题

会计信息在网络快速发展的背景下具有多种特性，经济性、高效性和实时性是其中的关键特性。企业可以利用会计信息系统的软件对原始的会计数据进行自动化的计算，从而得出企业管理层需求的信息和数据，这种数据的结果相比人工计算的结果自然有很大的优势，另外，本身的电子化系统也是对人力成本的节约。会计信息处理系统具有实时性的特点，当会计人员在系统中输入会计数据之后，能够在极短的时间内得出结果，有时可以实时地输出结果。这种实时性为企业提供及时性的数据，有利于企业尽快做出各种管理决策。所以，会计信息系统促进企业信息的工作效率，有利于企业快速发展。

企业会计信息系统在运行中最常见的问题就是硬件的损坏造成信息的丢失。硬件设施的功能不可替代，主要是对会计信息和计算结果的数据存储，所以，如果硬件设施一旦损坏，就会造成会计信息的丢失。同时，如果硬件的管理不当就很容易导致硬件损坏，比如系统的磁盘长期处于高温的环境，或者因为硬件设施本身的散热性差，就很容易使正在工作的系统出现故障，停止计算或出现计算的失误，最后使企业的数据产生错误。错误的企业会计信息也会影响领导层的决策，错误的决策势必影响企业的发展。

（二）企业会计信息系统风险来源

1.内部风险来源

（1）会计信息的保密性。会计信息的保密性指的是企业的内部人员在没有获得上层领导的批准下私自对会计信息进行访问，甚至对数据进行篡改和破坏的行为，最终发生风险。比如会计人员为了达到自己的一些目的对程序和数据进行篡改，使数据失去真实性，或者有一些非法的人员采取不正当的手段将企业的重要机密进行篡改。会计信息系统在大数据的环境下具有开放性的特点，这种特点就导致企业的会计系统不光会计人员可以操作控制，所有的企业内部人员都能操作控制，这在无形中就加大了信息泄露的风险，并且由于人员的广泛性还会加大查找锁定泄露源头的难度。

（2）计算机软硬件技术不足引致的风险。计算机软件和硬件的技术决定了信息系统的运行情况，所以，信息技术如何先进都不可能是完美的，都有自己的缺陷，而这些缺陷就造成了信息风险。我国的电算化虽然得到长足的发展，但是仍然不可避免地出现一定的问题，这就导致会计信息系统从出生就带有隐患，企业在使用的过程中也很难找到问题的所在。如果出现故障，就会对企业的信息和数据造成很大的损失。

2.外部风险来源

（1）系统关联方风险。市场竞争的环境下，企业要想发展就离不开和各方的协作，在大数据的影响下企业要和各个关联方建立统一的外联网。这样企业就可以利用外联网查询数据和关联方交换数据。这种外联网可以用模拟网来实现，但是外联网有一个很大的弊端，就是关联方完全可以通过网络入侵企业内部，从而可能发生数据盗窃和知识产权侵权。

（2）恶意黑客。恶意黑客是指非法入侵到企业的系统中，将重要的账号和密码窃取，或者窃取一些重要数据的行为。恶意黑客可以通过非法入侵将企业的关键程序篡改，将系统摧毁，甚至导致系统瘫痪。并且这种瘫痪很有可能是不可逆的，企业最终丢失数据，没有办法正常运行，给企业带来巨大的损失。这种恶意入侵造成的危害十分大，不仅会使会计信息系统丢失，影响企业经营，而且还会让企业的其他信息被泄露，让公众提早知道企业的信息，从而不利于企业的贷款和融资等，给企业造成打击。

（三）解决企业会计信息系统问题

企业会计信息系统的硬件损坏导致信息丢失的问题需要加强企业的会计信息系统的硬件建设，减少因为硬件的问题造成企业的会计信息系统的安全问题。

首先，在购买硬件时，企业要提前将成本和质量综合分析考虑好，结合企业的需求和本身的经营情况，购买适合企业自身的硬件设备。其次，企业的硬件设施搭建好之后，一定要多次测试，将硬件的优劣势全面掌握，这样在使用的时候就会尽量避免劣势，减少安全隐患。再次，定期对会计信息系统进行系统化检测，如果检测到问题，就要请专业人员维修或更换硬件，保证企业会计信息系统的安全性。同时企业也要对员工进行信息安全方面的培训和教育，将员工的工作积极性激发出来，树立良好的责任意识和集体荣誉感。

另外，现代的人们在生产和生活中越来越依赖互联网，中小型企业要在发展中增强自己的服务意识和竞争意识，不断提高自己的技术，让企业在生产和服务的过程中根据客户的满意度和反馈情况，不断优化自己的信息，增强用户的体验感，最终促进企业自身竞争力的提高。

二、大数据与企业会计信息系统

（一）数据与信息的关系

数据是事实或观察的结果，是对客观事物的逻辑归纳，是用于表示客观事物未经加工的原始素材。信息是一种被加工而形成的特定的数据。形成信息的数据对于接受者来说具有确定的意义，它对接受者当前和未来的活动产生影响并具有实际的价值，即对决策和行为有现实或潜在的价值。首先，并不是所有数据都能表示信息，事实上，信息属于已经消化的数据。其次，信息能对现实概念进行更为直接的反映，而数据就是其具体体现，因此信息并不会因为对自身进行载荷的物理设备的改变而改变。数据却不一样，数据存在于计算机化的信息系统之中，密切关联于计算机系统。再次，通过对数据进行提炼、加工，我们能够得到信息，信息是有用的数据，能够为人们的正确决策提供帮助。最后，对于决策而言，信息具有很大的价值。一定量的数据包含一定量的信息，但并不是数据量越大信息量就越大。

（二）大数据背景下企业会计信息系统的风险

1.会计信息系统风险

在开展会计工作时，企业会对很多大数据技术进行应用，不仅能够对整理、采集信息的速度予以提升，而且更能对企业整体的办公效率进行提高。但是，站在另一视角来看，由于计算机控制着企业会计信息化系统，因此一旦计算机出现故障，必然会直接影响会计信息，甚至可能导致数据丢失。这种情况的发生，会使会计信息系统出现瘫痪状态。会计信息系统呈现的分布状态为网状，所以在大部分情况下，唯有得到远程软件的支持，会计工作才能顺利进行。如果某个环节出现故障，整个系统就会受到影响，导致会计工作无法正常进行。当前，我国会计信息化中最大的风险、最大的问题就在于此。此外，假如系统出现漏洞，黑客就有可能对该漏洞进行利用，攻击会计信息系统，导致企业财务信息的泄露。

2.会计信息数据风险

信息化发展至今，所展现的典型特点之一就是，在会计信息化中应用大数据技术，能够轻松地对其形成的电子数据进行修改，同时不会造成痕迹的遗留。此外，将大数据技术应用于会计工作中，一方面可以将科学共享的信息化平台建立起来；另一方面能降低企业会计信息化的成本，对会计信息化效率予以提升。不过，要注意的是，在此过程中，由于电子数据被储存于硬盘中，很容易在使用时对磁性介质进行覆盖，且这种覆盖是难以得到还原的，这也会阻碍会计工作。因此，在对会计信息系统进行使用时，企业内部员工要慎之又慎地修改数据，要认识到每个数据都可能对企业造成难以弥补的损失。如果会计人员不慎删除了企业和其他企业合作的财务数据，就很难找回，一旦企业和其他企业在合作中出现矛盾、纠纷，就缺乏有力的辩驳证据，从而处于劣势地位。

3.行业竞争的风险

在大数据背景之下，将云计算、物联网等方式进行结合，能够提高其使用率、普及率，将更多的便利带到人们的工作与生活中。但是，大数据技术在得到普及与应用的同时，也给企业带来了新的压力，使行业之间、企业之间形成越发激烈的竞争。在这种情况下，部分企业会利用一些不正当手段，对其他企业相关的会计信息进行获取，甚至对专门的黑客进行雇用，让他们对其他企业会计网络进行攻击。通过利用专门技术，黑客能够对其他企业相关的会计数据进行修改，对企业数据库进行破坏，使该企业会计系统呈现瘫痪状态，导致该企业承受巨大损失。上述不正当的竞争手段，会对我国经济市场的氛围进行严重扰乱。

4.网络病毒的风险

随着会计信息化向前迈步发展，网络病毒也在悄无声息地发展变化。对于信息而言，其无时无刻不在面临网络病毒的威胁。网络病毒不仅能够借助磁性介质进行传播，还能通过网络进行传播，且传播速度极快。企业会计信息系统只要被网络病毒非法攻击，就很有可能出现瘫痪，更可能向公众传播、公开自身财务系统，这严重影响企业发展。此外，在计算机中，有的病毒存在非常隐蔽，只有满足特定情景，才会开始传播。所以，长期以来，企业会计工作都具有一定风险，不知何时就会遭受病毒攻击。

5.信息平台安全风险

步入信息化大数据时代，企业信息安全直接影响着企业财务的工作质量，甚至对企业综合发展也会产生影响，一个企业的命运，很大程度上关系着其是否能对自身商业机密进行保护。企业会计信息就是一项至关重要的机密，极大地影响着企业的生存与发展。尽管在当今企业发展中，会计信息化是无可避免的发展趋势，然而通常来说，不会有企业愿意主动将自身会计信息发布在共享平台上。其原因在于，会计信息所述的共享平台上存在众多安全问题，有待进一步完善，如果企业在共享平台上发布会计信息，很可能会被不法分子及竞争对手窃取机密文件，从而严重影响企业生存与发展。因此，我们亟须通过相关法律法规及标准化制度对会计信息共享平台进行管理，防止暴露会计信息。

（三）大数据背景下企业会计信息系统的构建对策

第一，积极采取有效措施，对会计信息系统功能进行完善。置身大数据背景之中，想要在企业财务管理中充分发挥会计信息系统的重要作用，企业应当对会计信息系统的功能模块进行优先考虑。实践中，企业需要以云计算为基础、以大数据技术为前提，立足自身实际情况，将会计信息系统建立起来并对其进行完善，保证会计信息系统能够行之有效地起作用。通常而言，大数据技术的特点为信息处理速度快、数量大，而云计算技术特点为具有灵活性、高适应性，通过对二者进行利用，能够对企业及各个合作者的需要进行更好的满足。此外，在对会计信息系统进行完善的同时，企业也要对市场准入制度及行业标准进行积极了解，从而对自身存在的问题及时发现、及时解决。

第二，针对会计信息系统做好防范工作，保障数据信息处于安全状态。我们都知道，置身大数据背景中，各先进技术（如网络技术、计算机技术）应用越发广泛，如果我们想要发挥企业会计信息系统的作用，就需要得到上述先进技术的支持。然而，立足另一视角，计算机网络具有开放性，因而存在一定风险，易受病毒攻击、黑客侵袭，在这种情况下，会计信息系统中的数据信息遭受的安全威胁是巨大的。所以，当企业将会计信息系统建立起来后，为了保障数据信息安全，使其能真正起到作用，就应当针对会计信息系统做好安全防范工作。例如，将防火墙建立起来，对具有相关专业知识的工作者进行引进，对数据安全进行全方位保护。

第三，进一步强化会计信息化人才建设工作。各项工作的顺利开展，最重要的、最关键的还是"人才"。置身于大数据背景中，想要进一步推动会计信息化事业的发展，就要强化人才建设工作。然而，现如今，既精通计算机技术又精通会计知识的复合型人才处于紧缺状态，所以，我们亟须对复合型会计信息化人才进行培养。我国可以着眼教育领域，对会计教育改革进行推进，在会计专业的相关课程中合理融入会计信息化理念，从而将更为完善的会计信息化教育环境构建起来，将更多优秀的复合型会计信息化精英输送给社会。除此之外，企业也应当对在职的会计人员进行培训，并进一步强化培训力度。通过开展讲座、实践训练、会计继续教育培训等方式，对会计人员的专业基础知识不断强化，使其不断提升专业技能，向着会计信息化人才迈进，最终为会计信息化事业发展注入强大动力。

第三节　大数据背景下会计信息服务平台的构建

一、会计信息服务平台的构建

（一）会计信息服务平台的提出与发展

二十世纪七八十年代，有学者就指出，会计制度不仅要服务于企事业单位微观经济，更要服务于国家宏观经济管理与决策。1988年6月，《会计研究》上刊登了陈毓圭、余秉坚的论文——《进一步解放思想加快和深化会计改革》，论文指出，要对会计信息服务平台进行建立，并将其作为改革会计管理体制的主要举措；要对统一的会计准则进行建立，并以此为基础，将会计工作管理部门建设为面向所有实行独立核算的单位与企业的会计信息服务平台。会计信息服务平台根据会计报告制度的要求，遵循统一的会计规则，统一对各种会计信息进行收集、储存、整理、加工，对数据的真实性、可比性及利用效果进行提升，将财务会计咨询、会计信息服务提供给政府、企业与其他各方；要对当前时效较差、数据失真、口径不一、指标繁杂、信息不全、多头管理的状况予以克服，将提供及时、准确无误、信息齐全、指标统一、资料共享、数出一门的会计信息处理系统建立起来。

1991年7月，财政部对《会计改革纲要（试行）》进行印发，明确了会计改革的两大目标，其中之一就是对会计信息服务平台进行建立。1995年7月，财政部对发布《会计改革与发展纲要》，正式提出"建立会计信息服务平台，有效利用会计信息资源"的总体目标。随后，财政部也积极地进行探索与实践。

1992年，在对已有试点进行巩固与总结的基础上，在山东省莱芜市，财政部又设立试点。通过行业主管部门收集财务信息，随后向财政局的会计信息服务平台进行报送，继而汇总、分析，为地方宏观经济决策提供更为全面的信息。财政部有关领导及学者纷纷肯定了这一试点，认为构建会计信息服务平台，能有效地服务于宏观管理。然而，受到当时体制及条件的局限的影响，我们没能在全国推广会计信息服务平台。这是因为，当时企业信息化程度较低，主要的财务记账手段仍是手工记账。此外，不充分的数据利用、不统一的数据标准及对管理体制的调整，都对会计信息服务平台在全国的推广产生不利影响。

伴随新形势的到来，构建会计信息服务平台的热潮出现复苏。1983年，美国证券交易委员会着手建立能够对全国会计信息进行收集的数据库，即（Electronic Data Gathering，Analysis and Retrieval System，EDGAR）。2001年，其开始对XBRL形式的财务报告进行提供，便于信息使用者对财务信息进行获取。2010年，我国财政部与国家标准化委员会分别颁布了XBRL的通用标准和技术规范。2011年，由财政部会计司承担的《基于XBRL的标准财务报告平台建设及示范应用》国家科技支撑项目顺利通过验收。在部分基层财政部门，会计信息服务平台得到了应用，并有所发展。例如，张家口市对行政事业单位的会计信息化平台进行建立，将监督、管理集于一身，对会计信息进行实时监管、资源共享、数据互通、标准核算，极大地实现了现代化管理水平的提升。基于XBRL，艾文国等研究者设计了国家会计信息服务平台。为了改革顶层设计，国家必须对微观主体的财务信息进行掌握，全方位分析区域、行业，从而更好地解决各级政府面临的改革问题。

（二）会计信息服务平台的系统构成

会计信息平台是会计人员利用计算机技术、信息技术完成业务事项交易、确认、计量、存储与报告工作，并用于企业决策。会计信息服务平台中主要包括会计业务管理系统、会计信息资源管理系统、会计决策支持系统及其他辅助系统。

1.会计业务管理系统

会计业务管理系统，主要承担的任务是传输、储存、处理、收集会计信息，从而对企业的经营现状进行反映，同时对其进行有力控制、全面监督。会计业务管理系统旨在对会计信息处理效率进行提升，促使相关会计工作人员对烦琐复杂的会计信息进行高效处理。所以，会计业务管理系统对信息加工处理技术、信息组织技术非常重视。相较于传统会计信息系统，会计业务管理系统能够更加具体、全面地对主体经营互动进行反映。随着信息化时代的全面到来，就当前企业发展需求来看，其已经无法被二维会计信息所满足。所以，会计业务管理系统要对"人"的信息进行全面引入，从而更加凸显信息资源。会计业务管理系统要对现代化技术（如网络通信技术、多媒体视频点播技术、计算机网络技术）进行充分利用，将企业会计信息仓库建立起来，实时传输各种复杂烦琐的会计信息。

2.会计信息资源管理系统

会计信息资源管理系统主要管理企业各种信息内容，通过对各种类别的数据资源进行高效整合，提升企业外部决策效率，强化企业内部控制管理。在加工处理多种信息之后会计业务管理系统会将其向会计信息管理系统进行传送。当然，会计信息管理系统内部信息更多地来自企业供应链，而不是仅仅来源于会计业务管理系统。除此之外，站在企业发展的角度，不仅经济活动中产生的信息是有价值的，而且国际、社会、文化、政治、科技等多方向信息内容同样是有价值的。所以，会计信息资源管理系统具有广泛的信息来源，当企业进行决策管理时，不仅能对财务信息进行参考，也能对多种多样的非财务信息进行参考。同时，不仅能对企业自身内部信息进行高效管理，也能通过对外界评价信息的综合，将前瞻性的、全面的决策建议提供给企业，从而帮助企业实现更大价值的创收。

现如今，在企业中应用最多的信息化手段，当属ERP，并且ERP也是信息资源系统中最典型的一个。企业会计信息资源管理系统要对ERP系统进行积极利用，帮助工作人员完成严谨推理、科学判断、全面分析等内容，从而为经济结构的优化、企业产业的增值提供更有效的信息。

3.会计决策支持系统

会计决策支持系统，这种计算机系统采用人机交互模式，凭借人工智能技术将各种数据信息提供给管理者，辅助其进行决策。会计决策系统主要由模型库、方法库、数据仓库三方面构成，旨在对会计信息仓库中半结构化、非结构化的决策问题进行解决。数据库信息由会计业务管理系统与会计信息系统提供，从而将有效的会计数据信息提供给决策者。模型库主要对类似于筹资模型、预测模型等管理模型进行保存。方法库和成本计算、量本利分析等计算方法十分相似。会计决策支持系统的理论基础主要为控制论、管理科学、运筹学、行为科学等，主要手段为人工智能技术，借助来源于会计信息系统的众多信息，对决策者进行辅助，使其能做出更高质量的决策。会计决策支持系统，需要密切跟随国际发展共享，对先进技术进行引进，将更适合企业发展的模型创设出来，将更为合理、科学的决策建议提供给企业，促进企业发展。

（三）我国会计信息平台构建存在的问题

1.建设会计信息平台人才的缺失

（1）复合型会计信息系统人才不足。所谓复合型会计信息系统人才，就是既能对计算机熟练运用，又对会计专业知识有着深厚积累的人才。然而，现如今，我国大多数企业中缺乏复合型会计信息系统人才。同时，伴随信息化持续升级，会计信息化也对会计人员提出了越来越高的要求。我们必须看到，当前很多会计人员已经无法与时代需求相适应。

（2）会计人员未能深入认识会计信息平台。当前，在大多数企业中都存在如下问题：未能正确评价自身信息化基础，管理不善。企业能否发现自身问题，决定着企业会计信息化目标，更直接影响着企业会计信息化实施的成功与否。然而当前，企业中的会计人员对会计信息平台没有足够的认识，这对企业会计信息化实施来说有着很大的不利影响。

2.自身会计信息系统不健全

（1）会计信息系统未具有足够的安全性。企业的命脉，很大程度上受企业经营管理活动安全性的影响，而企业经营管理活动的安全性，又密切关联于会计信息的安全性。会计信息的安全性是会计信息化的核心，也是企业开展电子商务交易的前提条件，更是进行会计监督的保障。然而，在部分外界因素的影响下，会计信息化尚未具有足够的安全性。

（2）更为重视账务处理功能，而非重视管理功能。会计信息系统是企业信息系统中的一个子系统，更倾向于管理层面。但是当前，企业只是对财务软件中的会计核算功能进行利用，没有充分利用系统中的管理职能。

3.外部环境影响会计信息系统发展

有关会计信息化安全的制度、法规较为落后，是外部环境对会计信息系统发展影响的主要体现。技术条件、核算、电算化等因素的变化，属于企业外部环境变化，都会影响财务活动，其中财务报告的编制、错账更正方法以及会计账簿的等级，对财务活动有着较大影响。就当前来看，并没有完善的制度对企业外部环境进行规范，在会计信息系统的安全管理方面，力度不够、较为松散，未能将完善的安全防范系统建立起来。

4.引入会计软件的盲目性

伴随信息化的迅猛发展，我们在运用ERP系统时，会涉及越来越多的领域，导致在引入ERP项目时，企业管理者存在一定盲目性。通常来说，企业管理者会根据IT专业技术人员的建议进行选型，或者根据基层管理人员的建议安排实施，在软件类型选择以及供应商选择方面，没有较大的管理力度。部分企业在选择供应商时，并未重视ERP上线后的作用，而是仅注重价格高低和产品功能。同时，也有部分企业对ERP系统所起到的作用有过高的估计，认为其上线运行后，能够解决企业面临的一切问题。实际上，ERP系统上线运行后，企业还应为其提供相关数据、相应配套设施，对其加以完善。

二、大数据背景下会计信息服务平台的构建分析

（一）大数据背景下会计信息服务平台构建问题

当前，会计信息服务系统和其他信息系统间没有较高的集成程度，因而业务板块之间存在信息难以互通的问题。例如，业务系统与财务系统相分离，无法收集分布在不同存储器与系统上的业务数据，容易导致信息孤岛问题。在这种情况下分析财务数据，所得到的结果无法有效支撑业务活动的开展。财务部门承担采集相关数据信息的工作，需要固定资产管理人员、出纳、会计共同配合，而这也导致出现重复采集数据的情况，让数据汇总工作变得更加艰难，也会导致财政资金的浪费。在分析数据信息时，系统整体信息反馈不及时，较为迟缓，无法保障高效化、智能化地处理各类收支信息，难以实时、全面地掌控各类资金信息，导致未能将大数据生态在会计集中核算中建立起来，这些都阻碍了会计信息的利用

与共享。

（二）大数据背景下会计信息服务平台构建策略

1.做好数据中心规划

在会计信息服务平台的构建实践中，我们需要做好数据中心规划。

当各单位财务管理系统实现统一建设后，应当将智能财务信息平台在数据中心建立起来，通过利用数据库，提升数据资源存储与采集能力，并利用云计算、大数据等算法，智能化挖掘数据信息，为实现平台各项管理功能提供强有力的技术支撑。

搭建云平台，要将 IaaS（基础架构即服务）布置在系统底层，集中各种软件资源、硬件资源，让计算能力、存储能力得到提升；要将 PaaS（平台即服务）布置在中间层，为软件开发、数据安全管理、数据分析等提供服务；要在最顶层利用 SaaS（软件即服务），构建云会计，提供软件、硬件应用模式，借助互联网、分布式计算等支撑，实现在线会计集中核算。

通过用户终端，各单位能够进入数据中心的智能财务信息平台，在该平台上传原始凭证等内容，并通过智能财务信息平台，对有关数据信息进行获取。经过总部财务人员审批后，能够完成各单位信息流、资金流的深度分析，进行预算管理、资金管理，严格执行预算计划、经费开支标准等内容。

2.做好平台数据分析

搭建会计信息服务平台，需要系统分析、处理所收集的各类数据，确保高效开展会计信息服务工作；要能依照会计科目完成数据分类，建立数据分析模型；要能凭借设置算法、指令规则，完成数据整理、数据分析，同时通过对报警阈值的设置强化监督管理。在实际核算的过程中，不同企业有着不同的业务，因而需要从业务架构、特点以及关注的关键指标出发设定模型。我们可以先设定日常科目的核心常量，如固定费用、系数等，随后分析应用场景、历史数据，获得固定公式，然后设置假定条件，将公式修订完成。要将各类模型，如业绩预测模型、费用模型等建立起来，采用多种分析方法，如关联分析、变动分析、结构分析等，从而确保能够智能、集成地分析和处理会计信息数据，对会计信息数据中的异常进行捕捉，科学预测数据变化规律。结合预算、设定费用等各项阈值，我们能够将超标报警及时发出，从而将财务职能从核算方向推向决策方向。

3.做好数据集中部署

按照会计信息服务平台建设思路，集中部署信息系统和服务平台，依靠集成化建设，构建统一信息系统技术标准。通过在系统内达成集成规范的固化，系统间能够进行互联互通，各业务系统和各层级能够实现深度集成，更有力地支持数据融合与共享。立足平台架构角度，其含有两部分内容，分别是软件与硬件。硬件包括信息安全设施、网络传输设施、数据存储及处理设施、云计算平台，可被用于完成数据存储、数据处理、数据传输、数据采集等操作。软件则采用模块化设计方式，内含多种子系统，能够形成多维数据结构。软件包含两部分，一为项目管理系统、物资采购系统、资产管理系统、生产经营系统等业务子系统，二为会计财务研判、分析、预测、核算等财务子系统。

三、大数据背景下基于"云会计"信息服务平台的构建分析

（一）"云会计"概述

1.云会计的定义

所谓云会计，就是置身云计算环境中的会计工作。云会计的实质就是利用云技术，在互联网上将虚拟会计信息系统构建起来，完成企业的会计管理、核算等内容。云会计将对会计工作信息化发展起到强大的推进作用。

2.云会计的特点

从传统意义角度来看，企业认为，自己购买的会计软件属于"产品"，会在购买后，在电脑操作系统中对其进行安装。然而，在云会计框架下，企业向线上服务提供商购买的并非会计软件的所有权，而是使用权。

3.云会计的优势

对于现代企业财务管理信息化而言，云会计可谓一把"利器"。"远程操控"是云会计的一大显著优势。置身云会计环境中，会计信息在"云端"得到共享，会计人员可以登录电脑、平板、手机等终端，随时随地处理会计业务，从而实现自身工作效率的提升。企业管理者可以实施挖掘、分析融合后的非财务信息与财务信息，系统而全面地预测、识别企业经营风险，并对其进行应对与控制，从而让企业柔性适应市场变化。

4.云会计的其他问题

虽然云会计的应用能带来诸多便利，但在对云会计是否采用问题上，考虑到会计信息安全性问题，很多企业依旧选择观望。以云计算的部署模式为基础，同一云端存储着大量数据，假如云存储中心被人攻击或破坏，将产生难以承受的后果，影响到无数企业。假如由于意外，企业的核心数据出现泄露，被其他公司得到，那么造成的后果是十分严重的。企业会计信息化实施的成效，很大程度上受到云会计服务提供商的影响，所以，企业应当慎重选择云会计服务提供商。在选择云会计服务提供商时，需要综合考虑服务商的信誉、服务价格、对外服务、规模等因素，同时也要考虑云会计服务的技术支持、可扩展性、可定制性、稳定性、

安全性。

（二）大数据背景下"云会计"信息服务平台的构建

1.大数据背景下"云会计"信息服务平台构建的必要性

当前，我国综合实力持续提升，信息化社会大步发展，在企业会计工作中应用大数据技术，能够有效地提升企业核心竞争力。有很多因素会影响企业的发展历程，如消费者的评价、市场占有率等，假如不进行创新，始终延续传统工作方式，那么企业需要投入大量人力、物力资源来完成收集信息工作，也会导致会计工作难度的增加。然而，在会计工作中应用大数据技术，有利于企业收集大量有效信息，使企业的业绩水平得到真正提升，同时还能让企业的综合实力在激烈的行业竞争中得到提升。在社会经济飞速发展的浪潮中，大部分企业不断扩大着发展规模，内部员工数量也越来越多。此时，市场需求也促进了企业的发展，要求其不断扩大业务规模。相较于传统的发展形式，新的发展形式为企业带来更多的信息与事务，也要求企业具有更高的运行效率。基于此，我们必须将大数据技术应用于企业会计工作之中，从而让信息收集更加精准、高效，降低资金的使用成本，让企业的成本结构逐渐变得科学化，也使企业运行效率不断提升。

传统的会计核算要想与IT技术快速发展的时代相适应，就必须实现信息化。将大数据思维注入会计工作之中，不仅能够推动企业应用各种管理系统，建立会计的财务数据管理系统并进一步完善，而且能够同时有效地控制企业风险，精准识别企业的财务风险，提升企业会计信息化水平。一方面，应用大数据、云计算等新兴技术，能够方便企业实时采纳与收集信息，保障信息计算、处理更加快速、更加规范，继而有效改进企业各项经营管理要素，提升企业的市场竞争力，防止浪费人力与物力。在有效利用各种信息资源的基础上，企业的会计信息化水平也随之提升。另一方面，构建"云会计"信息服务平台有利于完善会计信息化系统。置身互联网大数据时代，企业有着越来越大的数据规模，对于企业管理来说，很重要的一部分任务就是存储、分析数据。通过云计算的发展，企业数据信息的存储空间得以扩大，也有了更加完善的技术分析。通过运用这些技术，企业能够更加高效、准确地处理库存、销售、采购、利润、费用、成本等各方面数据，实现更为精细的会计分析，充分发挥会计的优势，将准确无误的信息提供给企业管理者，帮助其做出更为正确的决策。

2.大数据背景下"云会计"信息服务平台的构建策略

（1）要完善大数据共享平台的使用层级，搭建权责明确的管理体系。第一，要保障企业财务决策人员拥有最高管理权限，能够审批会计全流程的数据信息

（入账、拨款、核销信息等），还能够管理与限定下级会计人员的权限。第二，要保障基层会计人员在自身负责环节的实名管理权限，同时对其他环节的浏览权限予以设置。第三，部分业务部门存在与会计部门共享信息的需求，可以将只读权限设置给相关人员，使其能够把握企业发展动向，对企业财务状况有所了解，及时获取企业相关会计信息。之所以只为上述相关人员设置只读权限，而未让其具有修改权限，主要是防止他们为了获取自身业绩的利益，擅自修改会计信息，从而更好地保障会计信息质量。除此之外，无论哪一级使用者，只要开通了大数据会计信息一体化共享平台使用权限，我们就要对其进行账号设置，落实一人一号，防止出现权责不清、推诿扯皮的现象。

（2）应当完善会计信息一体化建设中的监管层级体系。从技术层面来看，依托大数据共享平台的会计信息一体化系统专业性更强，同时，平台中与资本有关的会计信息，紧密关系着企业生存的命脉，因而应当进一步提升管理的严谨度。在建设平台的过程中，可以通过时间管理、流程管理，进一步完善监督管理层级。针对流程管理，企业应设置权责明确的流程清单，结合市场动态、会计准则，搭建流转体系，确保职权平行的独立使用者分散地享有各项会计信息的录入、复核、签批、核报权限，对会计信息在企业内部的公开工作予以保障，实现权责相互监管、制衡的效果。针对时间管理，企业可以对会计信息公开报告定期归档整理，让企业员工主动披露会计信息，从而实现全民监管。

第四节　大数据背景下会计信息化的运行环境

一、大数据环境与会计信息化建设分析

（一）大数据环境特点

1.具有更大的信息容量

无论是从数据种类方面来看，还是从数据数量方面来看，大数据环境都称得上对传统数据的延伸与补充。一般以 TB 为单位计算数据的体量，1TB=1024G，而如果将其换算为字符，我们所得到的数字是极为庞大的。全球的数据存储量正逐年增长，置身于大数据环境中，企业运用大数据，能够联合使用各种数据，凭借强大的信息处理能力，优化各种不同处理方案。

2.具有较为突出的关联性

实际上，大数据的处理能力十分近似人类的大脑。大数据处理能力比传统的数据处理更为强大。例如，在企业的会计信息化工作中，如果我们通过传统数据

处理方式处理记账信息，一般会在Excel中对其进行存储，即制作平面表格。然而，置身大数据环境中，我们可以多层分类存储数据信息，及时捕捉与分析用户的特征，从而体现出更强的逻辑性、关联性，而非模式化地计算、存储表格中的信息，这种处理方式过于简单。

3.具有很快的处理速度

大数据技术演化自数据挖掘技术。大数据技术比传统的数据库处理技术拥有更强大的数据信息筛选、查找的能力。在实践中，大数据处理技术包括流处理、批量处理两种不同的处理方式，无论哪种方式，都能快速地对数据进行处理。

（二）会计信息化建设风险

1.建设决策失误风险

企业的会计信息化建设，应当结合自身发展战略规划以及经营状况进行。企业应当对当前运营存在的问题以及现状进行全面且深入的了解。如今，很多企业都未能深入分析自身问题、明确长期发展规划，在企业信息化建设过程中，自然也就未能制定长远的、可持续的目标，未能从自身需求出发，选择合适的供应商，从而受到供应商蒙蔽，对需要解决的问题"视而不见"。此外，如今我国会计信息化建设仍处于初级阶段，会计信息系统的供应商多是对国外系统进行引进，故而在实际应用时也有着水土不服的风险。

2.专业人才队伍缺乏

当前，会计信息化正在飞速发展，然而与会计信息化相关的人才队伍建设却十分缓慢，且步履艰难。实践中，会计人员存在：未能准确、全面理解会计信息系统，工作效率较低、工作质量不高等问题。因此，会计信息系统的作用在实际工作中并未得到真正体现。除此之外，会计信息系统使用人员以及企业管理者未能准确评判会计信息系统价值，对其进行低估。基于此，管理容易认为会计信息系统建设有着低回报率，这对会计信息系统的后期投入与再建设有着十分不利的影响。

3.数据安全存在风险

尽管人们享受着网络科技发展带来的诸多便利，但也要看到，其同样带来了很多安全隐患。会计信息系统中，往往存在些许漏洞，黑客、病毒都会抓住这些漏洞侵害系统，此时，会计信息就会存在危险。部分企业因为顾虑安全问题，所以并未进行会计信息化建设。此外，对于国内云会计服务，我国尚未拥有明确统一的、国家认可的安全标准，自主建设的云会计供应商也较少。在这种情况下，如果云会计服务器因为自身不足出现问题，或者受到黑客攻击破坏，或者遭遇自然灾害，都很可能导致数据丢失，造成难以挽回的后果。

（三）会计信息化风险分析

1.缺乏科学认识和配套支持

尽管企业管理者能够从战略层面对会计信息化的重要价值有所认知，但具体到实践操作中，仍然面临部分问题。例如，作为一项常态化工作，会计信息化建设需要企业不断进行投入，从而维护系统硬件，更新系统软件。当前，很多企业对会计信息化的投入都是"一次性"的，尽管其在前期花费大量资金采购硬件，但是在会计信息平台建立之后，企业就仿佛完成了任务，不再继续投入资金维护平台，这将导致系统存在运行不够稳定、兼容性较差等问题。如果在正常使用系统时，突然出现故障，那么会计风险发生的概率也会大大增加。

2.数据资源管理模式单一

如今，云技术、大数据越发成熟，人们能够将有价值的内容从海量信息中提取出来，并对其整合、汇总，将其利用价值充分发挥出来。所以，现代企业会计工作包含开发利用数据资源、科学管理数据资源。当前，尽管会计工作者、企业管理者越发重视数据资源，但仍旧采取单一的管理模式，面临着潜在风险。例如，数据的存储，那些对企业商业机密有所设计的财务资料、会计数据，通常被存储在物理服务器中。虽然企业安装了安全防护软件，启用了防火墙，但是仍然难以防范黑客攻击。一旦遭受黑客攻击，很可能导致会计信息泄露，造成重大损失。

3.忽视会计人员的职业培养

在大数据时代，会计从业者应当不断提升自身技能、技术，与时俱进、开拓创新，只有这样才能保证自己有较强的岗位竞争力。当前，很多企业在建设会计信息系统上给予高度重视，但却未能正确、科学地认识在职会计人员的培训。例如，尽管人力资源部门定期对会计人员进行组织培训，但培训内容却未能与时俱进，老套而缺乏新意，未能及时增添会计信息系统的开发、财务软件的操作等内容。因此，即使企业建立了较为完善的会计信息系统，由于会计人员对该系统不熟悉，不懂得如何进行操作，也难以真正发挥会计信息系统的优势，无法真正实现其功能价值。而且如果会计人员存在操作失误，甚至会导致风险的产生。

4.安全管理制度的建设滞后

企业进一步增加资金投入后，能在较短时间内实现会计信息化软件、硬件水平的提升。然而，企业往往忽视了与之配套的安全管理制度的建设，未能将适应于会计信息化的制度体系建立起来。例如，步入大数据时代，无纸化办公得到广泛普及，成为一大趋势，电子数据占有越来越高的比重，基于此，企业应当对电子数据的安全予以重视，将其保管工作当作重中之重。然而，当前很多企业财务部门的规章制度中，都没有明确电子数据的保管问题，使许多会计人员未能掌握电子数据加密的保护技术，也未形成定期对电子数据进行备份的习惯。在这种情况下，假如有黑客进行攻击，或者系统出现宕机问题，都可能导致企业丢失会计信息，不仅承受经济损失，而且更可能面临商业风险。

二、大数据对会计信息化运行影响分析

（一）为企业提供资源共享平台

在企业中，会计工作的发展历史长达数百年，是非常重要的工作组成部分。如今，信息化技术日新月异，经济市场竞争也越来越激烈，企业唯有从自身实际出发，与时俱进，方能在市场经济中始终处于优势地位。置身大数据时代，企业将大数据技术合理地应用于会计信息化建设之中，能够将有着广泛的内容、丰富的资源的数据信息共享平台搭建起来，使相关财务信息数据凝聚为有效的信息链条，相关的会计工作人员可以共享。由此，会计工作人员就能凭借数据信息共享平台，随时调整有关工作内容，切实提升工作质量和效率。

（二）有效降低企业会计信息化成本

对于很多企业，尤其是中小企业而言，建设会计信息化需要很高的成本，使其背负更多资金压力。但是，置身大数据时代中，企业应用大数据技术实现会计信息化建设，不仅能够减少会计信息化基础设施建设投入，节约开支，还能够行之有效地降低企业会计信息化成本。

（三）提升企业会计处理效率

在过去，会计工作人员想要进行会计核算，必须遵照固定流程，而且人工核算也可能导致误差的产生，为企业造成不必要的经济损失。置身大数据时代，企业开展会计信息化建设，不仅能够将传统的人工核算方式转变为信息化技术手段，也能使会计工作人员的工作压力得到减轻，还能使企业的会计工作效率大幅提升。

三、大数据背景下会计信息化的发展方向

大数据所带来的影响有着明显的双重性，可积极，也可消极。它在发展中不仅能为财务信息使用者提供信息支持，同时也能更加准确地评估资产的公允价值。另外，它能有效节省数据加工整理过程中所消耗的经济成本和时间成本。因此，大数据时代会计工作应充分利用大数据来提高企业的会计信息化水平，让投资决策者和信息使用者获得一定程度的解放。

（一）更新会计工作思路

传统的会计流程在大数据时代下饱受冲击，为了紧跟这一时代的前进步伐，信息技术和网络应用必须脱离单一的软件操作或运算方式，建立新时代下全新的

工作模式；同时，需要全新的理念来指引会计信息化，为其准确定位，尤其是会计数据的搜集工作，尽可能地扩大数据信息的搜集范围，搜集内容包括企业真实经济业务的结构性数据信息和促进企业发展的非结构性数据信息。除此之外，还有数据的加工、传输和报告，这些工作的完成需要最合适的方法和硬件设备，同时对会计人员而言也是一个挑战，选择不同的工作方法来分析数据资源，构建新型工作模式，统计和记录有价值的数据信息，以便信息使用者使用。

（二）风险防范是会计信息化发展的重点

大数据时代有着新型工作模式、海量的信息资源和复杂的经营环境，在这三者交互下进行会计工作，要求企业与外界建立一种常沟通、多交流的密切关系。然而，在这个关系维持的过程中，会计核算数据势必存在流失的风险。数据信息的迅速增长和运算速度的不断提升，加大了会计核算的难度，同时使会计数据更容易流失。信息技术的发展带来的直接后果是企业获得便利，新型的计算工具和运算方式能够促进信息处理方式的变革。但是，一些网络犯罪行为也相继出现。因此，大数据时代不能只看到好的一面，同时还要看到其中的信息化风险，提前做好防范工作。

（三）会计信息的行业化集中使用成为发展目标

大数据推动了云计算的发展，云计算降低了企业硬件设施管理和软件维护升级的费用。随着科技的发展和市场的成熟，会计信息软件得以进一步优化，有效节省了企业的时间成本和人工成本。云会计以网络为载体，以云计算为基础，具备专门的软硬件设施和系统维护服务，客户可以借助计算机核算、分析相关资料。

行业不同，企业的发展模式和经营状况也必然有所区别，但相同行业内的会计工作也有着明显的相似之处，那么对于大数据的搜集也一定存在共性。因此，企业信息的集中性越强，会计工作的可利用资源就越多，大数据的工作方式和会计软件才会更加实用，这也加快了会计信息化的发展速度。这样看来，会计信息的行业化集中使用就成了会计信息化的未来发展目标。

（四）强化会计信息的综合性

大数据环境下企业的内涵更加丰富，企业价值的影响因素更加繁杂，投资者和经营者在企业中的决策更加复杂，数据资源能够有效提高企业的竞争力，这就使越来越多的企业看到数据资源的重要性，试图利用数据信息来增加企业价值。因此，过去利用结构性数据来进行预决算的企业，所提供的财务信息已然难以满足自身需要，会计报告应参考非结构数据，从微观的层面来分析企业真实经营状况，提供符合当前社会的综合性数据信息。过去密切关注却未在财务报告中公示的内容，如人力资源、环境资源等信息，现今也应该考虑到，这就符合了财务信

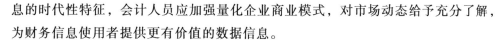

息的时代性特征，会计人员应加强量化企业商业模式，对市场动态给予充分了解，为财务信息使用者提供更有价值的数据信息。

（五）加快推进相关法律制定

大数据时代下，大力推进会计信息化相关法律的制定，进一步完善立法工作，健全奖惩机制和责任制度，建设第三方监管机构定期审查共享平台及培养相关用户。

综上所述，大数据时代对人们的思维方式和工作行为带来了不同程度的影响，大量新兴技术的出现为会计信息化提供了更加广阔的发展空间，信息获取和处理范围也被扩大。企业看到新信息可以带给企业巨大经济价值，但是如何利用这些便利，及时避开风险，提高技术利用率，促进信息化发展，是企业面临的最大挑战。

第六章　云计算环境下的会计信息化发展

第一节　基于云计算的会计信息化

一、基于云计算的概述

（一）云计算思想演化

从思想角度来看，云计算发展到当前较为成熟的水平，主要历经了四个阶段的演化。下面，我们分别对其进行简要介绍。

1.电厂模式

相对来说，IT 行业属于新兴行业，因而在其发展过程中，必然需要向其他行业"取经"。例如，IT 行业从建筑行业"取经"回"模式"这一概念。同理，"电厂"概念也是一样的。虽然相较"模式"概念，电厂概念并非炙手可热，但是其也有着深远影响。同时，众多 IT 人都对电厂理念坚持实践。所谓电厂模式，是指利用电厂的规模效应，从而实现电力价格的降低，同时增添用户使用的便捷度，还不用对任何发电设备进行购买与维护。

2.效用计算

早在 1960 年，计算设备有着异常昂贵的价格，机构、学校、普通企业难以承受，因此，人们开始希望能够共享计算资源。"人工智能之父"麦卡锡在 1961 年的一次会议上提出"效用计算"概念。"效用计算"概念的核心是借鉴电厂模式，旨在整合各地分散的应用程序、存储系统、服务器，让多个用户得以共享；简单地说，就是用户能够像在灯座插上灯泡一样，使用计算机资源，同时按照其具体使用量支付相关费用。随后，1966 年出版的图书《计算机效用事业的挑战》中，也提出了类似观点。不过，因为那时IT产业处于发展初期，尚未拥有如互联网等强大的技术，所以尽管人们对计算资源的共享以及"效用计算"十分推崇，但这一想法始终是"叫好不叫座"的，直到互联网迅速发展和成熟后，才使效用计算成为可能。它解决了传统计算机资源、网络以及应用程序的使用方法变得越来越复杂与管理成本越来越高的问题，按需分配的特点为企业节省了大量时间和设备成本，从而能够将更多的资源投放到自身业务的发展上。

3.网格计算

网格计算属于分布式计算模式。网络计算技术将在网络中分散的存储系统和空闲服务器与网络进行链接，从而得到一个整合系统，将功能强大的计算机存储能力提供给用户，帮助其对特定任务进行处理。对于使用网格的应用程序或者最终用户而言，网络仿佛一台性能超强的虚拟计算机。从本质来看，网络计算就是通过高效的方式，管理各种加入该分布式系统的异构耦合资源，并借助任务调度对上述资源进行协调，使其合作并完成一项特定的计算任务。人们用"grid"称呼网格计算中的网格。不过，"grid"的英文原意并非人们通常想到的网格，而是指电力网格。因此，"grid"的核心含义十分近似于效用计算机，只是二者有着略微不同的侧重点。网格计算主要研究的是怎样将依靠非常大的计算能力才能解决的问题，划分为一个一个小部分，继而向很多低性能的计算机分配这些小部分，使其进行处理，最终综合计算结果，进而解决大问题。遗憾的是，因为在安全性、技术、商业模式等方面，网格计算存在不足，故而它并未在商业领域与工程领域收获预期的成功。但是，我们也要认识到，在学术领域，网格计算仍然得到了一定应用，如人们在"SETI"计划（旨在寻找外星人）中对其进行了应用。

4.云计算

云计算的核心十分类似于网格计算、效用计算，其同样希望IT技术可以像使用电力那样，既无须花费过高成本，又十分方便。云计算将效用计算所提倡的资源按需供应和用户按使用量付费的理念予以继承。网格计算为云计算提供了基本的框架支持。云计算和网格计算都希望将本地计算机上的计算能力通过互联网转移到网络计算机中。

然而，不同于网格计算与效用计算。当前，在需求方面，云计算已经粗具规模，同时也有了基本成熟的技术。所以，相较于网格计算与效用计算，云计算有着更为脚踏实地的发展。

（二）云计算概念划分

1.国际国内划分

2011年，美国国家标准与技术研究所（NIST）将云计算定义为"一种允许无处不在的、按网络访问的、便捷的可配置计算资源（如服务、应用程序、存储、服务器、网络）共享池模型。我们可以通过最少的管理工作或者极少的与服务供应商进行交互对这些共享资源进行快速配置和发布"。

现阶段广为接受的云计算定义是国家标准《信息技术云计算参考架构》（GB/T—32399）的定义：云计算是一种通过网络将可伸缩、弹性的共享物理和虚拟资源池以按需自助服务的方式供应和管理的模式。

从计算方法的角度来看，云计算属于分布式计算，其借助网络，将大量的数据计算处理程序分解为多个小程序，借助多部服务器组成的系统，对这些小程序进行分析与处理，最终向用户提供得到的结果。通过该技术，用户可以在几秒内完成对海量数据的处理，提供强大的计算服务能力。从资源利用的角度来看，云计算定义了一种IT资源共享模型。有了它，只需要进行最少的管理工作或者服务提供方交互方式即可快速供应和释放这些资源。

当网络技术、硬件技术发展到一定阶段，云计算技术这种新的技术模型便应运而生。技术人员在绘制系统结构图时，往往会使用一朵云的符号表示网络，这也是"云计算"的名称由来。云计算并不是对某一项独立技术的称呼，而是对实现云计算模式所需要的所有技术的总称。云计算技术的内容很多，包括云计算平台技术、数据中心技术、服务器技术、网络技术、虚拟化技术、分布式计算技术、存储技术等。从广义上说，云计算技术涵盖了当前信息技术中的绝大部分。

2.不同主体对云计算概念的理解

（1）分析师与分析机构对云计算概念的理解。依托互联网，云计算从集中的服务器交付个人应用（演示文稿、文档处理以及E-mail）和商业应用（销售管理、客户服务和财务管理）。这些服务器共享资源（如存储和处理能力），通过共享，资源能得到更有效的利用，而成本也可以降低80%~90%。

云计算属于一种环境，可以服务的形式向用户提供其中所有的IT资源。依靠云计算，企业可以通过互联网从超大数据中心获得计算能力、存储空间、软件应用和数据，客户只需要在必要时为其使用的资源付费，从而避免建立自己的数据中心并采购服务器和存储设备。

（2）IT厂商对云计算概念的理解。云计算属于一种计算风格，其以软件及处理能力的交付、私有或公共网络实现服务为基础。用户体验是云计算的重点内容。同时，云计算也是一种实现基础设施共享方式，其利用资源池，连接私有或公共网络，将IT服务提供给用户。云计算在大量的分布式计算机上分布数据与计算，为存储和计算力带去更强的可扩展能力。用户可以采用多种接入方式，如通过手机、计算机等，与网络连接，从而得到相应服务。云计算是开放式的，因此不会有一个企业能控制和垄断它。

站在云计算技术角度，云计算诞生于负载均衡、自主计算、效用计算、并行计算、分布式计算、网格计算、虚拟化等传统计算机和网络技术的融合发展之中。

（三）云计算呈现特点

目前，大众普遍接受的云计算具有以下特点。

1.规模化

云计算"资源库"拥有的规模相当大，一般由较多台机器组成"云"的集群，一般来说，企业的云系统拥有的服务器数量为数十万乃至上百万，企业的私有云通常也有数百台到上千台服务器。

2.虚拟化

云计算建立于互联网基础之上，而我们都知道，互联网自身属于虚拟世界，所以云计算技术也具有虚拟性特点。我们可以这样理解云计算，它是在网络虚拟世界中存在的"资源库"，每项用户请求都出自于此，但并非一个个固定的实体。

3.可靠性高

"将资料存储在硬盘里或计算机中，硬盘或计算机一旦出现故障，或者云系统一旦崩溃，自己的资料会不会无法找回？"这是很多用户的担忧。

其实，"云"采用了多种措施，如计算节点同构可互换、数据多副本容错等，对服务的高可靠性进行保障。相较于本地计算机，使用云计算要更为可靠。因为数据被复制到了多个服务器节点上拥有多个副本（备份），即使遇到意外删除或硬件崩溃，存储在云里的数据也不会受到影响。云计算技术相比于传统的互联网应用模式，它不仅能够从各个方面确保服务的灵活性、高效性和精确性，还能够为用户带来更完美的网络体验及为企业创造更多的效益。

4.通用性

为了给用户提供更大的便利，在"云"的支持下，我们能够将千变万化的应用构造出来。在同一个"云"的支持下，不同应用能够实现同时运行，所以用户对是否通用不必担心。

5.可扩展性高

为了能够满足应用和用户规模增长的需要，云计算可以动态伸缩规模，用户可以根据自己需求选择是否扩展。

6.按需服务

云计算中资源库非常庞大，用户可根据自己的实际需求购买，可以充分利用资源，从而减少资源浪费。

7.成本低

云计算技术拥有强大的容错能力，其节点的构成成本非常小。用户和企业都能认可它所创造的价值。例如，以往需要花费数月、数万美元才能达成的任务，利用云计算只需要花费几天时间、几百美元便能轻松完成。

8.资源的共享性

云计算运行的目的是实现资源共享，而这也是其对用户作出的重要贡献。云计算能够摆脱地域束缚，即便用户在地球的另一端，只要有网络覆盖，用户对云数据的需求就能够得到满足。拥有庞大的计算机服务器系统的云计算系统的服务商，它们能够通过网络，建立起一个足够大的平台。然后在这个平台中，用户的计算机或者手机能够获取所需要的服务，从而大大提高了信息与知识的共享性，同时降低了服务商的运营成本，做到了真正优化配置资源。

（四）云计算主体优势

1.云计算与传统计算的区别

步入新时期，云计算渐渐显现其优势。云计算有着诸多特点，如信息共享、计算精准、时效快等。相较于传统计算，云计算有着完全不同的计算方式与服务性质。

传统计算在计算时，主要采用托管、租用的方式。租用是指用户租赁服务商的设备，主要由服务商提供对数据管理、维护服务；托管是指服务商帮助用户看管数据，如果出现数据丢失或者设备损坏等情况，服务商无须承担责任。

云计算则对基础设施建设非常重视，其与传统计算有着不同规模、不同效果。云计算为集约式配置，尽管从一定程度上看，传统互联网数据中心（Internet Data Center，IDC）服务也能实现集约化处理，然而就集约处理方式来看，传统计算与云计算存在较大差异。

计算机设置配置与部署，决定了云计算在分配资源时没有丝毫停滞，而传统计算的资源分配过程很可能花费数小时甚至数天，企业计算成本自然大大增加。云计算能够快速、合理分配资源，防止出现资源浪费情况。传统计算与云计算为不同平台，云计算平台技术特性良好，通过与不同数字技术相结合，完成数据计算，实现了平台数据处理效率的提升，而这点是传统计算无法做到的。

2.云计算的优势

云计算相较于传统网络应用模式，展现出以下优势。

（1）虚拟化技术。虚拟化技术使集群摆脱了空间、时间的限制，这也是云计算最为突出的特点。云服务用户应用部署的环境与物理平台在空间上未绑定，云服务用户可以通过虚拟平台操作完成数据备份、迁移和扩展等。虚拟化技术包括应用虚拟和资源虚拟两种。

（2）动态可扩展。可以通过动态调整虚拟化的层次达到扩展应用的目的；还可以在线将新的服务器加入已有的服务器集群中，扩展"云"的计算能力。

（3）按需部署。在部署不同应用时，云服务用户需要进行不同的计算和存储资源，云计算平台可以按照用户的需求部署相应的资源。

（4）高灵活性。虚拟化技术已经得到大部分软硬件的支持，云计算资源池利用虚拟化技术统一管理各种IT资源，还可以兼容不同硬件厂商的产品，兼容低配置机器和外设从而获得更高的计算能力。

（5）高性价比。在虚拟资源池中对资源进行统一管理，从一定程度上看，能够优化物力资源。用户不再需要有大存储空间且价格高昂的主机，而是能将相对廉价的PC组成云进行选择，其计算性能并不比大型主机差，且费用更低。

（五）云计算类别划分

云计算可以按网络结构和服务类型进行类别划分。

1.以网络结构划分

按照网络结构的不同，云计算可分为公有云、私有云和混合云。

（1）公有云。公有云是为大众而建的，所有的入驻用户都称为租户。公有云不仅同时支持多个租户，而且一个租户离开，其资源可以马上释放给下一个租户，从而能够在大范围内实现资源优化。很多用户担心公有云的安全问题，敏感行业、大型用户需要慎重考虑，但对于一般的中小型用户，无论是数据泄露的风险，还是停止服务的风险，公有云都远小于自己架设的机房。

（2）私有云。私有云面向一个企业、一个用户构建，供其单独使用，所以能够向用户、企业提供最为有效的数据、服务质量与安全性控制。公司自己的IT机构或云供应商可对私有云进行构建，既可部署在企业数据中心的防火墙内，又可在一个安全的主机托管场所进行部署。私有云的核心属性是专有资源，通常用于实现小范围内的资源优化。

（3）混合云。混合云是公有云和私有云的混合，这种混合可以是计算的、存储的，也可以两者兼而有之的。在公有云尚不完全成熟，而私有云存在运维难、部署实践周期长、动态扩展难的阶段，混合云是一种较为理想的平滑过渡方式，短时间内的市场占比将会大幅上升。并且，不混合是相对的，混合是绝对的。在未来，即使自家的私有云不和公有云混合，也需要将内部的数据和服务与外部的数据和服务不断进行调用。并且还存在一种可能，即大型用户把业务放在不同的公有云上。

2.以服务类型划分

云计算的服务类型有基础设施即服务（Infrastructure as a Service，IaaS）、平台即服务（Platform as a Service，PaaS）和软件即服务（Software as a Service，SaaS）。

（1）IaaS。IaaS，基础设施即服务。依靠互联网，用户能够通过完善的计算机基础设施得到相应服务。IaaS是通过Web，将基础设施、数据中心等硬件资源向用户进行分配的商业模式。

（2）PaaS。PaaS，平台即服务。实际上，它是将软件研发的平台视为一种服务，通过SaaS的模式向用户提交。所以，严格来说，SaaS的应用之一就是PaaS。PaaS的诞生对SaaS的发展，尤其是SaaS应用的开发，起到很大的推动作用。通过享有PaaS服务，软件开发人员无须购买服务器等设备，就能将新应用程序开发出来。

（3）SaaS。SaaS，软件即服务。其通过互联网，将软件提供给用户。用户只需要向供应商对基于Web的软件进行租用，无须另行购买，就能对企业的经营活动进行管理。SaaS模式对软件，特别是大型软件的使用成本进行极大削减。同时，由于软件被托管于服务商的服务器上，所以用户的管理维护成本也随即降低。

（六）云计算发展现状

从市场发展阶段来看，美国市场起步最早，发展最快。作为云计算的先行者，北美地区在云计算市场占据主导地位，2017年美国云计算市场占据全球59.3%的市场份额。

2019年，全球云计算市场规模为1883亿美元，拥有20.86%的增速。预计未来几年，市场平均增长率可达18%。到2023年，全球云计算市场规模将超过3500亿美元。当今的全球云计算市场呈现出一种群雄逐鹿的格局。AWS（亚马逊云计算服务）继续主导全球云基础设施服务市场，根据国际研究机构高德纳咨询公司发布的云计算市场追踪数据，AWS以45%的份额雄踞第一，其后分别是Azure（微软云服务）17.9%，阿里云9.1%，谷歌云5.3%。最早践行云计算技术的几家企业，如谷歌、亚马逊、微软，以及在云计算方面投入较大的公司，如HP（惠普）、IBM等，都是美国企业；同时，美国还有很多中小企业提供云计算产业上下游某个环节的产品服务，出现了众多可行的云计算商业模式。

亚马逊公司对简单储存服务（S3）与弹性云计算（EC2）进行使用，将存储与计算服务提供给企业。其含有如下收费项目：月租费、CPU资源、贷款、存储服务器。截至2019年底，亚马逊公司与云计算相关的业务收入已达350亿美元。云计算是亚马逊公司增长最快的业务之一。

微软云计算平台——Azure Service Platform是微软云计算战略的具体实现，于2010年正式商用。该平台是继Windows取代DOS之后，微软的又一次颠覆性转型。

国内的云计算行业市场上活跃着各种大大小小、知名的与不知名的云服务商，这里主要介绍国内主流的优质云服务商，其可以代表目前我国云计算市场的总体技术水平和服务能力。

阿里云：阿里云创立于2009年，集资本、规模、技术实力、品牌知名度和生态系统等多种优势于一体，是目前国内云计算"公有云"市场的行业巨头。2018年9月19日，阿里云发布了面向万物智能的新一代云计算操作系统——飞天2.0，可满足百亿级设备的计算需求，覆盖了从物联网场景随时启动的轻计算到超级计算的能力，实现了从生产资料到生活资料的智能化，改善社会运转效率，是阿里云史上一次最大的技术升级。

华为云：华为云成立于2011年，隶属华为公司，在多地设有研发中心和运营机构，着力于云计算中"公有云"领域的生态拓展、技术研究，努力将一站式的云计算基础设施服务提供给用户，是目前国内大型的公有云服务与解决方案提供商之一。

中国电信天翼云：天翼云是中国电信旗下的云计算服务提供商，着力于提供更为优质的云计算服务。天翼云为用户提供的服务，涉及云计算、云存储、云安全、网络与CDN、数据库等多方面，同时为政府机构、教育、金融等行业打造定制化的云解决方案。作为我国的三大通信运营商（中国移动、中国联通、中国电信）之一，中国电信旗下的天翼云，在争取国内客户方面具有天然优势。

二、云计算在会计信息化中的实践

（一）云计算在中小企业财务会计信息化中存在的问题

1.财会信息化云计算平台建设和管理尚不成熟

现今，信息化管理理念未能实现广泛普及，故而针对信息化管理部分，一些中小型企业缺乏经验，相关技术人才不足，同时在建设、管理财务信息化云计算平台方面也涌现出许多问题，导致多、乱、杂现象。此外，相应的官方监管也处于缺失状态，导致部分云计算平台收费过高，云计算平台服务制度仍然不够完善，一些平台甚至存在泄露企业资金机密的风险。除上述问题外，实践中还存在如下问题：中小型平台缺乏较高的服务水平、云计算平台缺乏多样化的服务项目。尽管大型云计算平台有着完善的配套设施，可以对企业财务会计工作需求予以满足，但是对于中小型企业而言，使用大型云计算平台意味着过高的成本。但是，如果选择中小型云计算平台，因为其有着较少的配套设施，无法提供多样化服务，所以很难满足中小型企业的需求。因此，它们更倾向于采用人工工作模式开展财务会计工作。

2.企业缺乏对信息化管理的重视

尽管当前在财务会计管理中，信息化管理已经得到了一定的普及，但还是有很多中小型企业不愿对信息化管理风险进行承担，也不够重视云计算。它们更倾向于信赖传统人工工作模式，这也使企业财务的工作效率止步不前，始终得不到提升，同时导致资金运转流程更为复杂，管理层难以即时把控财务工作。因此，在应用云计算，实现信息化管理企业财务会计工作之前，企业管理人员要先树立信息化管理理念，并对其予以高度重视，对财务部门员工进行相关培训，使其娴熟掌握有关技术，从而能够轻松、熟练地应用云计算平台，更顺利地开展会计工作。

3.不重视信息化的指导和工作经验的积累

在我国企业管理工作中，一定程度上已经普及了云计算和信息化管理。然而，很多企业管理者仍旧未曾重视信息化，依旧采取传统工作模式，只是以此为基础简单运用互联网技术，如规划工作流程，将其视为"信息化管理"，使企业有着较低的信息化程度。特别是对于财务会计工作而言，在很多企业中，仍需要人工处理这部分工作，云计算作用迟迟得不到充分发挥。因此，企业管理者要高度重视信息化指导，重视员工相关工作经验的积累，在工作中对信息化理念加以渗透，让员工接触云计算平台并对其进行学习，不断提升他们的技术水平，使其积累丰富的工作经验，从而更好地运用云计算平台，促进会计工作的质效提升。

4.对云计算缺乏深入的认识

在我国中小企业中，云计算有着相对较小的应用范围，很多中小企业持有"观望"的态度，没有积极的尝试意愿。这些中小企业未能对云计算所具有的优势进行全面、深入的了解，而是简单、片面地认为云计算一定存在较多问题，发展尚未成熟。同时，它们也有着较深的顾虑，担心在互联网上的信息能否保证私密性。除此之外，由于云计算具有先进性，因而对使用人员提出了很高的要求，其必须熟练掌握相应的知识、技术，才能应用好云计算技术。尽管部分企业员工非常好奇云计算技术，然而也仅停留在表面，未能真正接触、深入学习。基于上述原因，云计算在中小企业的会计信息化应用中，所取得的成效很难达到人们预期。

5.云端信息存在一定程度的泄露风险

从理论角度来看，云计算平台需要用户在云端储存部分信息，也能保障数据信息的安全性、私密性。然而，在实践中，云计算技术牵涉诸多内容与环节，无论哪一环节出现问题，都可能诱发安全问题。现今，尽管世界上各大云服务供应商都表示自己的产品严格落实保护措施，符合国际相关要求标准，但是我们也要看到，当前云计算市场还有待进一步完善，仍有很多基础设定未能达到标准。同时，因为企业的财务等方面信息是以数据资料的形式在云计算供应商的服务器中存储的，所以假如云计算供应商想要了解数据信息，可谓轻而易举，而这也成为泄露企业数据信息的一大隐患。云计算供应商有可能隐瞒企业，查看、贩卖其核心财务数据信息，这将对企业健康发展造成严重损害。

6.云计算对于网络性能要求较高

基于云计算的会计信息化应用，都要依托互联网进行，因而其对网络性能提出了很高的要求。实践中存在这样的问题：有些企业在对云平台进行使用，开展日常会计工作时，受到传输稳定性、网络传输速度的影响，误认为数据信息已经全部上传云平台，但实际并没有，而这一问题直到真正使用时才被发现。此时再采取补救措施，是相当烦琐复杂的，不仅会对企业内部财务规范造成影响，而且也不利于企业自身业务发展，严重的还会使部分客户不再选择与企业进行合作。

7.存在会计数据失真的情况

当企业对云计算进行应用后，都会对会计数据失真问题进行关注。在云计算推广过程中，会计数据失真也是一个很重要的问题。云计算与传统会计日常账务处理模式不同，其需要数据化处理传统的原始凭证以及其他实物，继而在云端会计信息化平台上传，以数据化形式对其存储。整个过程都依靠云计算平台自行处理，因而难以有效监督这一处理过程，假如出现操作问题、技术问题，极可能使会计数据失真。同时，在云计算模式下，如果对数据库中存储的信息直接篡改，也不会留下痕迹，从而很可能导致会计信息造假。

（二）云计算下高校会计信息化建设过程中存在的问题

1.信息化建设重视程度不足

高校管理信息化中，会计信息化是非常重要的组成部分，直接影响着高校发展。所以，高校应当更加重视会计信息化建设。然而，当前部分高校因为受到经费、规模等因素的制约，所以高校管理者并未重视学校财务问题。特别是一些民办本科高校，财务处工作人员较少，出纳不仅要负责现金管理，还身兼数职，如承担审核科研报销的工作等。但是，领导层却盲目认为学校已经对会计信息化予以实现，无须投入更多精力、财力对其进行建设，这严重阻碍了高校会计信息化建设的进程，难以真正提升会计信息化建设工作的实效性。

2.高校内部云数据有待建立

高校中，科研处、设备科、人事处、后勤处都属于协调部门，这些部门的相关数据都会在财务部门进行汇总。然而，部分高校特别是民办本科高校，由于经费不足，往往出现忽视软件建设、重视硬件建设的问题。现今，仍旧有一些高校通过纸质文件、电子邮件传输数据，既浪费信息基础资源，又极易导致文档的遗落、丢失。同时，各部门之间也未能形成统一的数据互联，导致他们承担重复输入的工作量，一方面使信息出错率更高，另一方面工作效率也很难得到提升。例如，部分高校中，想要进行科研报销，需要先在线上进行申请，然后再在线下完成相关流程。于是，在实际报销过程中，报销人就要先在线上走一遍流程，之后再在线下走一遍流程，实在过于烦琐。甚至有的高校因为未能统一财务工作，导致少收学费，在学生交完学费后又要求其进行补交，使学生心生不满，质疑学校财务处的工作，对学校产生抵触情绪。

3.无法满足多元数据需求

当前，部分高校中的财务信息化仍受限于会计电算化。同时，其未能重视各行政部门、教师以及学生的需求，只是对财务人员的信息化进行考虑。例如，在部分高校的财会系统中，无法查询各部门经费的使用情况、教师科研经费报销情况及学生学费缴费情况等。这使高校的财务数据不能对多元数据需求予以满足，原有模式难以对新发展、新需求进行适应。

4.会计信息化系统风险增大

伴随互联网技术迅猛发展，网上缴费、网上报销得到实现。通过运用互联网技术，我们不断提高数据处理速度，提升工作效率。然而，摆在我们面前的还有一道难题，那就是会计信息系统的安全问题。一方面，我们需要依靠互联网传输大量财务信息，黑客则能利用互联网窃取会计数据。近年来，我们时常能看到学生对校园系统进行侵入的新闻，这也表明高校相关平台系统有着较大的漏洞，处于较高风险之中。另一方面，假如服务器中病毒，或者出现问题，那么整个系统都可能发生问题，甚至导致工作瘫痪，造成难以估量的损失。特别是部分高校为了节约成本，未能及时更新财务信息系统，仍旧使用多年前的老旧版本，难以对高校财务信息系统高效、安全正常运行提供保障。

三、云计算环境下会计信息化建设策略

（一）中小企业会计信息化建设策略

1.提高会计信息化意识

中小企业建设会计信息化模式时，必须保证其会计部门工作人员清楚地了解、掌握如何运行云计算模式及会计信息化模式，掌握相关工作实际开展要求。同时，还要全面提升会计部门工作人员的信息化意识，以此为基础开展会计信息化建设，从而确保在相关系统建设、优化调整中云计算理念能切实发挥效用。中小企业要全面、深入研究云计算，对云计算模式进行明确，利用云计算模式以及信息化系统优化调整现存的会计核算工作及实际工作模式，从而在对自身信息化意识予以提升的同时，对财务管理与会计核算工作提供助推动力。中小企业要切实在各项财会工作实际开展过程中，在会计信息化模式建设过程中，对各项计算机系统及云计算模式的作用进行充分发挥，保证有效改善面临的各项问题。

2.控制会计信息化风险

虽然中小企业应用云计算模式，能够为自身相关工作开展以及会计信息化模式建设提供更为有效的参考依据，但是，在应用云计算模式与计算机系统的过程中，常伴随着风险。置身云计算环境中，我们要有效地控制会计信息化模式中存在的各项风险问题，逐步提升云计算模式的实际应用力度与安全效果，以安全服务支持中小企业会计信息化模式建设，保证短时间内改善、优化中小企业相关工作和会计信息化模式现存的风险问题，这也是中小企业发展趋势和开展财会工作的要求。

除此之外，我们还要进一步完善在中小企业中应用的云计算服务设施，利用完善的云计算设施及相关系统，推动会计信息化模式建设工作的开展。我们要强化中小企业会计信息化模式与云计算设施系统之间的契合度，从而在建设会计信息化模式过程中，强化管控各项风险问题的力度。此外，我们还要提升云计算系统对中小企业会计核算和信息化管控的服务水平，切实提升中小企业会计核算以及相关管理工作的质量与效率。

3.改进会计信息化技术

多种技术在中小企业会计信息化模式建设过程中得到应用。所以，我们要立足云计算环境下中小企业的具体发展要求及实际发展情况，调整、优化现存的各项会计信息化技术，在中小企业会计信息化模式建设中不断强化各项技术的作用与价值，对云计算环境下中小企业会计信息化模式的现代化内涵进行彰显，从而更好地支持中小企业各时期的财务会计工作，使其得以顺利开展。此外，我们还要着眼于中小企业的实际发展情况，制定相关联的规章条例，确保信息化模式建设技术与各项规章条例在综合调控中发挥效用。我们要解决云计算环境下中小企业开展会计核算及其他各项财务会计工作过程中遭遇的困难、阻碍，在中小企业会计核算及其他各项财务会计工作中，充分发挥各项现代化技术的作用，对云计算环境下中小企业良性发展目标及顺利开展财会工作的要求予以满足。我们要在提升中小企业现代化发展水平及经济实力的同时，充分发挥信息化模式及云计算技术的应用价值。

（二）高校会计信息化建设策略

1.加强高校会计信息化重视程度

想要让高校更加重视会计信息化，就要着力于转变高校管理者的意识。要让高校决策层认识到，对于高校发展而言，会计信息化管理起到非常重要的作用，从而加大对会计信息化建设的各种投入。高校管理者要用心开展协调工作，对高校内部的沟通交流予以促进、强化，提高工作水平、工作效率。高校管理者要树立大局观，高度重视会计信息化，切实提供资金保障，应用最新的财务信息软件。同时，高校还要引导会计人员，使其摆脱传统工作理念的束缚，利用信息技术，进一步完善、优化会计工作流程，发挥会计的决策功能、管理功能，使高校财务工作质量实现进一步提高。

2.破解信息孤岛，实现信息数据共享

在会计信息化建设中，数据是最为关键的。如果脱离数据，那么信息化也就无从谈起。随着云计算、大数据等信息技术兴起，多部门业务数据（如教务处、学生处、科研处、财务处等）的融合已然得以实现。不同管理层、不同部门之间能够共享与传递数据资源。所以，高校的会计信息化不应只对财务管理角度进行考量，还应与教育信息化相结合，争取数据的统一标准。

3.财务系统应满足多方需求

财务信息化，并不是随随便便对几套系统进行采购就能实现的，高校应当实事求是，满足多方需求，不仅要考虑财务人员需求，也要考虑非财务人员需求。例如，在学生缴纳学费时，不能仅提供银行转账这一种渠道，还可以允许学生进行支付宝支付、微信支付，为他们带来更多便捷和更好的服务。高校要对多方需求进行调研，并汇总、整理、分析调研结果。随后，立足需求信息，进行统筹规划，在学校信息化中逐步设置与这些需求相应的功能。最后，高校还要做好共享财务数据的工作，从而在采集、分析数据时更加便捷。

4.推进会计信息化安全建设

高校要立足实际，对会计信息化安全建设予以推进，从自身情况出发，将会计信息化安全管理措施建立起来。

其一，要将完备的网络安全管理机制在全校建立起来。高校财务的数据涉及多个领域，如图书采购、学生缴费、科研管理等，要对相关人员的责任分工进行全方位落实。

其二，要针对防范财务风险对财务人员进行培训，切实提高财务人员的网络安全意识，避免因失误造成的财务信息安全风险。同时，高校也要做好备份财务数据工作，保障财务信息的安全性与完整性。

其三，将安全预警机制建立起来。高校要针对信息安全、硬件软件安全、管理安全等层面，建立相关安全预警指标体系，监控实际数据，执行财务安全响应策略。

（三）云计算平台会计信息化建设策略

1.加快相关标准及法规的制定

在制定相关法律法规、标准制度时，政府应当加快速度，严格规范云计算服务商一系列商业行为，将安全、绿色的云计算市场建立起来。一方面，在制定政策、制度时，政府应深入云计算市场，对当前云计算服务商提供的所有技术服务予以了解与掌握，对云计算市场收费标准了然于胸，还要收集企业关于云计算平台发展提出的意见建议，对云计算市场整体发展形势有所掌握。之后，政府要立足调查所得到的数据，制定相关政策、制度，使制定出的政策法规更加合理、科学，能切实具有对云计算服务商的商业行为进行规范的作用，促使云计算市场更加健康发展，帮助企业更好地实施云计算平台的会计信息化。另一方面，政府应当立足现有云计算市场发展现状，将预测评估机制构建起来，分析预测将来可能出现的情况，并以此为依据制定相关法律法规，从而更好地维护云计算市场秩序。

2.加大云服务监管力度

加大云服务监管力度，能够有效规范云计算市场发展秩序，为云计算平台运用实效性与真实性提供保障。所以，政府相关部门应在监管云计算平台方面加大力度，构建与进一步完善监管审查机制，从而切实保障用户数据存储安全。一方面，政府应将资质审查机制建立起来，严格审查云计算平台运行资质，唯有那些具备相应能力、技术的云计算服务商才能进入市场。同时，即便是云计算服务商已经通过资质审查，也要接受政府相关部门的定期复查，从而真正保障云计算平台的安全性。另一方面，政府应与专业社会机构（如行业协会）联合起来，各自派遣有相关管理经验的工作人员，将具有社会性质的监管部门组建起来。此外，政府还要下达相应指令，传达政府管理决心，从各方面强化对云计算市场的管理与监督，从而确保云计算平台具备更好质量、提供更优服务，助推企业会计信息化建设更好地实施。政府还应设立意见反馈中心，将企业所反馈的意见收集上来。

3.构建完善云计算平台运行保障机制

其一，强化安全防护措施。越权使用服务器内部数据、外部黑客恶意攻击破坏等，是云计算的主要安全隐患。所以，云计算服务商既要强化安全防护措施，同时也要强化内外部防护措施。在对外防护中，云计算服务商可以采用及时备份数据、加密数据资源等方式达到防护目的。除此之外，云计算服务商可以在存储数据时，划分云计算平台数据信息为几个相同形式数据段，将它们存储在不同硬盘中，从而达到减轻数据信息泄露风险的目的。

其二，完善云计算平台功能。云计算服务商要大力完善云计算平台功能，不断提升开发在线会计功能模块的速度，积极拓展服务范围；立足财务软件原有功能，将各种功能模块（如绩效考核、财务预算等）添加其中，拓宽企业会计服务范围，从而提升会计整体水平。

第二节　基于云计算的会计信息化建设模式与策略

一、云计算的会计信息化建设模式

（一）云计算对会计信息化的技术支持

云计算是 SaaS（软件即服务）、ASP（应用服务提供商）、公用计算、网格计算的新发展。按照美国国家标准与技术研究院的定义，云计算是一种依据使用数据量、使用时间对费用进行计算的模式，它提供能便捷访问网络的入口。在进入资源共享池后，用户就能对资源共享池内的虚拟数据资源进行访问。这些虚拟数据资源都来源于服务供应商，包括服务、软件、硬件等。云计算有着更为灵活、成本低、虚拟化、个性化定制、部署迅速、应用广泛、规模大等优势，然而我们也要注意到，它存在着一定的安全风险。

从服务类型角度出发，云计算可被划分为三种类别，包括软件即服务（SaaS）、平台即服务（PaaS）和基础设施即服务（IaaS）。这三层体系架构同样构成了由云计算发展而形成的云财务。

下面，我们依据自下而上的顺序对其进行更具体的阐述。IaaS 模式位于云计算体系架构的最底层，即"基础设施即服务"。在采用这种模式时，由专业服务商提供虚拟化计算资源、网络服务区、数据存储工具，采用租赁方式将这些基础设施（服务）提供给用户，用户只需要支付少量租金即可。在"基础设施即服务"的模式下，用户可以依靠互联网对虚拟化资源进行远程访问，并使用供应商提供的服务。华为、阿里、威睿、微软、谷歌、亚马逊等公司都是 IaaS 的主流供应商。

PaaS 模式为云计算架构的中间层，即"平台即服务"。PaaS 模式能够对企业的个性化需求予以满足，并从企业的经营特性、业务性质出发，由企业的财务人员参与财务平台开发工作。立足工作所需功能，财务人员对软件开发人员进行指导，完成财务平台功能定制。供应商将应用程序、网络设备、存储器、服务器的开发都当作一个服务包提供给用户。PaaS 服务模式与企业的实际更为贴合。

SaaS 是云计算体系架构的最高层，即"软件即服务"。SaaS 和传统的软件运营模式相比，存在较大差异。因为 SaaS 提供商将软件安装于云服务器上，所以用户不用再在前期软件购买上投入巨大成本，同时，SaaS 提供商采用了按需付费的方式更凸显了便捷、实惠的特点。用户无须操心大量的系统维护与升级工作，也无须操心专业的计算机维护人员及昂贵的基础设施，供应商会提供全面系统的服务和全部的配套设施。在世界任何地方，只要能连接互联网，用户都可以通过远程操作来完成财务会计审计、报销、核算，随时进行"移动办公"。云平台SaaS云层还提供如下功能：竞争情报、舆情分析、客户画像、费用决策、账务核算、全面预算管理、报表出具、成本管理、供应链管理、财税一体化、电子发票等，其将云端、智慧财务服务真正带给企业。

（二）云计算平台会计信息化建设问题

1.对云计算认识不足

云计算平台的建设对于一个企业来讲十分重要，它是企业会计信息化建设的重点。从某种意义上讲，加深对云计算平台的认识可以帮助企业明确会计信息化建设方向，进而推动企业会计信息化的可持续发展。但是目前部分企业在会计信息化建设过程中，对云计算平台的认知并不是很深刻，这不仅影响了企业会计信息化建设进程，同时也在无形中限制了企业经济效益的持续增长。所以为了提升企业对云计算平台的具体使用效果，企业管理层不仅要加强对云计算平台的认识，同时也要积极引进高端IT人才，从而将云计算平台真正落到实处，为企业会计信息化建设增砖添瓦。

2.应用软件选择局限性

随着信息技术的快速发展，建立在云计算基础上的线上财务系统逐渐成为企业管理会计工作的主要工具，它在一定程度上提升了企业会计工作效率。目前，我国线上财务系统的功能建设虽然取得了一定的成绩，但是我们应认识到其仍处于开拓阶段，为此企业在财务应用软件的选择上依然有较大的局限性。通常情况下，云计算服务商所提供的财务软件主要拥有一些常用的财务功能，如财务报表汇总、线上记账、财务分析及库存管理等。但是现有的财务软件缺乏更高层次的功能需求，如绩效考核、预算管理等，虽然部分财务软件开通了一些高层次的功能，但往往也是作为单独的应用存在，它们未与财务管理功能对接，这在一定程度上降低了企业管理会计的水平，进而影响企业经济效益的提升。

3.信息安全问题

一般情况下，云计算的安全问题主要表现是：我们日常所使用的数据传输网络为公共网络，同时我们所使用的公共网络也是数据存储服务器与存储器建立连接的主要通道。而公共网络本身就存在一定的信息安全问题，所以在这样的环境下信息数据传递就会存在一定的泄露风险，如服务商可以查看用户的数据信息等。

二、云计算的会计信息化构建策略

（一）中小企业财务会计工作构建策略

1.构建基础服务模式

在云计算的大环境下，中小企业在开展财务工作时应完善自身的基础设施，如存储器、服务器搭建、数据口建设及网络资源建设等。当完成基础服务模式构建之后，企业应结合自身实际需求对基础设备进行全面评估，并在此基础上选择与之相匹配的服务设备，进而构建基础平台、深化企业财务管理工作。在这种服务模式下，中小企业在财务管理方面拥有较大的自主性，如自由选择财务形式、财务内容等。此外，如果在财务管理工作开展过程中，出现设备系统运行问题，也可以做到及时处理，从而在最大限度上保障财务会计工作的顺利开展。

2.构建平台服务模式

在结合企业用户需求的基础上，专业软件机构为企业提供专业个性化定制方案，并运用互联网技术和服务器软硬件为企业用户服务，这种服务模式可以使企业进行自主财务管理系统的利用和开发。与此同时，平台服务模式下财务系统的开发效率也会大大提升，并且这种模式企业的投资也较小，所以它可以提升企业财务工作的效率。

3.构建软件服务模式

企业在云计算的基础上构建软件服务模式具有许多优点，其具体体现在以下几个方面：第一，它可以实现企业财务管理服务的创新；第二，软件服务模式中涉及运营商、服务商的前期开发和后期维护升级，而这些工作均是建立在企业自身需求特点的基础上；第三，企业可以结合自身实际需求，向运营商购买相对应的服务内容。在这种模式下，企业可以利用云平台统一部署企业财务会计工作，此外各个模块的选择均符合企业自身需求，为此财务会计工作的开展也极具灵活性。

（二）基于会计信息平台系统构建模式策略

1.软件即服务构建模式

通常情况下，我们又将这种模式称为SaaS模式。在这种模式下，企业不必向运营商购买财务会计管理软件，只要在服务平台上租赁财务会计管理软件即可。无论是软件的运营，还是软件的维护，都由平台负责。该系统的开发需要得到Web程序的支持，同时按照按需收费的原则分类划分不同的级别的客户，以便更好地管理，另外系统中也应囊括权限配置的系统模块，并通过建立隔离机制的方式实现业务数据的划分。一般情况下，供应商在平台上推出产品的同时，也会附带与产品相关的售后服务。企业只需要结合自身实际情况和需求，选择相应的产品和服务，这样可以快速实现企业会计信息平台的构建。企业用户在使用云供应商所提供的产品和服务时，只需要根据产品和服务的类型、使用时间、使用数量等支付相应的费用。

2.平台即服务构建模式

我们也可以将这种模式称为PaaS模式，它也是目前会计信息化平台建设中较为普遍的一种服务模式。这种服务模式不仅可以实现业务的充足，同时也可以在极大程度上满足企业自身需求，实现业务系统的划分及下游基础数据的精准计算，此外这种模式也为企业提供了相应的硬件设施。从某种意义上讲，PaaS模式可以提升会计信息平台上游对资源监督的水平，并及时向用户提供资源。在应用云计算会计信息平台之后，企业在开发商提供的开发语言和环境下可以结合自身需求实现业务软件的开发，其所开发的软件也可以上传至云平台。另外，在这种模式环境下，云供应商可以为企业提供专业服务器，从而协助企业实现财务会计信息系统在会计信息平台中的应用。从整体上讲，PaaS模式是SaaS模式在合作领域中的有效外延，企业与云供应商的合作范围得到拓展，其不仅局限于单一软件或程序，而且同时也涉及环境服务的开发。企业可以结合自身实际需求，并利用云端软件开发的条件，开发与自身需求相吻合的财务软件。另外，在这种模式下，企业财务软件开发的难度也低，所以企业没必要再花费其他费用聘请专门的软件开发人员。除此之外，在这种模式下财务人员可以和其他部门人员进行自由沟通，这不仅提升了企业会计信息化系统构建的科学性，而且提升企业会计工作的效率。

3.基础设施即服务构建模式

基础设施即服务构建模式又被称为IaaS模式，在这种模式环境下供应商可以使用不同的设备为企业提供会计计算服务。在这种模式下，企业安装相应的软件程序，这些软件程序则会处于会计信息平台的管控（对软件设置、网络组件的管控）范围内，但是它并不会影响云计算基础设施。例如，谷歌公司通过谷歌云互连这样的举措在企业领域取得进展。供应商通过整合储存在云端的存储资源、网络资源及处理器资源，从而为企业会计信息平台的构建提供丰富的IT基础资源。这在无形中不仅丰富了用户的资源数据库，同时也在极大程度上促进了用户合理使用这些会计资源。无论是硬件基础服务、软件服务资源，还是数据中心资源都可以直接在IaaS模式中获取。云计算平台将企业数据库与云数据中心串联在一起，企业财务人员可以在云端上直接处理会计事务。另外，IaaS模式环境下企业结合公司的会计业务管理需求，可以在Web页面上自主选购资源，当然企业也可以按照需求决定资源的使用时间，同时企业也不需要额外购买软件、硬件设施，这为企业节约了不少成本，也在无形中实现了企业资源的优化配置。

我国部分企业开始着力打造会计信息平台，并取得了一定的成效，如阿里云。接下来我们以阿里云发票申请版块为例，在未填写开票信息时，企业首先需要登录阿里云控制平台，找到"费用"按钮并进入"费用中心"，然后找到导航栏中"发票管理"下的"发票信息管理"，再点击进入并填写开票信息。目前阿里云支持电子版、纸质版的增值税普通发票，虽然增值税电子普通发票和增值税纸质普通发票的代码位数不同，但是其作用是一样的。此外，阿里云开具的增值税电子普通发票与国家税务机关监制的增值税发票相同，都具有法律效力，同时它们的基本用途和基本使用规定也相同。消费者可以将阿里云出具的发票作为报销和维权的凭证，受票企业也可以将其作为会计凭证入账。

三、云计算的会计信息化构建模式优势

（一）中小企业财务会计工作构建模式优势

1.整体分析

（1）减少中小企业成本支出。我国中小企业发展起步较晚，而且规模也较小，企业资金也不够雄厚，而云计算主要是以线上应用的方式存在，中小企业在使用时只需要支付相应的费用，不需要额外支付其他费用，此外后期软件维护、升级的费用也不需要中小企业承担，而是由平台负责。由此可以看出，云计算在中小企业财务会计领域的运用，可以在极大程度上减轻企业资金压力，使中小企业有更多的流动资金用于企业生产经营活动。

（2）构建良好基础条件。云计算与财务会计工作的结合可以使企业拥有大的数据存储空间及移动数据信息，在这种环境下的中小企业财务会计工作人员可以随时随地处理财务信息，从而提升企业财务会计的工作效率，如财务工作人员可以登录云服务平台，获取相应的数据，进而完成工作。此外，中小企业在革新服务、技术的过程中，也可以借助云服务实现，进而降低人为服务的次数，从而提升中小企业对信息处理的灵敏度。

（3）强化合作能力。云计算在企业中的运用会涉及很多部门，如采购部门、销售部门、财务部门等。在云计算平台环境下，企业各个部门之间的沟通联系增加，所以这在一定程度上可以推动各个部门之间的协作关系，并提升部门间的合作能力。

（4）提升整体竞争力。从整体上讲，云计算与中小企业财务会计工作的融合，不仅可以减少企业财务系统建设费用，同时也在无形中推动中小企业进行革命性变革。另外，云计算在中小企业中的运用也可以在一定程度上更新企业的行为观念，推动企业的持续稳定发展。除此之外，云计算的运用也在无形中提升了企业

的管理效率，优化了企业财务管理制度，提高了企业的整体竞争力。

2.环境分析

（1）经济环境。在市场经济环境下，经济效益是企业追求的重要目标。目前我国正处于经济结构转型时期，经济的整体增长速度逐渐放缓，然而企业间的竞争却日益激烈，产业结构分化已经成为必然。在这种经济环境下，云计算在中小企业财务会计中的应用，可以快速、有效优化企业财务结构，使其适应当前市场经济发展趋势。

（2）科技环境。对于分布式计算来讲，可以通过相同统计资源使地域范围不同的客户获得规模化计算服务，推动数据库共享的实现，结合实践促进计算系统优化。近年来互联网技术得到迅速发展，数据传输的效率也有了前所未有的提升，这为实现大量数据同步处理、传输及反馈奠定了基础。此外，云计算还可以使信息传递时的稳定性获得充分的技术支持，从而保障数据流的时效性、稳定性。从某种意义上讲，科技的发展为云计算发展提供了一定的物理条件。

（3）企业需要。随着社会经济的快速发展，现代企业的管理方式发生了较大的变化，同时对财务会计工作的要求也随之提升。在传统财务会计工作环境下，会计工作人员常用的办公工具有文件、表格等。但是，随着云计算在财务会计领域的运用，它可以帮助会计工作人员随时随地获得、处理动态的会计信息。在中小企业中，财务会计工作十分重要，它是连接企业各个工作环节的枢纽，在传统的财务会计工作模式下，企业结合自己的经营需求购买相应的财务会计软件，这对中小企业而言是一笔不小的支出。但云计算的运用可以有效地降低财务会计工作成本，符合当前中小企业的发展需求。

（4）政策环境。为了推动我国云计算产业的快速发展，国务院于2015年颁布了与之相关的信息产业发展意见。除此之外，政府拟定在产业结构实现初步完整的情况下将带头制定并规范行业标准，促进行业的健康持续发展。

（二）会计信息平台系统构建模式优势分析

会计信息平台主要是企业会计工作人员利用计算机、信息技术的手段完成企业相关业务事项的各项具体工作，如交易、计量、确认以及报告等，另外会计信息平台也会用于企业决策。一般情况下，会计信息平台的构建与云计算服务相融合，企业运用云计算服务与系统可以实现会计核算。具体来讲，云计算环境下的会计信息平台系统构建模式的优势主要表现在以下几个方面。

第一，降低会计信息平台系统构建、维护成本。在云计算环境下构建会计信息平台就好比将该项目交由云计算供应商，并从供应商处购买相应的服务和平台。在这种环境下，云计算供应商帮助企业解决平台财务软件的各类问题，如安装、维护等。此外，企业也无须购买会计信息平台相关的硬件、软件设施，这在无形中为企业省去了建构系统的投资问题，企业在支付相应的服务费用之后，也不用负责平台的运营与维护问题。

第二，实现会计业务处理与会计信息的同步传递。企业构建会计信息平台的目的是及时获得准确的会计信息，但是在传统财务会计工作环境下，经常会出现系统数据不一致及财务数据处理不同步等方面的问题，这在无形中影响了企业的经营决策。而云计算环境下建构的会计信息平台可以及时为企业提供会计业务信息，并提升财务会计人员处理信息的效率。与此同时，云计算环境下建构的会计信心平台系统也可以实现会计信息共享，企业大部分的财务会计工作可以实现线上办理，如报税、对账、审计及交易等，这在一定程度上提升了企业财务会计工作的效率。

第三，为企业提供丰富的内部、外部信息。从某种意义上讲，会计数据的输入、会计信息的加工处理及会计信息的高效输出都在一定程度上起到优化、完善会计信息系统的作用。我们可以将会计信息平台看作一个会计信息转化的载体，即企业会计人员通过分类、整理的方式将企业经济业务资料转变为会计信息，同时通过财务信息的输出形成财务报告。会计信息平台隶属企业管理系统，为此它不仅担负着会计核算的职责，同时也需要对企业的会计信息进行预测、分析、决策及控制。企业在运用云计算会计信息平台时，不仅可以获得深入加工的企业内部会计信息，同时也可以浏览云计算供应商提供的市场公开信息，使企业随时了解同行业企业的发展概况。

第四，规范企业财务会计工作。在传统财务会计工作环境中，会计信息受多方面因素的影响，如会计准则修订、软件升级等。同时受会计核算环境的影响，企业经济业务存在处理不及时的问题。在云计算环境中，云计算供应商根据市场变化情况，及时升级会计信息系统，企业也能够按照新的要求，及时规范企业业务处理方式。

（三）高校云计算会计信息化构建模式优势

1.降低成本

"降低成本"可谓是云计算最突出的特点之一，用户可以结合自身需求租赁相应服务。在传统会计信息平台构建模式下，用户需要一次性购买平台构建所需的计算机软件，这是一个较大的投资。此外，在购买计算机软件之后，还需要搭建与之相匹配的网络运营、服务、维护系统。然而，这些问题在云端租赁上并不存在。一般情况下，云端运行的软件仅需要640kB的内存，这为用户节省了硬件投入费用。此外，也可以将主要财力物力集中在云计算会计信息平台地构建上，从而实现规模效应，并实现互赢。

2.可扩展性

可扩展性主要是"云"的规模具有一定的动态伸缩性，它随着高校各项业务需求的增长而增长，也就是说，高校将业务放入云端之后就不会因为网络带宽、存储空间烦恼。传统的会计信息系统在更新换代时，往往需要更换相应的硬件、软件设施，如计算机硬盘、内存、宽带等。此外，传统会计信息系统的更新也伴随着新旧数据衔接困难的问题，如固定资产、存货等数据。另外，在更新系统之后，部分初始数据也很难导入现有的系统之中。即便是在传统会计信息系统不升级的情况下，随着时间的推移，计算机中的数据也会逐渐增加，最终导致计算机因可用存储空间不足而运行速度变慢，甚至出现死机等问题，而云计算与会计信息平台的融合可以很好地解决这一问题。

3.高共享性

云计算的会计信息化平台可以实现资源共享。接下来了我们以高校教师的工资统计为例，高校教师的工资由多方面组成，其中包括课时费、职称工资、奖金、课题项目等，而这些来自不同的部门。如果在传统会计核算环境下，需要将各个部门的数据一一收集汇总，其工作量十分大。但是在云模式下，只要将原始数据录入，以后各个部门之间将会实现数据资源共享，进而减少工作环节，提升工作效率。

4.远程访问

从某种程度上讲，云计算的最大特点是实现了会计工作的网络化，即利用网络为用户提供服务。对于高校用户而言，不管高校分校在哪个地区，也无论高校出差办公人员身在何地，只要可以连接网络，就可以享受云计算提供的服务。在一定程度上讲，云服务的诞生颠覆了传统IT服务的提供方式，在传统IT服务中往往将业务集中在一台电脑上处理，而现在只要是可以连接网络的电脑都可以实现业务办理，这种远程操作方式提升了高校的工作效率。

5.模块化服务

一般情况下，云计算为高校所提供的服务为模块化类型。高校可以结合学校的实际需求，选择合适的办公模块，而不需要全部购买，如应付管理模块、应收管理模块、固定资产模块及工资管理模块等。

第七章 物联网环境下的会计信息化发展

第一节 基于物联网的会计信息化

一、物联网的基础知识

（一）物联网的概念

在由工业和信息化部与中国社科院工业经济研究所联合举办的《中国工业经济运行夏季报告》新闻发布会上，工业和信息化部门总工程师、新闻发言人朱宏任指出，物联网是一个新概念，至今为止还没有一个约定俗成的、大家公认的概念。

从宏观角度来讲，物联网是指各种传感器与互联网连接的技术。它是一项新的技术，为此受到人们的高度重视。其实物联网在我们生活中也十分常见，如商品上的条形码，它们与互联网连接，通过扫描这些条形码我们可以掌握商品的具体情况。

物联网的概念由 MIT（美国麻省理工学院）中的凯文·阿什顿（Kevin Ashton）提出，他的定义很简单：将所有物品通过射频识别等信息传感设备与互联网连接起来，实现智能化识别和管理。在凯文·阿什顿对物联网做出定义之前，《未来之路》一书中便首次从物流、金融、能源、零售等方面对物联网的应用场景进行了描述。

从某种意义上讲，我们可以将物联网看作自计算机、互联网之后的世界信息产业第三次浪潮，但它并非一个全新的技术领域，而是现代信息技术发展到一定阶段后出现的一种聚合性应用与技术提升，其随着传感网、通信网、互联网的成熟与积淀，人类生产、生活方式的变化应运而生。目前，关于物联网的定义，有一个约定俗成的说法，即按照约定的协议，利用射频识别（RFID）、传感器、激光扫描等信息传感设备将所有的物品与互联网连接起来，进行信息交互和通信，从而实现智能化识别、定位、监控、管理的一种网络。换句话说，物联网就是一个物物相连的互联网，从具体上来讲，它主要包含两个方面的含义：第一，互联网是物联网的核心与基础，物联网的建设与延伸是建立在互联网的基础上。第二，物联网的用户单延伸至所有的物品，实现了信息物品信息交换和沟通，这也就是物物相息。物联网将智能识别、智能感知等通信感知技术广泛应用与网络融合，它是互联网应用的拓展延伸。所以将物联网看作业务和应用更为妥帖，这在一定程度上也决定了物联网的发展核心——应用创新。

（二）物联网的结构

目前，关于物联网技术体系的说法有很多，但是世界上大部分专家普遍认为它主要包含三个层次：感知层、网络层、应用层。假如我们将物联网比喻成人，那么人的皮肤及五官便是它的感知层，人的大脑和神经是它的网络层，人在社会中所做的各种实践行为便是它的应用层。

感知层。感知层的主要作用是收集信息、识别物体。首先，信息的收集。它主要针对的是现实世界中发生的事件及物品的数据信息，如物品的位置信息、物品的体态信息等。通常情况下，物联网感知层职能、作用发挥的设备有很多，如传感器网络、GPS、传感器等。与此同时，通过利用职能传感器信息采集技术采集物品的基础信息，并接收上一级流程传送过来的控制信息，结合二者信息做出相应的操作。这好比所有的物品都拥有了嘴、耳和手，物品不仅可以将自身信息发送到网络层，而且还可以同时接收网络层下达的指令，并做出相应的操作。如果在现实社会中，所有的物品都拥有了这些功能，那么可以说物联网环境下的所有物品都拥有了人体的皮肤和五官功能。

网络层。我们将网络层比作人体的大脑和神经，其主要作用是处理、传递信息。感知层将收集到的信息数据快速、准确地传送至数据中心，为了保障远距离传输数据信息的目标，在传递过程中要保障数据信息传递的安全性，进而实现各项数据相互连接的目的。物联网的这个过程也可以看作人利用飞机、火车等交通工具进行的区域流动。实际上，网络层中有诸多的网络和数据管理中心，其功能与人的神经和大脑的功能相似。

应用层。所谓应用层，就是将汇总、收集到的各项数据进行分析，结合分析结果做出决策，并最终应用在各个部门，从而使物联网的功能全部发挥出来。从整个过程上来看，物联网是一种社会功能的应用，它结合自身与社会各个行业的特点及需求，使其实现智能化发展，推动整个社会的管理模式及生产方式的变革。

（三）物联网的关键技术

智能化时代的到来，智能科技热潮的发展趋势都指出物联网会是下一个技术应用发展的关键。因此，越来越多的人将目光集中在了智能科技物联网上，那么想要从事物联网行业需要了解哪些主要的技术呢？下面具体介绍一下。

1.射频识别技术

通常情况下，我们将无线射频识别技术简称射频识别技术（RFID），它是一种自动识别技术。它主要是通过利用无线射频技术进行非接触的双向数据通信，如对电子标签、射频卡的读写，通过这种方式来实现目标识别及数据交换的目的。从某种意义上来讲，射频识别技术被认为是21世纪发展潜力最大的信息技术。

完整的RFID系统由阅读器（Reader）、电子标签（Tag）和资料管理系统三部分组成。其工作原理为利用阅读器进行资料管理系统与电子标签的非接触式的数据通信，进而实现物品识别的目的。当前，RFID的应用领域十分广泛，如物料管理、门禁管制、动物晶片及停车场管制等。

射频识别技术之所以在很多领域得到广泛应用，与其自身优势有很大关系。从射频识别技术的外表来看，其载体一般具有防水、耐高温、防磁等特点，这样可以有效保证射频识别技术可以在各种恶劣的环境下正常使用。此外，从射频识别技术的使用方面来看，它具有如下优势：第一，资料更新及时。在人力、物力、财力减少的情况下，射频识别技术可以实现资料的实时更新，并提升工作的便捷性。第二，存储量大。射频识别技术主要是利用计算机进行存储，为此其存储最大可达到数兆字节，由此可以看出其存储量十分大，从而可以保证工作的顺利开展。第三，使用寿命长。只要不是故意损毁，并在使用中拥有一定的保护意识，射频识别技术是很难被损坏的。第四，工作效率高。从某种意义上讲，射频识别技术的应用改变了传统信息处理的方式方法，实现了多目标信息同时识别，这在无形中提升了我们的工作效率。第五，安全性高。一般情况下，射频识别技术设有密码，很难被伪造，因此它的安全性也比较高。传统的条形码识别技术与射频识别技术有一定的相似之处，但是传统条形识别码技术的信息资料更新、信息存储量，以及使用寿命、工作效率等方面都与射频识别技术有较大的差距，已经很难满足当前社会发展的需求，同时也很难满足相关领域的需求。

2.传感器技术

传感器是获取信息的重要手段，它与通信技术、计算机技术并列为信息技术的三大支柱。一般情况下，传感器主要由四个部分组成：转换软件、敏感元件、辅助电源、变换电路。物联网共分为感知层、网络层和应用层三层。其中，感知层负责信息采集和物物之间的信息传输，信息采集技术包括传感器、条形码和二维码、RFID射频技术，音视频等多媒体信息技术；信息传输技术包括远近距离数据传输技术、自组织组网技术、协同信息处理技术、信息采集中间件技术等。感知层是实现物联网全面感知的核心层，是物联网中的关键技术之一。

作为物联网的"触手"，传感器在如今信息快速发展的时代具有十分重要的作用，是整个物联网中不可或缺的一部分，是采集目标信息的重要手段。目前，传感器技术已经被应用到各个行业，如工业生产、环境保护、医疗检测及生物工程等。同时，传感器技术也逐渐朝着智能化、微型化及数字化的方向发展。从当前传感器技术在各个领域的应用情况来看，当前该技术的应用难点主要来源于恶劣环境下的种种考验，如高温等。在这些不良环境因素的影响下，传感器灵敏度会发生变化，抑或产生零点漂移。除此之外，在安装传感器时也需要考虑如何克服横向力的问题。

3.嵌入式系统技术

物联网是基于互联网的嵌入式系统。在早期，嵌入式系统曾经历过单片机时代，直至21世纪之后，随着科学技术的飞速发展，才逐渐进入多学科支持下的嵌入式系统时代。嵌入式系统从出现之日起，就将物联作为发展目标，具体来讲其主要表现在两个方面：一是将系统嵌入物理对象之中，二是实现物理对象的智能化。目前，市面上有很多的嵌入式系统，而且只要它们可以实现系统设备网络通信能力的提升及融入智能信息处理技术，便可以应用在物联网之中。

如果我们将物联网比作人，那么传感器就相当于人的眼睛、鼻子等感知器官，网络就相当于人的神经系统，而嵌入式系统好比人的大脑，掌管各种信息的处理。所以，嵌入式系统技术的重要性不言而喻。

4.云计算技术

云计算技术是物联网涵盖的技术范畴之一。从某种意义上讲，云计算属于一种灵活的IT资源组织和提供方式。它支持数据分布式存储，同时也可以对这些数据进行并行处理，一般情况下其数据处理框架为本地计算机处理的大部分数据，而且不需要对这些信息进行远程传输。

在物联网飞速发展的环境下产生了大量的数据，这无疑给传统硬件架构服务器产生了巨大的冲击，它已经无法满足物联网数据管理和处理的需求，而云计算在物联网中的应用将在最大限度上解决这一问题，这对提升运作效率有积极意义。可以说，如果将物联网比作一台主机的，它的CPU就是云计算。

云计算是采用分布式计算的方式，将大量的计算分布在多个独立计算机上，这从某种程度上讲计算能力便具有了商品的流通性质，好比日常生活中的煤气、水电等，比较廉价。百度上的检索功能，就是云计算应用中的一种。

（四）物联网的特点

1.物联网也是互联网

物联网，即物的互联网，属于互联网的一部分。物联网将互联网的基础设施作为信息传递的载体，即现代的物联网产品一定是"物"通过某种方式接入到互联网，而"物"通过互联网上传/下载数据，以及与人进行交互。举个通过手机App远程启动汽车的例子，当用户通过App完成启动操作时，指令从已接入互联网的手机上发送到云端平台，云端平台找到已接入互联网的车端计算机，然后下发指令，车端计算机执行启动命令，并将执行的结果反馈到云端平台；同时，用户的这次操作被记录在云端，从而用户可以随时从App上查询远程开锁记录历史。"物"接入互联网，数据和信息通过互联网交互，同时数据和其他互联网应用一样汇聚到云端。

再举一个例子，一个具有红外模块的手机，可以通过发送红外信号来开关客厅的电视机。这种应用在功能机时代十分常见，那么这个场景属于物联网应用吗？看起来很像，同样是用手机操纵一个物体，不过此时你的电视并没有接入互联网，你的手机可能也没有，手机和电视的交互数据没有汇聚到云端，所以这个场景不属于现代物联网场景。

2.物联网的主体是"物"

前面说现代物联网应用是一种互联网应用，但是物联网应用和传统互联网应用又有一个很大的不同，那就是传统互联网生产和消费数据的主体是人，而现代物联网生产和消费数据的主体是物。

我们可以回想一下自己上网娱乐的日常：刷微博、写微博的是人，看微博的也是人；看短视频的是人，拍短视频的也是人；上淘宝买东西、下单的是人，收到订单进行发货的也是人；上在线教育网站学习，写课程的是人，学习课程的也是人。在传统互联网的应用场景中，生产的数据是和人息息相关的，人生产数据，也消费数据，互联网平台在采集这些数据之后，将分析和汇总的结果应用到人这个主体上，比如通过你的偏好推送新闻、商品等。不过在现代物联网的应用场景下，情况就有所不同了。首先数据的生产方是"物"，比如智能设备或传感器，数据的消费者往往也是"物"，这里举个例子。在智慧农业的应用中，孵化室中的温度传感器将孵化室中的温度周期性地上传到控制中心。当温度低于一定阈值时，中心按照预设的规则远程打开加温设备。在这一场景中，数据的生产者是温度传感器，数据的消费者是加温设备，二者都是"物"，人并没有直接参与其中。

当然，在很多现代物联网的应用场景中，人作为个体，也会参与数据的消费和生产，比如在上面的例子中，打开加温设备的规则是人设置的，相当于生产了一部分数据。同时，在打开加温设备时，设备可能会通知管理人员，相当于消费了一部分数据。但是在大多数场景下，人生产和消费数据的频次和黏度是非常低的。例如，我可能会花3小时来写一篇博客，但我只会花几分钟来设置温度的阈值规则；我可能会刷一下午的抖音，但不会花整个下午的时间一条条地看孵化室的温度记录，我只要在特定事件发生的时候能够收到一个通知就可以了。在这些场景下，数据的主体仍然是"物"。因此，这就是物联网和传统互联网最大的不同：数据的生产者和消费者主要是物，数据内容也是和"物"息息相关的。

（五）物联网的前景

物联网的应用场景非常广泛，包括智慧城市、智慧建筑、车联网、智慧社区、智能家居、智慧医疗、工业物联网等，在不同的场景下，物联网应用的差异非常大，终端和网络架构的异构性强，这意味着在物联网行业存在足够多的细分市场，这就很难出现一家在市场份额上具有统治力的公司，由于市场够大，因此能够让足够多的公司同时存活。这种情况在互联网行业是不常见的。互联网行业的头部效应非常明显，市场绝大部分份额往往被头部的两三家公司占据。

物联网模式相对于互联网模式更"重"一些。物联网的应用总是伴随前端设备，这也就意味着用户的切换成本相对较高，毕竟拆除设备、重新安装设备比动动手指重新下载一个应用要复杂不少。这也就意味着，资本的推动力在物联网行业中相对更弱。如果你取得了先发优势，那么后来者想光靠资本的力量赶上或者将你挤出市场，那他付出的代价要比在互联网行业中大得多。

所以说，物联网行业目前仍然是一片蓝海，小规模公司在这个行业中也完全有能力和大规模公司同台竞争。在AI和区块链的热度冷却后，物联网很有可能会成为下一个风口。作为程序员，在风口来临之前，提前进行一些知识储备是非常有必要的。

2019年大约有36亿台设备主动连接到互联网，用于日常任务。5G商用将为更多设备和数据流量打开大门。物联网未来的发展将与数字经济、人工智能、5G及后5G密切相关。

1."互联网+"与物联网

易观国际集团董事长于扬在2012年11月第一次提出"互联网+"的概念，他认为传统和服务都应该被互联网改变，移动互联网只是这个"互联网+"的一个通道，未来"互联网+"是下一个社会基础设施。政府报告中曾对"互联网+"的概念进行了相应的解释，并指出它是一种以信息经济为主流的经济模式，是知识社会创新2.0与新一代信息技术的发展与重塑。它可以在一定程度上推动云计算、互联网、物联网及大数据与现代制造企业的深度融合，同时也可以在一定程度上推动电子商务、工业互联网及互联网金融的发展，推动互联网企业国际市场的开拓进程。"互联网+"概念的提出主要是为了运用互联网信息技术，推动国内相对落后地区制造业的全面发展，如生产效率的提升、生产品质的提升、营销能力升级与创新等。换句话来讲，也就是通过信息流来带动物质流，提升整体产业的国际影响力。

2.边缘计算与雾计算

物联网设备在以超乎想象的速度产生数据。我们以智能摄像头为例，随着科学信息技术的飞速发展，其分辨率由1080p提升至4K，如果持续使用一天，它所采集的信息数据量将高达200GB。同样智能医院、智能工厂及自动驾驶等方面，它们一天所能产生的数据约为3TB、1PB、4TB。

如果物联网中所产生的这些数据，被源源不断地上传至云端，那么其存储压力也会与日俱增，因此提出了边缘计算的解决方案。所谓边缘计算，是一种在物理上靠近数据生成的位置处理数据的方法。边缘计算可以看作无处不在的云计算和物联网的延伸概念；雾计算的概念与边缘计算相比范畴更大，它包含了边缘计算，实现了云计算和边缘计算的自适应融合。

从本质上来讲，边缘计算是对智能和计算的一种移动，即将其从网络中的集中式数据服务器移动至网络边缘硬件之中。在边缘计算中，传感器收集到的数据不用发送至中央服务器，而是直接使用本地硬件进行数据处理，然后将数据处理结果反馈至云端。一般情况下，边缘计算主要具有以下几个方面的优势：（1）进行理想的计算；（2）实现数据处理的实时性；（3）可以从各个边缘点收集处理的数据；（4）消除带宽限制，减轻原始数据的传输压力；（5）减轻数据中心的计算压力；（6）可降低云网络从数据中获得信息的依赖性；（7）提升对敏感数据管理的程度。通常情况下，边缘计算和雾计算主要被应用在以下几个方面。

（1）无人驾驶汽车。无人驾驶汽车的发展建立在多方数据计算的基础上，如实时交通数据、障碍及危险数据等，通过对这些数据的分析，从而做出正确的决策，进而避免交通事故的发生。虽然无人驾驶汽车依然需要利用云网络发送、共享、接收数据信息，但是我们也不能忽视本地计算在无人驾驶汽车中的重要性，尤其是在实时决策方面的作用。相关数据统计表明，无人驾驶汽车每小时可以产生3TB的数据。因此，如果无人驾驶汽车被广泛运用在日常生活时，则将会给云计算网络带来巨大的数据压力。另外，雾计算还可以用来计算本地流量数据，这种计算方式主要是对本地车辆信息的收集、处理，从而得出流量数据，并将其上传至云端共享，进而实现实时分析和决策。

（2）智慧城市。边缘计算和雾计算对于收集城市交通、建筑物健康、照明及行人等实时数据方面有重要作用。边缘计算节点不仅可以借助高分辨率来分析天气、交通及基础设施运营等方面的情况，同时还可以通过云为居民或访客获取这些信息。目前，在一些领域中已经出现了某种形式的边缘计算，随着技术的发展未来边缘计算将会得到广泛应用，如智能工厂、智能城市、智能制造及智能零售等，而它们在物联网中的应用，其信息数据的采集、上传离不开边缘计算设备及网关设备的支持。而这些边缘设备或者解决方案与分布式数据库、分布式数据处理共同构成了边缘计算体系。但需要注意的是，边缘计算体系并不是独立存在的，它往往与云计算产生的数据有较大的联系。

3.人工智能与第三次智能工业革命

AIoT（人工智能+物联网）成为物联网变革各行各业的有力工具。与物联网类似，人工智能也属于一种赋能的工具，给国民经济各行各业提供新方法、新视野和新玩法。

当人工智能与传统行业融合时，尤其是要对传统行业的核心生产经营流程进行优化、革新、重构时，中间需要物联网深入各行业核心生产经营流程中，获取感知数据和行业知识，在此基础上通过人工智能的能力来变革行业。

当物联网本身产业发展成熟度还不够时，与人工智能配合并不一定能给行业带来新的认知。而目前正是物联网对行业变革的规模效应初显的时候，AIoT正当时。AI技术早已远离了初期的炒作阶段，这种技术旨在学习、适应和识别模式，并大规模地模拟人类智力，无论是全自动汽车还是飞机自动驾驶系统，它们都可以在瞬间做出智能化的决策。

从某种意义上讲，AI技术和物联网属于共生关系。从通常情况下讲，AI的运行需要拥有强大的数据处理能力，而这个要求在大部分情况下只能通过裸机计算能力来实现。另外，速度和性能也具有十分重要的作用，因为瞬间做的决策可能是性命攸关的决定。除此之外，AI引擎所做的决策，需要快速而准确地反馈给物联网设备。例如，无人驾驶中的自动驾驶系统，不仅可以检测到危害人体生命安全的洪水灾害，重新规划路线，并将数据上传至物联网设备发出洪水警报，避免交通事故的发生。同时医疗设备可以自行为病人心脏除颤，同时向最近的医院发出求救信号。除此之外，还有很多关于这方面的实例，如信用卡欺诈检测、苹果Siri技术、亚马逊Echo生态系统等。

从以上的例子我们可以发现，AI技术对速度、数据量都有较大的需求，而AI技术以编程的方式来处理这些数据，并在此基础上做出实时决策。AI努力实现程序化的推理，同时在推理的过程中不断地进行自我纠正，进而完成学习。在企业经营生产中，AI技术具有无限的发展空间，AI技术在企业技术与企业生产经营中的应用，可以有效降低人为错误，同时也可以实现企业的数字化管理转型，从而最大限度提升客户体验。

4.物联网与工业互联网

消费领域对物联网概念的快速普及起到重要作用，工业领域给物联网带来了最大的价值。

（1）工业互联网主要有两类应用。其一，大型企业中的集成创新；其二，中小企业的应用普及。之所以出现这两种类型，很大程度上是受我国制造企业技术水平参差不齐的影响。

（2）工业互联网主要有三大体系。一是网络体系，它是工业互联网的基础；二是平台体系，它是工业互联网的核心；三是安全体系，它是工业互联网的保障。一般情况下，工业环境主要由以下几个方面组成：人、物品、车间、机器、生产、设计、研发、管理等。而工业互联网的三大体系在工业环境中的作用分工各不相同，其中网络体系主要负责的是企业所有生产链的泛在深度互联；平台体系主要负责企业数据汇总、数据分析，它在工业环境中既充当连接枢纽的角色，又充当智能制造的大脑；安全体系则是抵御工业环境中的各种风险，维持整个体系的正常运行。

（3）工业互联网的主要发展模式有四种。第一，一大联盟。它主要是指工业互联网产业联盟（AII）。第二，两大阵营。这两大阵营分别为应用型企业和基础型企业，其中应用型企业中主要包含离散型制造企业和流程型制造企业，而基础型企业中主要包含基础电信、互联网、自动化、集成商等。第三，三大路径。所谓的三大路径，主要指的是面向企业内部的生产效率提升，面向企业外部的价值链延伸及面向开放生态的平台运营。第四，四大模式。出发点不同，其模式也有所不同，如基于企业互联的网络化协同、基于供需精准对接的个性化定制，又如基于现场连接的智能化生产、基于产品互联网的服务延伸。

二、物联网与会计信息化的关系分析

（一）从影响视角分析

1.物联网解决了会计数据源问题，为会计信息质量实现提供了保障

目前会计信息化中，部分会计业务环节依然需要会计人员进行人工操作，而人工操作的方式本身就存在一定的缺陷，这在无形中降低了会计信息化处理的质量。但是将物联网技术应用到会计信息化建设之中，便可以在最大限度上减少人为操作环节，实现会计核算等操作，从而提升会计核算的客观性、可靠性。我们将带有详细商品信息的电子标签作为对象，通过使用会计信息系统，可以快速、准确掌握商品的各个数据信息，然后对商品进行相关信息的自动处理与确认，并结合实际需求生成相应的报表。例如，在企业生产经营活动中，运用电子标签的

方式将生产经营中的原材料、产品及设备等详细信息录入其中，从而使企业中的每一个物品都有一个独特的专属，并在此基础上在企业生产经营中的各个环节（采购、入库、生产、物流、销售等）增设感应设备，从而收集相关物品的信息，并将其录入数据库。企业工作人员可以利用数据库中的数据信息对物品实现跟踪，同时通过网络形式也可以全面展示物品的详细信息，再将这些信息传输到会计信息系统，为企业会计核算工作提供相应的依据。从宏观角度来讲，企业这一流程的实现在很大程度上依赖数据的录入与读取，而数据的录入与读取又依赖物联网技术及管理系统，因此整个过程没有人为的干预，这也在无形中保证了业务数据的真实性。另外，相关数据的收集发生在业务进行的过程中，而不是业务发生之后，所以这也保障了数据的实时性。真实及实时的数据可以提升会计财务核算的准确性，从而更加精准地反映财务的资产和运营状况，为企业决策的制定提供依据。

2.推动会计信息标准化规范建设

随着企业生产经营规模的扩大，企业的管理也逐渐朝着正规化的方向发展。从会计层面角度来讲，会计的标准化规范也将成为未来会计信息化发展的必然趋势。在传统模式下，并未对会计财务报表的形式作出明确规定，从而导致多形式财务报表现象的存在，而不同形式的财务报表的生成依据也各不相同，这在无形中导致无法有效整合各种财务报表信息，从而导致财务信息的信息化转化难以完成，与此同时也会在一定程度上影响财务报表数据的真实性、有效性。而物联网技术在无形中可以解决以上这些问题，从某种意义上讲，物联网时代的到来为企业会计信息化发展创造了良好的环境。以可扩展商业报告语言为例，语言是建立在基础之上的计算机语言，承担着财务信息及商业信息定义与交换任务，也是当前处理财务信息的主流技术之一。应用语言，可以依照财务信息的具体要求将财务报告内容划分为若干个数据源，在数据信息规则条件下对数据源标注上唯一的数据标记，从而生成标准化规范。借助语言实现财务报表信息标准化，能够为财务报告跨语言、跨平台交流与共享提供技术条件，为实现信息高效率应用奠定基础，且大幅度地降低了财务报表信息交换的现实成本。通过互联网进行会计信息分享，可以提高信息时效性，且能够分析财务信息存在的内在联系，为财务信息应用与作用发挥提供支持。物联网下的会计信息化解决了不同格式的会计信息交互问题，为提升会计信息服务效率及质量提供了帮助。

3.规避信息孤岛问题，提高会计信息协同度

信息孤岛是当前会计信息化建设过程中的典型问题，这个问题在一定程度上导致许多财务信息无法协同应用。另外，不同的企业所采用的财务软件也有所不同，为此数据的应用还需要重新录入，同时各个财务软件之间也无法做到兼容，

所以在导入、导出数据时会发生数据错误的情况，这在一定程度上降低了会计核算的准确性，进而增加了企业内部控制和子牙室内整合的难度。物联网技术在一定程度上可以很好地解决企业会计信息数据交互的问题，与此同时，它也为企业会计信息化提供了明确的技术标准和会计信息整合平台。在云计算中包含了众多的算法，同时将各项计算任务分配到计算机资源池中，并借助商业模式将计算能力分布到用户终端上。无论是云计算的软件，还是云计算的硬件都具有较高的集成度，这可以帮助企业在降低成本的同时提升企业的管理效果。另外，在云计算环境下，企业可以在同一个平台上处理财务信息，也可以加强财务部门与其他部门的联系，如经营部、决策部等，这样可以实现各个部门之间的高效沟通，从而解决信息孤岛的问题，提升企业会计信息的协同度。

（二）从"区块链"视角分析

所谓的区块链是一个结合多种技术的有序交易链，如密码学、分布式系统及博弈论等技术，同时它也是一个存储数据、信息的数据库。一般情况下，区块链具有透明、可追溯、不可伪造及无痕等特征。区块链的部分特征可以很好地应用在会计领域，如共享、公开、记录等。目前，我国对物联网建设的重视程度十分高，积极发展5G技术，并将物联网运用在会计领域。但是安全问题、数据价值的体现等方面的问题一直是限制物联网和会计融合的关键，然而区块链的融入可以有效解决这些问题。

1.会计核算应用

（1）确认。复式记账法是一种传统的记账方法，它拥有500多年的历史，但是随着时代的发展这种传统的记账方法将会被革新。区块链所运用的分布式记账方法，在密码学和多方存证的作用下，交易的不可抵赖和真实性得到了大大提升。这种方法无须实现借贷平衡，只需要由中心共识、抽签或投票等方法达成共识即可。随着市场经济的快速发展，无形资产的确认逐渐受到人们的重视，为此无形资产确认方式的革新显得尤为重要。会计信息化环境下，云会计录入与传统会计录入存在明显的不同，通过利用物联网电子标签技术，可以实时、准确地获取相关信息。从某种程度上讲，在物联网的万物互联及云计算的共同作用下，可以在短时间内实现会计确认。而区块链和物联网的结合使会计确认更加便捷。

（2）计量。我们可以将区块链看作因交易而形成的账户。有交易就会有顺序，而区块链便是由一系列有序交易组成的。在链上保留各个环节交易的信息，而且这些信息可以随时被查看，这在一定程度上可以提升计量属性的标准化，同时对财务数据的客观性也产生了一定的要求。货币具有时间价值，会计计量属性具有多样性，公允价值属性也得到重视。在传统会计计量中往往采用的方法十分简单，从而导致会计计量不够精准。随着物联网和区块链、大数据的结合，在会计计量过程中可以计算各种不定因素，这在无形中提升了会计计量的准确性。

（3）记录。利用RFID技术进行记录，从而实现管理的透明化。在物联网环境下，数据的读取工作将不再依赖人，企业中的各个部门都可以及时、准确地获得各项准确数据，进而提升其工作效率。区块链可以在一定程度上加强机器节点之间的相互自治，并形成一个有价值的物联网。一般情况下，区块链是由一个个区块组成，当一个区块的交易记录未完成时，下一个区块将无法开展。这些记录都是通过抽签"挖矿"达到分布式共识，如果没有得到认可是不可以记录的，这就在无形中保障了试算平衡，同时也避免了重复。

（4）财务报告。一般情况下，企业财务报告都是按照季度、年度的方式编制，随后再公示出来，为此企业财务报告的时效性并不是很理想。物联网与会计结合的目的之一是解决财务报告的时效性问题，而这关键在于将企业所有业务整合到财务报告之中。财务报告中的数据离底层原始数据越远，其真实性就越差，所以这也是目前大部分企业极力想证明其真实性的原因。在物联网时代，企业底层数据可以直接汇总成结果，这大大减少了人为干预的机会，提升了数据信息的真实性。而区块链的出现又在一定程度上降低了企业会计信息数据的滞后性，同时通过密码学技术提升企业财务数据信息的安全性。例如，公钥可以查看企业所有公开的信息，而私钥只能查看其允许看的信息，以此来防止信息的泄露。除此之外，私钥具有不可复制性，无论是谁都不能伪造，这在无形中保障了财务报告的安全与客观。

2.信息储存应用

物联网的信息存储离不开云计算和云存储的帮助，传统的存储方式受存储空间的限制只能保存部分重要信息，而云计算和云存储拥有较大的会计计算能力和存储空间。例如，我国自主研发的阿里云，通过利用ODPS（阿里云开放数据处理服务）技术，在短短20分钟之内就可以分析完浙江交通的全部数据，而实时路况数据的分析仅需要10秒。区块链上的信息储存在节点上，由分布式系统储存，全局统筹管理，为使用者提交的数据提供最合适的处理这也是保障区块链安全的一个重要原因。从某种意义上讲，区块链和物联网的结合在无形中提升了数据的信息安全，并在此基础上筛选出更多有用的信息。

3.审计应用

目前，企业审计工作主要是在事后进行，但是区块链与物联网的结合，使人们逐渐重视事前、事中的审计工作，从而更早地预防、发现、解决问题。在通常情况下，区块链具有公开性和透明性的特点，相关人员可以及时、准确地获取相关数据信息，这在一定程度上节约了审计时间，提升了审计效率。例如，在实物审计中，审计人员可以利用电子标签技术了解实物的详细信息，这可以最大限度减少人力、物力，从而降低审计成本。在物联网技术环境下，可以全面、立体地反映企业经营状况，从而得出客观的审计结果。另外，审计具有谨慎性，而物联网技术的运用在无形中可以提升审计结果的可靠性。

4.税务应用

虽然电子发票的普及为企业财务报销工作带来了一定的便利，但是它也在某种程度上产生了重复报销的问题，从而导致企业投入大量人力进行复核。物联网与区块链技术在企业发票终端的应用，可以将开票的全部流程体现在链上，每一个区块节点达成共识，可以有效保证发票的真实性，避免人为篡改及提供假发票的情况，进而减少企业会计工作者的工作量。

第二节　基于物联网的会计信息化建设模式与策略

一、物联网环境下会计信息化建设分析

（一）物联网与会计信息化发展结合的必要性

1.能够明确企业生产成本

企业在生产经营过程中都会产生成本，这是每个企业都无法避免的。而成本的多少在一定程度上直接影响了企业盈利的多少，为此每个企业都希望降低不必要的生产经营成本，实现利润最大化。物联网技术在企业会计信息化中的应用，可以帮助企业发现那些不必要的生产经营成本，并使其降低，从而降低企业经营风险，提升企业盈利水平。与此同时，物联网技术可以实现对企业生产经营中每个环节费用支出的监控，为此在物联网技术下，企业的成本支出变得更加透明，这样企业经营者便可以结合企业发展需求对各种成本进行调整，另外会计人员也可以对成本进行动态核算与管理。

2.完善数据源的问题

在原材料购买环节，企业便可以运用电子标签技术，将原材料的购买、入库、使用等信息传输至相关数据库之中，从而实现成本细节化管理。如果企业各项数据的真实性可以得到有效保障，那么企业会计工作也会得到一定程度的简化，即便是在工作中出现部分问题，也可以及时修正。但是在传统会计工作中，一旦发现问题，不仅不能及时解决，而且还会浪费更多的人力、物力。当企业各项数据具有了较强的时效性之后，其价值也将大幅度提升。与此同时，各个环节的信息量也会随之增加，从而保障了数据的完整性。

3.科学的对企业内部各部门进行控制与协调

从某种意义上讲，物联网可以对企业各个部门的工作情况进行有效监督。同时企业通过RFID技术可以实现对企业生产中各个环节的监管与调整。物联网技术作为会计信息领域的一项新兴手段，它可以在无形中提升会计监管工作的科学化。此外，物联网技术的应用可以协调企业各个部门，从而使企业经营更加规范化，同时也可以在一定程度上提升企业会计信息化建设水平。

4.促进实时会计系统的实现与完成

通常情况下，财务管理人员可以根据企业经营的状况进行有效的核算，但是在整个核算过程中会涉及大量的凭证。企业的每一笔经济业务都会产生相应的凭证，一般情况下企业记账凭证的自动化程度受凭证模板数量的影响，如果凭证的模板变多，那么其自动化程度越高，反之就越低。RFID技术的应用使企业所有业务环节处于监管之下，因此在企业在发生经济业务时，系统就会自动生成相关凭证，而企业会计人员只需要对生成的凭证信息确认即可，这在无形中降低了会计的工作难度，同时也最大限度地提升了他们的工作效率。与此同时，企业业务系统与财务系统的贯通，也提升了企业内部管理的智能化水平。

5.能够真实地反映企业的经营现状

目前，物联网在企业会计领域的作用日益显著，它依然成为企业内部控制、会计监督的有效手段。在物联网的作用下，企业可以对产品生产、产品供应、产品销售的各个环节进行监督，从而使企业业务流程更加清晰，同时也在一定程度上保障了企业会计数据的真实性和安全性。由此我们可以看出，物联网可以真实地反映企业的经营状况，企业经营管理者可以结合物联网中的数据信息做出正确的决策。随着物联网时代的到来，数据信息已经不再是限制企业经营发展的首要问题，智能化会计信息系统的应用可以迅速反映企业的经营状态及问题，同时实现业务与财务的统一，并成为企业经营管理者的得力助手。

（二）物联网环境下会计信息化建设的问题

1.会计信息化安全缺乏保障

虽然物联网对会计信息化建设具有一定的推动作用，但是物联网环境下的会计实务工作的安全性较差，存在会计信息泄露、丢失的风险，如黑客入侵系统窃取商业机密，会计信息系统因病毒而瘫痪等。这些问题都会影响企业会计信息的质量；也会影响会计信息的安全性和完整性，进而影响企业管理者做出正确的决策；除此之外还会影响企业会计信息化建设进程。

2.物联网环境下会计信息化发展尚不充分

就当前我国会计信息化建设情况来看，仍存在许多问题。第一，人才匮乏。

尤其是会计和计算机方面的人才匮乏，这在一定程度上延缓了我国会计信息化建设的速度。第二，相关理论研究滞后。虽然学术界已经有了关于会计信息化建设的理论研究成果，但是理论研究成果与当前我国会计信息化建设程度吻合度较低，大部分理论研究内容局限于会计理论、会计报告、会计信息系统，而关于物联网与会计信息化建设方面的内容较少，从而无法对实践进行有效指导。

3.物联网标准体系尚未健全

所有技术的应用和推广都需要相应的标准来规范其行为，所以物联网标准化体系的构建在会计信息化建设过程中十分重要。物联网是建立在互联网的基础上，而从互联网兴起及发展历程来看，正是由于统一的标准体系的规范作用，才使其发展壮大，但是目前物联网并未形成一个统一的技术规范标准体系。虽然部分国家针对物联网提出了相应的标准体系，但这些标准体系的提出是建立在自身国家利益的基础之上的，不能成为世界物联网标准体系，并且仍然具有一定的局限性。

二、物联网环境下会计信息化建设思考

（一）物联网环境下会计信息化建设思路

从根本上来讲，会计信息化建设是将会计职能与信息技术结合在一起的过程。通过借助互联网、计算机等技术手段不断优化会计核算、账务处理等工作方式，进而从多方面提升会计职能的履行水平。从国家层面上讲，会计信息化建设的目标是在五年至十年之间建立健全相关的法律法规，同时逐渐促进企业会计信息化的标准化建设，将 ERP 系统与会计信息系统有机融合在一起。从企业层面上看，会计信息化的目的主要是通过借助物联网等技术手段，实现企业会计信息与实物信息高度统一，从而提升企业的智能化管理水平，并提升企业会计信息化工作效率。

1.会计核算智能化

企业通过借助物联网技术解决了会计源信息的问题，将企业实物信息高效转换为会计信息，从具体上讲，这个过程主要是借助物联网 RFID 等技术手段。这些技术手段可以迅速生成实物信息，然后将其传输至会计核算系统，进而生成财务报告，与此同时企业会计核算的效率也大大提升。第一，会计信息获取的智能化。传统会计信息系统环境下，会计信息的获取方式为人工录入，这种方式存在一定的风险，如会计信息录入错误、伪造单据凭证等，而物联网技术的应用可以很好地规避这些问题。RFID 电子标签技术可以实现对企业产品、资产的全方位监控，

如产品的出库、运输、验收入库等信息都可以在会计信息系统中得到实时反映，从而提升了会计信息源的质量。第二，会计信息处理的智能化。物联网技术的应用在很大程度上解决了会计信息无法被会计数据处理中心读取的问题，推动了企业会计信息标准化建设进程，同时也提升了企业会计信息处理的智能化。第三，会计报告的智能化。物联网技术在会计信息化体系的应用实现了会计信息系统标准的统一，使会计信息得以共享。与此同时，物联网技术的应用也在无形中实现了财务报告的跨语言、跨平台的利用，进而提升财务报告的决策能力，同时提升了财务报告的智能化水平。

2.会计监督智能化

首先，信息融合程度大大提升。物联网与企业会计信息系统的融合，可以实现"三流融合"，即物流、资金流、信息流，这样可以实时观测企业经营状况，进而提升企业经营管理效率。其次，强化协同能力。从某种程度上讲，物联网技术消除了企业各个部门之间的边界，为各个部门之间的交流、沟通创造了良好的环境，这也为企业会计信息资源的共享与整合提供了有利条件。在一般情况下，企业各个部门之间沟通协调能力的提升，可以大幅度提升会计业务的处理效率和质量，同时企业其他部门也可以随时查看与本部门相关的会计信息，为部门计划的制订和调整提供会计信息支持，由此可以看出物联网技术的应用使企业各部门之间形成了相互支持的协作模式。从外部协作的角度来看，物联网技术在会计信息系统的应用提升了企业与价值链中各个企业之间的协作效率，这有助于提升整个价值链的竞争力。

（二）物联网环境下会计信息化建设路径

1.推广物联网技术在会计领域中的应用

物联网环境下的会计信息化具有十分重要的意义，它不仅可以拓宽会计学的应用范围，而且也可以加深会计从业人员及研究人员对会计学的认知和理解，提升会计信息化的效用价值。企业或组织将会计信息共享到信息平台，而其他企业或组织就可以利用信息平台上的会计信息做出经营决策。这样不仅可以实现会计信息的价值，同时也为企业和组织带来了新的发展机遇。物联网自诞生至今，得到了快速发展，其操作方法与运营理念也在不断革新，为此相关从业者和研究人员需要不断更新自身知识库，并不断学习前沿的物联网知识，并将其应用到企业会计信息化管理之中。除此之外，相关从业人员还要积极强化自身专业素养，并在此基础上积极引进高水平的专业人才，推动我国物联网会计信息化建设的进程。

2.加强新技术的标准化建设

行业的健康发展需要建立在相应标准制度的基础上，如果没有相应的标准，那么活动的开展将失去规范，从而导致企业经营管理者不清楚企业的发展状况，同时也无法及时、准确了解企业战略目标的完成情况，最终导致企业各项工作开展混乱。目前，物联网缺乏相应的标准制度，所以为了促进会计信息标准化建设，当务之急应当是加强物联网标准化制度的建设。在构建物联网标准化制度时需要为以后其完善留下足够的空间，与此同时在物联网标准化制度实施过程中也要不断收集相关反馈信息，从而不断优化物联网标准化制度。

3.应用会计信息技术提升管理水平

从某种程度上来讲，会计信息化建设可以提升企业会计信息的使用效率，同时会计信息化建设也可以提升会计信息收集、处理的能力，从而推动会计事业的快速发展。随着物联网与会计信息化建设的融合，企业会计信息化管理的思路和方法有了新的发展方向，这也在无形中推动了会计信息化建设进程。企业的会计管理水平在一定程度上受物联网技术与信息技术应用水平的影响，因此要想提升企业会计管理水平，就需要提升企业的信息技术应用能力，并将物联网技术应用于企业会计管理工作之中。当前物联网的发展处于初期阶段，未来有很大的发展空间，为此企业应加快自身信息化建设进程，在信息技术的作用下，促进物联网技术对会计学的应用发展。

4.加强政府监管和正确引导

物联网作为一个新兴事物，目前它的管理制度并不是很健全，所以应当将物联网会计信息化建设置于法律保护的环境中，从而最大限度上降低其风险。物联网的发展需要经历一个漫长的过程，这不仅是一个不断完善优化的过程，也是物联网与会计信息化共同发展的过程。从宏观经济角度来看，物联网技术发展水平在一定程度上反映一个国家的经济发展水平，同时物联网技术也可以推动国家经济的增长。为此国家应加强对物联网的监管，并制定相应的管理措施。此外，政府还可以采用一定的措施引导进行，不断规范物联网的管理制度。

5.加大会计专业人才建设投入

一般情况下，行业和技术的发展与相关从业人员的专业水平有很大关系，因此专业人才成为行业和技术发展的关键。在物联网会计信息化建设中，专业信息技术人才是其发展的前提与基础。具体来讲，可以从两方面加快专业信息技术人才的培养。第一，社会及政府加大对物联网及会计信息化建设的投资力度，重点关注新技术和理论知识的动态，从而为从业人员提供优质的学习资源；第二，社会各界及相关从业人员也应重视物联网会计信息化建设，充分认识它对会计行业发展及企业的作用和意义，适当调整信息化专业人才的薪资待遇，从而鼓励更多的人加入会计信息化建设队伍之中。

（三）物联网环境下会计信息化建设要求

1.建设前提

不管是会计电算化，还是会计信息化，都是建立在计算机应用技术的普及和互联网信息技术快速发展的基础上。物联网技术的发展是建立在互联网信息技术的基础上，但是二者在应用范畴上有所不同，会计信息化发展离不开物联网技术。此外，由于物联网的发展时间较短，与之相关的商业发展模式不够成熟，其管理制度体系也不够完善。目前，物联网的应用主要依赖企业和运营商的管理，为此构建健全、完善的物联网商业模式及相关标准制度是推进物联网会计信息化进程的前提。

2.理论支撑

物联网环境下，会计信息化建设需要一定的理论来指导实践活动，如计算机理论、会计信息化理论及物联网理论等，这对传统会计理论提出了更高的要求。除此之外，随着社会经济地不断发展，会计的管理范畴也不断扩大，将物联网融入会计实务已经成为当前社会经济发展的必然趋势。

3.建设目标

所谓会计信息化建设，主要指的是将信息技术与互联网技术融入会计学科之中，从而借助其信息技术优势提升企业会计工作质量。从某种意义上来讲，会计信息化建设的主要目标是实现会计核算的智能化、精准化。会计核算的智能化主要指的是按照预设的程序标准，实现会计工作各个环节（记账、预算编制、财务登记等）的高效完成。会计核算的精准化主要针对的是会计核算结果，通过减少人为操作，提升其结果的准确性。

4.建设途径

会计信息化建设不仅需要信息技术的支持，而且也需要明确其建设目标，但是会计信息化建设途径的关键在于会计信息化软件。通常情况下，会计信息化软件的品质直接影响了会计信息化系统功能的实现程度。此外，物联网环境下的会计信息化建设离不开物联网技术的参与，通过信息系统实现物与物之间的连接，实现虚拟系统与现实会计的有效连接，促进会计事业的快速发展。

（四）物联网在会计信息系统设计中的应用

1.系统开发阶段

首先，想要实现物联网功能的最大化，就需要将其与大数据、云计算及数据挖掘技术等结合起来。物联网环境下，企业会计信息系统的建设需要企业与外界云计算服务商合作，并在此基础上展开会计信息化建设工作。其次，在明确会计信息系统开发目标和战略规划之后，需要进一步明确会计人员的控制责任，完成人员操作的权限设置。最后，在完成人员操作权限设置之后，还应当把会计信息系统中的参数、模板的设置结合物联网技术为企业提供多种控制选择，从而最大限度地提升会计信息系统的使用价值。

2.系统运行阶段

此阶段的任务主要有两个：一是会计核算，二是系统日常管理。

会计核算。首先，企业发生原材料购买业务时，对购买的材料嵌入RFID标签，这样原材料物品的各种信息便会存储在数据中心，一旦这些属性发生变化，会计信息系统也会做出相应的更新变化。另外，在入库、领用、生产、销售等各个环节设置相应的感应器，并利用物联网RFID技术，实时更新物品数据信息。其次，企业成本核算时，物联网技术在会计信息系统中的应用使标准化成本核算成为企业成本核算的首选方式，这就需要运用到采购模块和库存模块，企业会计人员在借助物联网技术及会计信息系统的基础上便可高效完成核算任务。最后，企业会计凭证、报表输出时，RFID技术在企业各个环节的应用，可以帮助企业自动生成相关凭证，并传输至会计信息系统，再由会计人员确认最后生成账簿信息。除此之外，企业的财务报告还可以采用可扩展的财务报告模式，这样不仅可以实现实时追踪，同时也有助于企业管理者深入分析企业经营状况，并依此做出正确的决策。

系统日常管理。首先，人员管理。企业中每一位会计人员都有一种借助RFID技术的电子芯片，它不仅是员工个人身份、权限的象征，而且也可以实时记录与工作相关的一切数据信息，通过红外线感应、全球定位、激光扫描等技术实时监督员工的工作情况。其次，业务流程管理。物联网技术在企业会计信息系统设计中的应用，可以建立分析决策数据库，同时企业管理者可以利用数据仓库、数据挖掘等技术全方位了解企业采购、生产、销售等各个环节的业务活动。最后，在会计信息化系统的日常维护中，企业可以租用专业的云计算数据存储中心，同时设置专业团队负责硬件管理和系统维护，如运用物联网安全技术进行数据安全的维护。

3.相关子系统设计

（1）系统硬件设计。RFID标签主要是用于存储和传递数据，读取器主要是用于读取RFID标签中所记录的数据信息，无线链路主要是将读写器读取的数据信息传输至数据中心，数据中心的主要功能是处理、管理接收的数据信息。

（2）系统软件结构设计。

1）数据接收和发送模块：主要是借助RFID技术接收读写器中的数据，并对读写器发出相应的指令。

2）数据转换模块：主要按照提前设定好的协议，对接收的数据进行解析，从而方便相关工作人员查看，同时按照协议规定对需要发送的数据进行编码，以便数据接收模块对数据进行接收和识别。

3）数据存储和处理模块：主要是对数据进行识别处理，并删除重复、错误的数据。

4）应用层模块：主要应用与资产添加、报废管理，资产实时查询、资产历史查询及标签生成等。

第八章　构建财务共享中心

第一节　财务共享的时代背景

一、财务管理面临的机遇与挑战

随着互联网、云计算及智能化管理的不断推进，财务管理也面临转型，这既是机遇也是挑战，而且是实现企业数字化转型的重中之重。同时，企业财务管理的转型是由内部需求为主要驱动，在新一轮的产业升级中，技术的快速迭代与变革，以及政策的扶持与鼓励，都为财务管理的转型做好准备。

（一）财务管理面临的机遇

1.新一轮的产业升级

产业升级是社会发展与变革的重要推动力量，新一轮的产业升级更是促进财务管理转型过程中一个非常重要的因素。在新一轮的产业转型中，当务之急就是对企业的财务工作提出新的要求，即让原来的财务集中转变为财务共享的模式，使财务与业务进行有机的融合，让财务共享服务中心逐渐走向普及，并且为财务管理工作的创新打下坚实的基础。

2.企业内部管理的升级

企业在发展过程中，会随着市场与业务的发展而不断进行优化，尤其是企业内部的管理工作，往往能最先感受到变革的需求，成为拉动财务升级与变革的另一只手。也就是说，企业内部的管理需求要求财务、业务甚至企业发展战略为统一体。在日益严峻的经济压力下，企业战略转型和精细化管理、风险管控和优化产业结构的需求都显得更加迫切，而财务管理升级也促使财务管理部门的职能发生较大的变化，进而在推动企业技术创新、管理创新、资源优化配置等方面发挥重要作用。

当今社会，企业管理正朝着精细化管理的方向快速发展，这就促使财务管理必须适应和满足企业发展的速度。具体而言，就是要加速业财融合、管控升级、消除冗余、自动核算及提升效率，使财务管理过程逐渐实现标准化、流程化、自动化和智能化，进而推动财务职能的转型。

3.政治环境的支持

2015年，为了改善不良产能，扭转低端供给局面，加快调整供给结构，并寻求新的增长点，我国提出了深入推进供给侧改革的实施意见。2020年10月，党的十九届五中全会提出，"十四五"时期经济发展要以推动高质量发展为主题。2022年10月，党的二十大报告提出，高质量发展是全面建设社会主义现代化国家的首要任务。在这样的大背景下，企业财务管理理念也随之发生了改变，从原有的程序化的单一管理模式，逐渐向精细化、风险防控和优化资本结构的方向转型。

4.新技术的有力支撑

（1）技术推动下的三个阶段。新技术的不断推陈出新，尤其是"互联网+"时代的到来，使各行各业都遇到了前所未有的发展机遇。就财务管理来说，新技术为财务职能的转型和变革提供了强有力的技术支撑，极大地促进了财务管理的升级迭代过程。大体上，这一过程经历了三个阶段。

1）PC时代：以单机版的会计电算化为主。

2）互联网时代：以集团财务支撑企业的规模化经营和管控。

3）云计算+大数据时代：以管控服务型的财务共享和管理会计为代表，在这个阶段，财务管理进入互联、共享、智能的新时代。

经过以上三个阶段，财务管理的模式和工作重点发生了颠覆性的变化，不仅在流程上进行了变革，而且在财务职能的层面也发生了明显的转变，并逐渐体现出专业化和精细化的特点。

（2）大数据点燃财务管理变革之火。近年来，大数据作为一个热门概念被人们反复提及。大多数人第一次听见大数据这个词，往往会按照字面意思去理解，认为大数据就是大量的数据，大数据技术就是存储大量数据的存储技术。其实不然，按照一般的解释，大数据是指无法在一定时间内用常规软件工具进行捕捉、管理和处理的数据集合，是利用新的手段存储并分析海量数据后，挖掘出数据价值的过程。

（二）财务共享的特点和优势

作为一种创新的管理模式，财务共享服务具有许多的特点，在诸多机遇面前，这些特点将被转化为不可替代的优势。

1.服务性

财务共享的提出最初是为了加强财务部门对企业的支持和服务，通过整合和裁掉冗余部门，让财务的真实价值得以凸显，从而更好地服务企业的业务部门。因此，财务共享服务的发展，不是财务部门自身发展的需要，而是以更好地服务企业需要为目标，因此，服务性是其最基本的特点。

2.技术性

共享服务中心很大程度上要依赖于高效率、高度集成的软件系统和电子通信，财务共享更是如此，它需要更加全面、深入地借助各种先进技术。财务共享服务起源于20世纪80年代，这和当时计算机技术的发展不无关系；那么，近几十年越发凸显出它的高效和优势，这也和互联网、大数据技术、云存储的发展密切相关。可以说，财务共享的发展是建立在当今科技发展的基础之上的。

3.规模性

共享服务管理模式最具吸引力的部分在于它能够通过合并以前协调性非常差的业务活动来形成规模经济，从而降低企业的交易成本。此外，企业的财务部门具有相对僵化的成分，无论业务发展情况如何，总要设立相应的财务职能部门。然而，随着企业的发展，传统的财务管理模式会越来越臃肿，且效率低下，甚至在某种程度上还制约了企业的快速发展。因此，在这样的背景下，财务共享应运而生，它是规模管理企业财务工作的重要途径。

4.统一性

共享的前提是具有统一的标准，从而使企业在不同国家、地区，以及文化习俗下都能简便地、顺利地实现财务管理工作。共享服务中心之所以能提高效率、降低成本，原因就在于其对集中起来的不同业务单位的非标准化业务流程进行标准化，建立统一的操作模式，运作统一的流程，执行统一的标准，这样既可降低管理成本，又有利于企业的规模扩张。

5.专业性

共享服务中心是一个独立的商业实体，具有高度的专业属性，只有具备高级专业化知识的人才能胜任。也正是这种高度的精细化和专业化，才能很好地满足客户各种层次的需求。

6.多样性

传统财务处理的都是结构化数据，即由二维表格结构来表达和展现的数据，如企业中用Excel表格来展现的都是结构化数据，会计分录也是一种结构化数据。但是，在财务共享时代，既有结构化数据也有非结构化数据，而且企业中80%的数据都是非结构化数据，这些非结构化数据源于合同扫描件、Office文档和其他票据文件等。如果使用原有的处理方式就会比较耗时、烦琐，由于财务共享是基于大数据的管理模式，因此能够处理多种多样的数据信息，无论是数字还是图片，都能高效处理，从而大大提高工作效率。

7.时效性

财务共享服务平台的建立，能够让处于全球不同国家、不同时区的人同时享用一个数据，因此，可以得到及时的反馈，这在大型企业里也是一种十分重要的竞争能力。尤其在互联网时代，效率就等于一切，稍有迟疑和耽搁，就可能会造成业务的下滑和客户的流失，时间就是金钱，在竞争激烈的现代企业之间，争分夺秒是非常普遍的现象。由于云服务的支持，共享财务可以让业务部门和财务主管部门实现零障碍的沟通，这极大地提高了工作的时效性。

（三）财务管理面临的挑战

1.财务人员的转型挑战

（1）知识结构的转型。在社会背景、科技迭代及企业内部发展需求的多重因素下，财务管理的转型面临着新的机遇。然而，财务管理的改革必然需要财务人员的转型，而原有工作流程下的财务人员，其知识储备与技能都无法满足财务转型的需要。原来的财务人员只要掌握一定的专业财务知识技能，会使用基本的办公软件就可以完成绝大部分的财务工作。而在数字化和"互联网+"时代，财务管理职能的转变，也意味着财务人员只有拓宽知识结构，掌握更多的新技能，才能胜任更高级、更深入、更全面的财务工作体系。

（2）技术能力的更新。除了意识和理念的改变，具体到技术操作层面，当今的财务人员不仅需要掌握财务专业知识和基本的办公软件，而且需要熟练掌握数据分析的能力。在大数据时代，只有掌握了数据分析能力，才可以对各行业的商业发展具有洞悉本质的能力。具体到操作层面，则要求财务人员掌握大量的Excel公式、规划求解、宏和VBA编程的能力，还要能够编写一些基本的结构化语言，如SQL语句。信息化应用则包含ERP系统的熟练操作，国际上比较知名的有"甲骨文"，国内具有代表性的是"浪潮"。

（3）综合能力的提升。当前发展趋势下，企业需要的财务人员是更高级、更全面的高端人才，企业对财务人员的要求是创造更多价值，而不是执行基础的职能，因此，财务人员面临着前所未有的挑战，需要在总体能力上实现跃迁。财务管理人员需要过渡和升级为企业的管理顾问，肩负着识别企业运营中潜在风险的责任，并且具有一定的全局视角、组织能力和策划能力，能够紧跟社会发展的步伐，不断学习和自我更新，不仅要具备专业的研判能力，而且应具备综合决策能力、协作能力等。而普通的财务人员则需要成为专业化、精细化的高级人才，肩负起企业快速发展过程中的核心支撑力量。

总之，财务人员的转型与提升将直接决定企业财务管理的转型速度与质量，这是当前财务人员面临的重要挑战。

2.发达国家的战略转移

当经济发达国家随着产业升级的推进，他们在全球范围内对其价值链组合进行了优化处理，除了把大部分的设计与研发工作保留在本国，他们将生产与服务性作业都分批次地转移到发展中国家。然而，随着国际关系的不断变化，近几年来，发达国家有将这部分业务从中国转向越南、泰国等东南亚国家的趋势，但是，工厂的转移只是外显部分，更重要的是管理、财务等工作。为了把这部分的损失降到最低，我们必须从更具有科技含量和技术难度的共享服务角度入手，建立起具有后台支持的共享服务系统，从而实现全方位的碾轧式优势，以促进我国的经济发展。

3.财务业务的发展顺序

在发展财务共享服务的过程中，需对要处理的财务业务进行选择。一般来说，财务业务分为两类：基础业务处理和基础决策支持。需要指出的是，财务共享服务所能提供的服务，尤其是在初期阶段，未必能满足高级财务管理活动的要求，可能更适合提供基础的业务服务。在面对机遇的时候，不仅需要大胆迎接挑战，而且需要冷静分析各种利弊和条件限制的情况。需要明确的是，财务共享服务处理的是适合标准化的业务，而对于极具个性化的高级财务管理活动，并不适合使用共享服务的管理模式。

在基础业务中，共享服务被分为基础业务处理和基础决策支持两个层次。其中，业务处理处于阶梯的下层，决策支持则处于阶梯的高层。可见，共享服务提供的是一个阶梯状的服务，从基础服务到高级服务，需要一步一步地慢慢发展。

有一个著名的案例。通用电气公司（GE）就曾借助共享服务有效地控制了企业运营。"GE早在30年前就开始尝试共享服务。"GE亚太全球业务服务总经理吉利安骄傲地说道。共享服务为GE节约了大量成本，而吉利安认为有效控制企业运营是其关键的作用。

"整合过的共享服务平台避免了企业部门的重复建设，并使办公程序做到最简化。"埃森哲公司（Accenture）的财务与运营管理部合伙人克里斯·鲁特莱（Chris Rutledge）表示。埃森哲的一份统计资料显示，共享服务能够降低55%的会计成本、45%的报销成本、35%的工资制作成本，这些数字中除了包括减少的劳动力成本，还包括技术服务部门的基础设施建设，以及各种各样的企业管理费用。

建立共享服务平台的最大好处是控制成本，提高生产率，然而这并不是GE的最终目的。"GE的目标是通过共享服务建立一个正确的基础架构，从而有效地控制企业经营。"吉利安说。GE在财务共享服务中设计了一个很"高级"的应用，GE员工在出差前会收到GE全球共享服务中心（GBS）的一张信用卡，该员工在出差期间所产生的费用，全部用这张信用卡结算，第二天消费明细就会出现在GBS的信息系统上，既明晰，又方便结算，GBS在与银行结算时也会更加便捷。这样，公司不仅可以掌握准确、及时的财务数据，而且能减少烦冗的申领和报销程序，从而精简组织结构，提高效率。

在GE引入共享服务以来，整个公司在组织、技术和流程等各个层面都发生了改变。如今，共享服务已不再是简单的业务集中。经过多年的摸索，共享服务逐渐发展为把各个支持部门定位为服务供应商，并且结合其他先进技术的支持，共享服务能够远程提供一系列高质量的服务项目。

"实际上，共享服务创建了一个标准化的服务体系。"吉利安说。在共享服务的系统性管理框架下，GBS把GE公司现有空缺岗位进行分析后，直接公布在网上。看到信息的相关人才可以直接填写电子申请表，这些信息会在第一时间被传送到GBS的人力资源部门，所有的申请者会经过统一的审核与测试，最终筛选出最优秀的人选推荐给具体的部门做最后决定。这一功能极大地提升了招揽人才的效率，既减少了招聘程序，又精简了人力资源部门，同时也建立了标准化的企业员工管理。在共享服务的支持下，GE的各个不同业务部门可以同时共享有关人力资源、财务税收、信息系统、物流管理、客户服务和法律事务等方面的服务和资源。

一些早期就发展共享服务的公司，由于具备先发优势，它们已经发展出十分成熟、完善的服务项目。因此，有些公司还对外开放了自己的共享服务平台，为公司创造了新的利润渠道，比如GE的全球共享服务公司GECIS就是成功的典范，其60%的股份已经出售给美国的两个私人证券公司。尽管是盈利的服务项目，但由于成本较大，GE认为这些成本不需要完全在公司内部消化，于是出售了部分股权。GE认为共享服务为公司带来巨大的收益，但同时他们也不想把过多的精力花费在运营共享服务方面，因此出售股权、与他人共同运营是一个不错的选择。

4.亚太地区的特殊情况

并不是所有的公司都能建立共享服务平台。埃森哲公司在一份研究报告里，列举了适合建立共享服务平台的企业特征。

（1）跨区域经营并拥有各自独立服务部门的企业。

（2）拥有多个业务领域，且分别具有独立的服务部门。

（3）位于高成本区域的雇员多于低成本地区雇员。

（4）财务交易种类和项目繁多。

（5）管理人员与普通职员的比例偏高。

（6）希望通过并购、合资等形式获得成长的企业。

综观共享服务在全球的发展状况，由于北美地区在技术、语言、文化和法规等方面的优势，共享服务在推广方面显得更有成效、更为顺利。但是在亚太地区就是另外一番景象，发展迟缓且共享服务为企业节约的成本也并不明显，这是因为在亚太地区，劳动力和基础设施的成本本身就已经很低，共享服务能施展的空间就显得很有限。因此，这也是亚洲地区广泛发展共享服务的一个挑战。

但是，不可否认的是，财务共享是大势所趋，不仅在于它能为企业节约成本，同时也是促进企业标准化、规模化发展的重要因素。共享服务的价值还体现在服务水平的提高上，以及高效率的服务模式为企业决策提供更多信息。

由于共享服务都是跨区域管理，企业的首席财务官通常是共享服务中心的监管人。对于一家庞大的企业来说，这很可能又带来管理者的高度控制的问题。为此，企业必须制订一套完备的沟通计划，避免各个部门之间产生沟通、协调方面的问题。

通过提供及时的、准确的、透明的开支信息和成本清算等，财务共享服务能让其他业务部门消除疑虑，从而减少不必要的内耗问题，使企业轻装上阵，为更大的目标而努力。

另外，共享服务还建立了跨项目管理小组，专门负责项目协调与跨项目决策，从而有效避免了不同业务或者项目之间的资源重叠的问题。这也说明了，企业只有达到一定的规模之后，共享服务的优势才能得以凸显。还是以 GE 为例，其GECIS 在全球拥有 1.8 万名雇员，共享服务无疑在 GE 发挥了巨大的价值。它不仅为 GE 降低了业务成本，还从整体上优化了所有的业务流程，其标准化服务体系还为运营管理效率的提高立下了汗马功劳，甚至在 GE 进入成熟期后，又为公司开辟了新的利润渠道。可见，尽管初期投入较多，但是早一步占领先机本身就是一项非常有价值的投资。

就我国的情况来看，尽管发展财务共享是一项庞大的、系统的工程，要面临诸多的挑战，但是它的回报也是异常丰厚、值得期许的。

5.传统财务与业务脱节

传统的财务管理和组织模式一般会分为总部、大区、各业务单元等不同的层级，企业的组织层级越多，业务流程越缓慢，因为需要层层申报，导致企业业务执行效率十分低下。

传统财务管理模式中，财务与业务和交易是明显脱节的。由于财务一直以一种藏身于闺阁之中的姿态，鲜少参与真实的业务交流，这无疑为沟通带来诸多潜在问题，并且还会产生很多冗余的流程环节。

以上都是传统财务模式面临的问题和挑战，为了能更高效地服务企业，以及适应企业发展的速度，财务管理必须改革。

二、财务共享的产生与发展

（一）财务共享的产生背景

财务共享服务的产生，主要是由于该项服务为企业提供了突出的价值。共享服务为企业提供的服务是多方面的，它不仅体现在财务方面，还同时体现在对人力资源管理、信息服务、后勤、物料管理、客户服务、法律事务服务等诸多方面。因此，共享服务给企业带来的益处也是多方面的，归纳起来，主要体现在以下几个方面。

1.大幅降低运营的成本

共享服务从根本上解决了成本的问题。通过财务共享可以大幅降低企业成本，它主要体现在资源共享与业务集中的基础之上，比如以往的财务岗位设置中，有大量的人力资源的浪费，不管业务运营的情况如何，也无论财务人员的工作量是否饱和，每个单位或地区都要设置相同的岗位和人员，从而造成大量的浪费。而财务共享则将资源和业务集中进行处理，避免了重复性的设置。在工作量不超负荷的情况下，一个财务人员可以处理几个单位或地区的相同岗位业务，从而节省了人员、时间、沟通、差旅等多方面的成本。

实施财务共享服务之后，对业务流程和规则都进行了标准化管理，消除了多余的、重复的、非增值的作业，极大地降低了成本。

另外，由于共享服务基本上是以数据化和远程处理的方式进行，因此大多数共享中心都建立在成本较低的地区，这在运营层面上也大幅降低了成本。

以美国运通公司为例，最初运通公司有46个业务站，且分布不均，各站点之间存在着系统重叠、效率低下的问题。当时，仅业务处理人员就有4 200人，费用高达4亿多美元，该费用占公司运营成本相当大的比例。在推行共享服务之后，运通公司将全球业务处理合并为三个财务中心，从而高度实现了标准化管理，降低了运营成本。仅旅行服务业务，全球员工就减少了1 000人，节省成本超过8 000万美元，随着业务量的逐年上涨，实现了规模经济效益的提高。

2.提升服务质量与效率

共享服务的隐含前提是管理和流程的标准化、系统化及数据化。将原有低效的重复性作业彻底淘汰，替代为简单明了、分工详细的更具效率的工作模式。将传统的会计记账转变为"共享式会计中心"，将人事服务变成"人事管理中心"模式。最大化地降低运营成本，将工作的重心放在服务上，一切聚焦于业务发展上。

世界上最大的企业软件供应商"甲骨文"，用六年时间在全球建立了三个区域化的共享服务中心。如今，"甲骨文"只需几个工作日就可以完成全球65家子公司所有的年末结账与合并结算，这个数字是我国许多上市公司都无法企及的效率，而甲骨文之所以能够实现如此惊人的效率，主要是共享服务中心的功劳。

3.促进核心业务的发展

除降低成本、提升效率之外，财务共享服务还为企业提供了强大的后台支持，将协调内部业务与满足外部客户需求的复杂工作变得简单且可实现。将原来那些烦琐的、重复性强的非核心业务交由共享服务中心运作，这既节省了人工，又提升了效率，使企业可以集中力量专注于核心业务上。共享服务不仅给员工提供了强大的、稳定的支持，而且也大大提升了客户的体验。

4.加速企业标准化进程

企业的成长与发展必然伴随着标准化的进程。在建立共享服务中心之前，企业或多或少都存在各业务资源分散的问题，许多交叉或衔接业务的操作和流程都各不相同，不可避免地会造成内耗和浪费。而共享服务中心将原来分散在不同业务单位的活动、资源整合到了一起，成为系统内统一的整体资源，为企业的业务运营、人力管理等提供了统一的平台，极大地促进了工作效率和服务质量的提高。

共享服务加速企业标准化的例子有很多，比如渣打银行，在建立共享服务中心之前，渣打银行在全球许多国家都设有分公司，而其在各个国家的银行系统都采用不同的计算机管理软件，而各种软件之间的不兼容为财务管理带来了极大的不便。每个银行都以自身需要为中心，选择各自的应用软件，最终造成总部管理的极大困扰，而且，各个分部之间的沟通也存在许多麻烦。在建立共享服务中心时，为了使所有的银行前台输入的数据都能立即为共享服务中心所用，渣打银行重新对各银行的计算机系统进行了检查和整合，并在设计共享服务中心的技术支持系统时，将其作为整个银行系统技术标准化的第一步。

财务共享服务中最先实施的10项业务见表8-1。

表8-1　财务共享服务中最先实施的10项业务

业务内容	百分比
应付账款	83%
总账	65%
固定资产	57%
应收账款	56%
工资	55%
费用报销	50%
财务报告	48%
人力资源	44%
信用管理	43%
客户信息服务	39%

5.增强企业规模化扩大

财务共享的推进其实是与人力管理、信息管理同步进行的，它们彼此之间有着相互制约与促进的关系，可以说是一个有机的整体。因此，当企业将财务管理、人力资源、信息管理等职能集中到共享服务中心处理之后，使原本分散、重叠及闲置的资源进行整合，对促进企业发展新业务带来便利。一个共享服务中心可以为所有的业务部门赋能，而且在建立新业务时也非常方便，从而节省了经济、时间和精力成本，并且，新的业务部门一开始就可以获得成熟完善的财务、HR等职能部门的支持，这无疑大大提高了效率。

6.财务共享是对"集中"的升级

共享服务的出现，实际上也是集中服务的一种升级，共享服务和集中服务都是将分散的资源和业务集中在一起进行处理，都存在启动成本和人员转移等问题。但是，两者将资源业务集中的方式、过程和目的大相径庭，更确切地说，共享服务模式更像是一种全面的"整合"，而不是简单的"集中"。相对而言，共享服务是对集中服务的一种升级。表8-2列示了集中与共享服务的不同点。

表8-2 集中与共享服务的不同点

集中	共享
一种企业战略	一种商业经营
注重集中控制、降低成本	降低成本、提高效率、标准化、资源整合
简单集中	关注流程优化与流程再造
原流程、标准不变	一致的标准、流程、系统和模式
向管理层负责	以顾客需求为中心
事务处理者	服务提供者
业务单位无选择权	客户有选择权
业务单位不参与监督	客户可参与服务质量的监督
一般设在总部	地点选择与总部无关

（二）推动财务共享产生的驱动因素

放眼世界，财务共享已经成为一种趋势，甚至在许多商业发达国家，财务共享已经成为一种常态，特别是一些大型的跨国公司，财务共享为很多企业的管理者带来了极大的便利。许多大型企业为何几乎在同一时期都采取了财务共享模式，并很快发展成一种必然的趋势，这背后的真正原因，以及核心驱动又是什么呢？

1.外部因素

"获得长期竞争优势的唯一方法就是在全球范围充分运用企业的各种能力，使企业整体的运作能够比其各分散部门的独立运作更加有效。"惠而浦首席执行官约翰·惠特曼的这句话几乎道出了所有外部因素。随着全球化竞争的普遍加剧，企业在规模扩大及实现国际化增长的过程中，如何在多个市场保持统一、高效的管理机制是每一个企业都面临的问题。在控制成本与快速发展之间找到平衡，已经成为跨地区、跨国企业的重大课题，而财务共享是一个被实践证实的行之有效的方法。

2.内部因素

随着全球化的推进，企业的跨国发展已经成为趋势，商业文明可以冲破地域、文化、信仰、民族等各种阻碍，为不同国家、地区和种族的人们提供服务和便利。然而，企业在不断发展壮大的过程中，业务的剧增，以及跨地区的管理等都是企业要面临的问题。此时，企业急需一种解决方案，能够快速、高效地将分散在世界各个国家和地区的分部进行标准化管理，特别是在财务管理方面，对财务共享具有迫切的需求。通过简单的、统一的、标准化的处理，企业的管理者能够更为直观、便捷地进行管理，简化了各个部门之间工作衔接的冗余，极大地提升了工作效率。财务共享通过对企业内部重复性作业的整合，对流程进行再造，节约了成本，提升了效率，于是，各个企业纷纷将财务共享作为企业发展的必要准备。

（三）财务共享的发展

1.世界500强公司的推动作用

财务共享服务起源于20世纪80年代，福特公司是最初建立财务共享服务中心的企业，经过几十年的不断发展，共享服务中心和外包已经为90%的世界500强公司所广泛接受和使用。尽管很难说究竟是财务共享带来了整个共享服务和服务外包的发展，还是共享服务推动了财务共享的升级，但不可否认的是，财务共享始终都是共享服务中至关重要的组成部分，也是共享服务中不变的主题。财务共享服务起源于西方，传入亚洲的时间虽然较晚，但很多大企业的组织流程改进，实质上已经采用了共享服务的思路。

通过财务共享，企业有效地将分散在不同业务单位的财务整合到一起，采用统一的标准、规则和运作模式，这对业务的快速发展创造了更多的便利条件，也为业务创新做好了准备。在基础业务中，共享服务被分为基础业务处理和基础决策支持两个层次，这两个层次以阶梯状分布，即总账管理、应付管理、应收管理、资产管理是目前财务共享服务中实施最多的业务。其中，从应付管理中衍生出来的费用报销服务是近年来财务共享服务的热点。

一般地，企业在实施共享服务时是从财务服务开始的，而财务共享服务中又从阶梯的底层，即应收、应付做起。

2011年，中兴通讯与CIMA合作对国内实施财务共享服务的企业进行了调研。结果显示，财务共享服务的业务范围包括了会计核算的全业务，如应收、应付、资产、费用等会计核算工作，部分受调企业已经将财务管理中一些标准化程度高、具有重复性、周期性特点的业务纳入了财务共享服务中心运作。

2.随着技术的发展而发展

财务共享服务从孕育到诞生、从成熟到发展，一路上随着财务管理模式的变革，一共经历了分散、集中、共享、外包四个阶段。就目前的发展趋势来看，科学技术的迭代日新月异，而且科技始终是推动社会发展的核心力量，财务共享的发展也将会随着技术与社会的发展而不断取得新的突破。

3.财务共享服务的持续改进

（1）从优秀到卓越。财务共享服务的实施，是企业标准化管理和实现规模化的重要条件。当企业的财务管理模式实现了从传统到创新的转变，企业便会获得更加有力的发展势能。同时，随着企业的发展，对财务共享服务也在持续地优化和改进中，这又使财务管理模式实现了从优秀到卓越的飞跃。然而这一过程应该像细水长流般永不停息，需要持续变革的信念和决心。

企业的发展包括对业务领域的拓展、对组织结构的调整、对战略目标的优化，经过一系列的管理变革，才能建立一个较为有效的财务管理系统。然而必须指出的是，希望通过一次变革就能建立起一个稳定的、完善的财务共享服务中心是不可能的。因为企业一直处于动态的发展过程中，社会发展也一刻不曾停息，技术突破更是争分夺秒，所有这一切都注定了财务共享服务不可能是一成不变的。实际上，财务共享服务中心的构建，是一个持续演进的过程，企业的管理者和经营者，以及财务主管人员需要具备持续改进的意识和敏锐的洞察力。财务共享服务自身具有特殊的生命力，它的完善建立在不断优化的机制上，一经开始就不会有停息的时刻。但这个过程并不是革命性的，也不会特别引人注目，而是不间断地实践和尝试，逐渐构建出一个充满活力的共享服务中心。

（2）建立长效的优化体系。一个健康的、充满活力的财务共享服务中心，应该始终处于动态的发展过程中。财务共享服务中心的发展并非偶发性的波动改进，而是持续地、主动地、不间断地进行的，它同时兼具计划性、组织性、系统性和全员性的特点。当然，财务共享服务中心的持续改进工作，并非靠个人的力量推动，它需要建立一套长效的支持性优化体系，在不同的维度及角度对整个企业的运营提供支持和优化措施。

在系统的维度，管理层、执行层都属于系统的一部分，它们分别代表不同的角度，考虑的问题也处于不同的角度，这为优化和建设共享重心创造了有利条件。通过一个支持性系统的建立，企业员工和客户能够在一个良好的沟通平台上实现互惠互利，提升工作效率和用户体验。在支持性系统的督促下，可以定期召开系统讨论会，进而建立系统版本的优化机制，针对不同业务部门的需求，还可以建立分层级的培训体系，为员工的持续发展提供合理的支持，从而为企业带来更加高效的服务。

在企业制度的维度，同样需要创建长效的制度优化机制，使企业能够定期评估制度的有效性，发现制度是否已经出现滞后的迹象，并随时更新制度版本等。

在质量的维度，项目人员可定期对上下游质量节点进行评估，发现存在的问题并提出改进方案。项目人员需要保持一定的敏感度，随时发现零星出现的问题，以及关注系统优化的各种可能性，并保持积极的态度。

总之，财务共享服务的发展需要长期、持续地改进，它是一种积跬步以至千里的行为，贵在持之以恒。相信持续改进终会带来惊人的效果，保持坚定的信念，是确保财务共享服务中心长期、健康、稳定发展的基石。

4.共享服务在全球的分布

综观全球，财务共享服务无论在深度上还是广度上都得到了广泛而充分的应用，尤其是在一些大型和超大型企业中，财务共享得到普遍的接受和认可。近年来，财务共享服务已经逐渐由发达国家向发展中国家传播开来。

根据埃森哲的一项调查，在全球共享服务领域得到最多应用的是财务业务。其中，应付账款业务实施比例占83%，总账业务占65%，固定资产管理占57%、应收账款占56%，薪资支付占55%，差旅及费用报销占50%，财务报告占48%。这些数据表明，财务业务是企业共享服务业务的重要组成部分。

就财务共享在我国的推进情况来看，目前仍处于比较初级的阶段。大多数人对财务共享的概念还十分陌生，绝大多数企业还沿用传统的财务处理模式。然而，随着全球化的快速推进，我国本土企业要想顺利地进军国际市场，并在竞争中获取竞争优势，共享服务将会是最优质的助推器。

服务外包模式已经在全球范围内广泛地存在，其中财务服务的外包正逐渐成为一种趋势。通过观察发现，财务服务外包是全球业务市场的重要部分，在这方面，印度比我国要先行一步。这得益于印度具有大量的廉价人力资源，并具有相当的语言优势，因此，印度迅速占领了欧美财务外包业务的主要份额。在印度的班加罗尔，随处可见跨国公司建设的共享服务中心。

与此同时，东欧也在外包服务领域发展迅速。在国际市场上有一个不成文的习俗，美国倾向向印度外包业务，而西欧更多地转向一些东欧国家，并有人将中东欧比喻为欧洲的班加罗尔。但是，近些年来，美国公司也出现了倾斜，它们也越来越多地将外包服务投向东欧国家。比如，IBM、戴尔、摩根士丹利等公司已经开始采取行动，但东欧的外包市场规模较小，仅占全球外包市场的5‰左右。

在我国，大连、天津等城市是最早提供共享服务的代表城市。GE、HP、Accen-ture等公司在大连建有共享中心，天津曾是摩托罗拉在全球最大的财务共享服务中心。如今，其他城市也陆续跟进，向美国、日本等国家提供各类共享服务业务。

5.以提升客户满意度为导向

共享服务是将企业分散的、重复性的作业整合到共享服务中心统一处理，这不仅减少了业务部门的重复性劳动，而且也提高了支持部门的效率，为企业集中精力和时间专注高增值的核心业务作出贡献。说到底，共享服务就是一种商业经营活动，其根本目的就是为企业降低成本、创造价值，同时为提高客户满意度、提升企业的竞争力做出努力。

无论是生产型企业还是服务型企业，最终都是以为客户和消费者提供优质产品和服务为终极目的。共享服务在初期的使命，是为企业降低成本、提升效率，从而增强企业的竞争力。然而，随着社会的发展及企业的不断发展，最终一切努力都将直接或间接地以满足客户需求为导向。共享服务是商业经营，其运作活动必须以顾客需求为导向，通过与客户签订服务水平协议，明确服务的内容、期限、质量等，向顾客提供及时有效、质优价廉的服务，以便与其他服务供应商竞争。因此，客户的满意度将直接影响企业及各个部门的发展，在共享服务中心模式下，业务部门和外部客户都有机会参与对共享服务中心的监督，同时，也督促共享服务中心长期、持续的发展。

6.共享数据的智能财务体系

随着信息技术的发展，财务共享作为管理会计的"基石"，正面临定位与价值的全面刷新。在大数据、云计算、互联网、人工智能等技术的渗透下，领先企业正在积极探索和建设以数据共享为核心的智能财务体系。财务共享服务中心连接着前、后台部门的运营和数据中台，承载着智能共享服务、智能管理会计和智能数据分析等功能，在新技术驱动下，推动企业构建智能财务体系。

这是财务共享发展的高级阶段，覆盖着企业绝大部分的业务系统，是企业强大的业务中台和数据中台，为公司提供更多地可以随时调用的业务支持。大量的业务交易产生大量的实时数据，使共享中心成为集团级数据中心，共享中心集成核算数据、预算数据、资金数据、资产数据、成本数据、外部标杆数据等，为数据建模、分析提供准确、全面、系统的数据来源，成为企业业务的调整依据和决策依据。

三、财务共享的必要性及其影响

（一）财务共享的必要性

财务共享服务中心需要建立强大的网络系统，需要强大的企业信息系统作为

IT平台，只有利用现代的IT技术，才能使企业集团的财务共享服务真正落到实处。当前，我国正处于"互联网+"和大数据的变革时代。如此，会计集中核算平台升级为财务共享服务中心就有了技术基础，而当前电子发票制度的实施更为财务共享服务中心的落地实施创造了可能。

1.国家政策提出了要求

早在2013年，财政部就印发了《企业会计信息化工作规范》。其中，第三十四条规定："分公司、子公司数量多、分布广的大型企业、企业集团应当探索利用信息技术促进会计工作的集中，逐步建立财务共享服务中心。"这一制度为我国大型企业集团建立和实施财务共享服务提供了重要的政策依据。财政部在2014年颁布的《财政部关于全面推进管理会计体系建设的指导意见》，也明确要求企业应推进面向管理会计的信息系统建设，提出"鼓励大型企业和企业集团充分利用专业化分工和信息技术优势，建立财务共享服务中心，加快会计职能从重核算到重管理决策的拓展，促进管理会计工作的有效开展"。国务院国有资产监督管理委员会（以下简称"国务院国资委"）早在《关于加强中央企业财务信息化工作的通知》中，就要求"具备条件的企业应当在集团层面探索开展会计集中核算和共享会计服务"。

这一系列政策的出台，都为我国大型企业指明了发展方向。有了大方向，就要具体地讨论财务共享服务中心的建设标准、财务共享服务中心的适用范围等这些核心问题，尽管国家还没有给出详细的指导，但是企业已经开始根据自身实践中的经验展开探索，为全面的财务共享服务中心的建立和开展做了准备。

虽然财务共享服务中心建设强调"标准化"，但不同行业的企业有不同的情况，其行业特征决定了其实施路径存在很大差异。国家简政放权的改革方向，就是要鼓励企业自觉发展适合自身行业特性的创建模式和发展路径，促进良性的市场竞争，国家鼓励百花齐放，最终成败则交给市场来检验。

2.财务共享是大势所趋

共享服务出现于20世纪80年代的美国，很快又传到了以西欧为主的欧洲国家，大量的事实证明，共享服务在绝大多数情况下取得了成功，被认为是财务职能部门的关键要素之一，这是"大势所趋"，任何拥有多个后台办公财务职能部门的组织，都能从财务共享服务中受益。展望未来，财务共享服务能确保企业整合财务处理流程，甚至还能不断地产生商业效益。

3.助力企业的规模化发展

财务共享发展至今，已经有几十年的历史，在西方发达国家，特别是那些较为成功的企业里已经得到充分的验证。因此，只要全球化发展的趋势不变，大型企业要想走向世界，进行多元的、深入的发展，开展财务共享是绕不过去的一个议题。因为不管何时，企业的发展都离不开降低成本、提升效益两个目标，而财务共享是通过验证的、能增强公司灵活度和标准化的有效手段。

在企业扩大规模的发展中，财务共享也会起到助推作用。为企业实现快速增长、开拓新市场及收购后的管理带来多种便利和可靠的支持。

一些财务管理者选择在公司内部进行转型，或者引入"精益管理""六西格玛"等手段，再结合相关的组织架构进行重新配置，还有一些财务管理者则采取了改变业务模式等更加激进的手段。

在过去的十几年里，越来越多的企业财务管理者将共享服务作为实现发展和变革的首要策略，他们一直在考察各种服务交付模式，考察如何降低成本、精简人员，通过有效的方式释放出更多的资金，以及为业务部门提供更优质的服务。事实证明，在美国，越来越多的大型企业采用共享服务模式来支撑其财务和会计部门的运作。

4.企业急需战略型财务

对于大型企业、企业集团来说，通过建立财务共享服务中心的方式，可以将会计基础核算等低附加值的作业劳动集中起来，基于流程再造和IT系统整合，可以最终提升会计核算业务处理效率。通过建立财务共享服务中心，企业不仅提升了会计核算处理的效率，降低了成本，加强了管控，更为重要的是，通过建设财务共享服务中心，企业会释放大量的财务会计人员，让他们从大量低附加值、重复、劳动力密集型的基础核算工作中解脱出来，从而集中精力去从事所谓的业务型财务和战略型财务，实现财务与业务、战略的一体化，让管理会计真正落地实施，实现财务为企业增加价值的目标。

5.财务会计转型的需要

传统的财务会计专注会计核算，随着数据时代的到来，很多财务工作会被越来越智能的技术和软件所替代，这也为财务人员进行转型升级提供了一股强大的推动力。公司在发展过程中，更加需要的是能够在管理决策层发挥作用的财务人才，而不是简单执行会计职能的普通技术人才。并且，随着办公软件的智能化发展，很多基础性工作都可以交给计算机来处理，那么，原来的基础性财务人员面临着要么被淘汰，要么奋起突破，实现自身技能升级的转变。人的发展必须适应时代的趋势，在财务共享已经逐渐成为大势所趋的关头，财务人员也迫切需要向着财务共享的方向努力，并从中找到适合自身发展的位置。在这样的背景下，许多财务人员纷纷从财务会计转型到管理会计，这是当前我国会计领域变革的重大趋势。

（二）财务共享的影响

1.加速了企业的组织改革

企业必须认识到财务职能部门只有在不断演变的过程中才能为公司的全球业务提供支持，财务是公司内部最重要的支持部门，牵一发而动全身，甚至在某些时候具有决策权。通过改进财务管理模式，带动企业进行一系列的组织架构改革，目的是确保企业的业务流程、人员管理及客户服务都能与财务管理更为融洽，避免冗余与内耗，使每一个环节都更为简明。因此，通过财务共享，企业在诸多层面都产生了改进和优化，以确保整体运营更为有效。这也无疑推动了企业的标准化进程，为日后的进一步发展创造了条件。

2.通过改变规则快速取胜

实际上，财务共享服务可以支持公司实现很多目标：从"快速取胜"到"成为改变游戏的人"，从中受益的远不止财务职能部门。并且，在"改变游戏规则"之后，公司的各个职能部门都更为精简，工作效率倍增，形成了一个积极的正向循环。还有一些企业更具战略眼光，试图一步到位地建立一套全方位的共享服务业务，从而让整个企业实现远大目标。

3.激活其他职能部门的活力

财务共享对整个企业的意义是十分重大的，其影响也非常广泛，会随着时间的推移而逐渐显现。最先从财务部门开展的共享服务，也激活了企业其他职能部门的潜力，并且财务共享还实现了在其他部门之间牵线搭桥的功能，从而轻松整合了业务的"前端"和"后端"。这种跨部门的协调方式有助于更快地为企业创造更多的利润。这不仅提升了财务部门的服务绩效，而且还使整个公司内部实现了"财务联通"。在一个核心部门的带动下，激活了整个企业的潜在活力，并逐渐地建立起全面的共享服务。

4.对业务外包服务的带动

需要指出的是，财务共享服务作为企业的核心，鼓励和带动了其他职能部门的共享和外包服务，从而对促进企业的发展起到一定的带动作用。财务共享不一定只在公司内部开展，也可以外包出去，对于一些企业来说，共享财务外包也许是更有利的选择。但是，这里有必要梳理一下共享服务外包和业务流程外包的区别，业务流程外包是指企业将非核心的业务外包给外部供应商。外包与共享服务的相同之处在于共享服务也存在外包，它们都是将一系列工作交给一群专家，由他们运用创新的、专业化的方法集中精力提供解决方案。但传统的业务流程外包是单纯地将业务外包，而共享服务外包是对原有业务、流程进行优化整合，从而达到降低成本、提高效率和进行标准化的目的。

共享服务外包与业务流程外包之比较如表8-3所示。

表8-3　共享服务外包与业务流程外包之比较

共享服务外包	业务流程外包
业务、资源的整合	业务的简单转移
降低成本、提高效率、标准化	提高效率、降低成本
关注流程优化与流程再造	简单集中
一致的标准、流程、系统和模式	原流程、标准不变
以顾客需求为中心	向管理层负责
服务提供者	事务处理者
客户有选择权	业务单位无选择权
客户可参与服务质量的监督	业务单位不参与监督
地点选择与总部无关	一般设在总部

5.降低了企业发展的成本

财务管理者最重要的使命之一，就是提升企业的生产效益，降低成本。以较少的投入换取更多的回报，是企业经营的首要目标，然而这并非容易，对于一家庞大的企业而言，这往往是一项较为烦琐、复杂的系统。然而，通过财务共享的实施，极大地推进了企业的标准化流程，使降低成本变得更加简单明了。它不仅大大提高了财务流程的透明度，而且对过程中如何加强配合及增强杠杆都变得更具可控性。而这一切都得益于财务共享在"流程标准化"这一方向上的改进和优化。正如可口可乐公司的帕特里克·范安霍尔特（Patrick van Hoegaerden）所说："我们的出发点就是要简化流程。"

与此同时，财务管理者也敏锐地注意到，相对于完善的流程所带来的成果，公司实际上并不太关心流程本身。而这些成果包括更多的现金、更多的信息及更多的服务。金佰利公司的Simon Newton提出："共享服务和外包是否能帮助企业表现更加出色？更优秀的人才和优质的服务真的能创造更多价值吗？"

但是，简柏特公司的帕尔·亨森（Paseal Henssen）和凯捷公司的克里斯·斯坦科姆比（Chris Stancombe）有更为深刻的观点。他们两人认为，尽管流程的规模化实现了成本的节约，但更重要的是财务管理者从一开始就站在了一个战略高度上进行考虑，从而为公司的开源节流给出见解，这也是降低成本的真正原因。

但是，不管怎样，通过财务共享实现降低成本、提升效率是所有财务管理者的共识，这无疑也是财务共享服务带来的最直观的影响。

6.提升了对供应商的鉴别

通过财务共享服务平台的建立，财务管理者发现，公司的供应商的产品和服务的优劣可以更为直观地进行比较，并且得到多维度的、全面的数据支持，从而对企业的供应商有了可以量化的鉴别。比如，一些供应商多年来提供的服务都没有改进，而其他人却在逐年提升，由于这种变化是不容易被察觉的，因此，企业并不知晓，但是，如今反映在后台系统中是一目了然的；还有些供应商是优秀的运作者；另外一些则更注重战略布局，他们的不同特性都在不同程度上影响了企业的发展和决策。这些从后台获得的异常珍贵的信息，不仅帮助企业更加科学合理地选择供应商，而且也成为企业未来选择合作伙伴的重要依据。

当然，不同的企业在不同的发展阶段，所看重的品质也不尽相同。同时，企业获得的信息也处于发展变化中。通过财务共享服务中心的数据，企业可以根据自身的情况进行选择和取舍。比如，Marsh&McLennan公司的乔安娜·雷诺斯（Joanna Reynolds）认为："我们选择供应商主要看中的是他们的灵活性，以及能否提供适合我们公司的企业解决方案。"

IBM公司的奥斯丁·梅杜萨（Austen MeDonach）指出，不同行业的复杂性各异，需要具体问题具体对待，而这一过程需要繁杂的计算和分析，如今可以从财务共享服务中心获得有利信息。

埃森哲的阿努普·萨格（Anoop Sagoo）表示："一些企业只想把供应商放进条条框框里，这种关系会令他们更加放心。"而凯捷咨询公司的克里斯·斯坦科姆比（Chris Stancombe）却认为，企业与供应商之间存在相互促进或相互制约的关系。如果能够得到更有力的信息来促进这一关系向着更加积极的方向发展，那么双方将共同获益。阿奴普（Anoop）认为，供应商应根据客户需求及时调整能力，"好的供应商应了解公司的当务之急，并明白这种需求会随着时间而变化"。

由此可见，企业在与供应商的合作和互动过程中，实际上带来了多方面的影响，也产生了多种可能性，但只要是积极的、双赢的互动，不仅对企业鉴别供应商带来帮助，而且还会对供应商的发展产生推动力，从而实现稳定的、共同发展的合作关系。财务管理者不仅要对供应商的能力进行鉴别，而且还要提高警惕，以防被他们裹挟而影响了自身的发展。但是，所有这一切都不是靠人为的主观判断做出的决策，而是建立在可靠的数据之上，是财务共享服务中心提供了强大的后台支持。

7.促进彼此更流畅的沟通

虽然绝大多数的企业管理者强调，良好的沟通在企业经营过程中具有重要的作用，但是良好的沟通本质上并不是基于良好的口才或者过人的情商。实际上，真正有效的沟通是建立在合理的机制及准确的信息之上的。然而，财务共享为企业开创了一个新天地，即公司不同部门、不同级别的人都能够站在一个信息公开透明的情境下进行沟通，于是，避免了许多干扰因素，使工作效率剧增。

财务工作面临的挑战在于，企业实际上并不那么关心流程，更多的是关心结果。但是，财务流程往往会对结果具有决定性影响。因此，财务共享服务中心的存在，实现了让流程简化、让结果透明这一"双赢"局面。当流程建设得无可指摘时，人们只需要关注结果即可。并且，除了财务职能部门，其他部门的各个层级的人员都可以平等地"就事论事"，使内部沟通十分畅通和简单。

这为企业能够快速做出决策也带来帮助。正如壳牌的乔治·欧康奈尔（George Connell）所说："为策略命令争取到来自高层的支持对变革的顺利推行很关键。"也就是说，一个普通的员工只要有了关键数据，那么说服领导并获得决定性的决策将变得十分简单。这绕过了重重障碍，使原本存在的各种人际、层级、信任等会带来阻碍的问题一扫而光，让工作和沟通变得更加简单明确。

对于一些跨国的巨无霸型公司而言，公司内部的沟通还涉及地域和文化的干扰。公司的员工来自世界各国，不仅是语言的不同，而且思维方式、宗教信仰等各个方面都存在差异，这都有可能会成为沟通的障碍，但只要通过标准化、简单化的共享系统，以上问题就可以迎刃而解。对文化差异、性别差异、宗教差异等都能顺利跨越，毕竟，无论人员来自什么文化背景，数据是全球通用的语言，这令具有不同文化接受程度的人都能够轻松地表达与沟通，大大提高了沟通的效率。

8.改善客户的服务体验

在财务共享的推进过程中，除了企业自身直接受益，另一个显著影响来自客户的反馈，许多服务性企业都明显地改善了企业的服务质量，得到客户更多的认可和支持。就像联合利华的克里斯蒂安·考夫曼（Christian Kaufmann）所说的："站在供应商的视角来看，他们最主要的目标就是确保你这个客户不会流失。"反过来，企业最在乎的也就是确保每一位客户都能得到满意的服务，这样，客户不仅不会流失，还会产生深度的认同和连接，甚至会为企业带来新的客户。在培生集团看来，"文化契合度"和"爱之深，责之切"是他们服务客户时最在乎的事情，很显然，这是一种合作关系。对于企业来说，发展公司的文化诉求不仅体现在业务层面，甚至从财务共享的推进过程中就能获得有力的支持。由于财务共享带来的系统化和标准化管理，可以在后台对很多业务进行更加直观的支持，从而提升业务执行的质量。

当然，无论是认可还是信任，都是随着时间慢慢积累起来的。"要在公司内部建立信心和信任感，打开他们的眼界，向他们证明我们可以做到什么。"IBM的奥斯丁·梅杜萨认为："看看那些与我们合作时间最长的客户，毫无疑问改变是一点一点发生的。信心终将建立起来，专业知识终将积累起来，风险也终将被降低。"

通常情况下，信任会由于某个客户不切实际的期待而受到影响，同样地，客户也会因为企业提供意想不到的服务而瞬间产生强烈的好感。有了财务共享这一强大、稳定的后台支持，企业就能够逐渐获得更多客户的认可和支持。

第二节　财务共享中心的基本框架和组织

一、财务共享服务中心的框架设计

财务共享服务中心的框架设计主要包括以下几个方面的内容。

（一）组织架构设计

公司经营战略、财务战略是设计财务共享服务中心的组织架构和进行组织变革的主要依据，财务共享服务中心的未来设计方向是以对共享服务中心的定位为依据而确定的。

在财务共享服务中心的组织架构设计中，首先要将主要的运营职责和管理职责明确下来，并对汇报关系予以明确，建立与其他组织的沟通机制，然后以运营职责和管理职责为依据，设置与划分内部职能。

设置财务共享服务中心的内部职能架构，划分服务中心的内部职能，都要建立在明确组织职能的基础上，要尽可能保证工作量和技能要求的统一性、业务流程的通畅性。从内、外两个角度可以将财务共享服务中心分为两个部分，一是业务运营，二是内部管理，这两个部分又各自包含不同的模块，具体如表8-4所示。

表8-4　财务共享服务中心的模块划分

财务共享服务中心		业务
业务运营	会计运营模块	（1）核算
		（2）资金支付
		（3）其他
	财务管理支持模块	（1）研究制定政策制度
		（2）财务数据管理
		（3）提供财务报表
		（4）其他
内部管理	运营支持模块	（1）人员管理
		（2）行政管理
		（3）培训
		（4）客户服务
		（5）其他
	质量提升模块	（1）绩效分析
		（2）内部稽核
		（3）质量管理
		（4）运营优化等

（二）办公选址设计

办公选址设计这一环节相对比较简单，主要任务是选好办公地点。一般要求基于对职场成本、人才供应量、人力成本、网络通信环境等要素的综合考虑来选择。如果是跨国企业，那么当地的政治环境、自然环境、税收政策等是必须考虑的因素。此外，公司发展战略也是影响办公地点选择的一个重要因素。

从我国一些企业的财务共享服务中心的选址来看，有的企业选择在总部职能城市建立财务共享服务中心，有的企业在某些城市的后援中心建立财务共享服务中心，还有一些企业选择在一线城市的繁华地区建立财务共享服务中心，这主要是基于对人员稳定等因素的考虑而决定的。

（三）财务职责及范围设计

在财务共享服务中心财务职责及范围的设计中，需要先拆分原来的财务业务（如会计核算、财务数据及报表、资金管理、税务管理等），然后上收到财务共享服务中心，形成新的财务业务职责范围。

拆分原来的财务业务时，需要从公司行业特点出发，重点贯彻以下几个方面的原则。

（1）易获取：可集中获取数据或服务。

（2）规模化：业务量大且重复发生的业务。

（3）相对独立：客户对面对面接触的诉求较低。

（4）标准化：通过优化改造实现标准化的业务流程。

（5）自动化：自动化要求高，可以通过信息化建设实现跨区域作业。

（6）管控力：通过集中操作，有助于风险管控，强化总部管控。

（四）财务共享业务流程设计

在财务共享服务中心的框架设计中，业务流程设计是非常重要的一环，未来业务执行的效率和质量直接取决于流程设计是否顺畅，而且，顺畅的业务流程也是财务共享服务中心信息化建设的基础条件，后期系统自动化投入的程度直接取决于流程最初设计的流畅和完善程度。

设计财务共享服务中心的业务流程还需要处理好一系列相关问题，如明确职责、管控风险、提升业务处理时效、落实人员编制等。业务流程的设计也会影响前后端业务流程的改造，如果在业务流程的设计中对前后端的业务流程予以考虑，则能够使财务业务流程的实施更加顺畅，而且也会大大提高公司的整体经营效率。

设计财务共享服务中心的业务流程要遵循全业务、全流程及整合性等重要原则。

1.全业务原则

要完整考虑将原财务业务拆分后，收入共享中心的各类业务，以确保没有任何一个问题点被遗留。

2.全流程原则

从业务发生的第一个事项开始直到事项结束都要纳入财务业务流程的设计中，要考虑整个流程，不能有任何一个环节被遗漏。

3.整合性原则

任何一个财务事项的发生都不是独立的，因此在财务共享业务流程设计中，要从全局视角出发进行整体考虑，集团各级机构应有机整合各项核心财务流程、各个事项处理流程。

（五）财务共享运营模式设计

在财务共享服务中心的组织架构中，不可避免地要涉及内部管理方式，也就是财务共享运营模式。作为一个组织实体，财务共享服务中心的业务具有标准化、规模化等特点，为企业提供相关财务服务，是企业进行集中管控的一个重要手段。

从财务共享的特点来看，财务共享需要具备多方面的运营管理职能，在财务共享运营模式设计中，要突出完善这些职能，下面就简单介绍一下这些职能。

1.内部稽核管理

财务共享服务中心，要在内部构建与完善包括资金支付稽核、账务稽核、业务流程稽核等在内的内部稽核体系，以便更好地提供对外服务，保证对外服务质量。

2.标准化管理

对可复制性的重复性工作，要制定统一标准和程序，将重叠机构和重复业务消除，以促进财务共享服务中心工作效率与服务水平的提升。

在标准化管理中，要先制定标准、规范的管理流程，并重点管理这些流程的实施情况。

3.绩效管理

设定财务共享服务中心财务业务的整体目标，采用绩效管理法对绩效目标达成情况进行定期考核，以保证服务中心的平稳运营。

4.内部财务管理

财务共享服务中心就像一个小规模企业，每年都会有成本投入和产出收益，因此，有必要进行内部财务管理。

5.人力资源管理

财务共享服务中心的业务模式不同于一般企业的业务模式，因此，在人力资源管理方面也要采用不同的方式进行管理。

在财务共享服务中心的建设过程中，一般要经历项目期、初建期和成熟期等几个不同时期，不同时期要采取不同的人力资源管理策略。

需要注意的是，流水线的作业人员在单调重复的工作中容易感到枯燥、无趣，这会影响他们工作的持续性和稳定性，因此要特别注意对这类人力资源的管理，加强企业文化建设，开展团建和培训工作，稳定人力资源队伍。

6.运营优化

采用内部稽核管理、标准化管理、绩效管理等管理方式，能够发现财务共享服务中心运营中有关工作效率、工作质量的一些问题。对此，需要加强对业务优化机制的建立与完善，以利于解决现实问题，促进共享服务中心运营水平的持续提升。

在财务共享服务中心的运营优化中，采用签订服务水平协议的方式，能够对各项服务指标加以约束，促进指标的优化。此外，还需要建立运营评价指标体系，对财务共享服务中心的成熟度水平做出准确的评价。

（六）信息系统架构和实现方式设计

在财务共享服务中心的建设中，信息系统作为一个支撑性的基石发挥着重要的作用。如果离开信息技术，就不可能产生财务共享服务中心，财务共享服务中心的快速发展是建立在信息技术进步这一基础之上的。只有先建设信息系统，并以此为依托建立财务共享服务中心，才能保障共享服务中心跨地域处理业务的功能实现，才能节约人力成本，提高工作效率，为企业创造更多的效益。

就整体视角而言，财务共享服务中心除要有基本的核算系统外，还应该包括预算编制系统、费用控制系统、盈利分析系统及用于决策支持的报表展示平台等，基于信息技术建设这些系统之后，要在运营过程中不断升级改造、不断完善信息系统，以提高各个系统的运作效率。

另外，信息系统架构和实现方式设计，还要升级完善以下几类系统。

1.资金管理系统

该系统主要用于收付资金，功能主要包括集中收付、账户管理、银企直联等。

2.影像系统

以电子化的形式处理账务工作，通过影像将各地分散的原始凭证向中心汇总，以便集中处理账务。

3.运营管理系统

该系统主要包括单据稽核检查模块（用于内部稽核）、问题管理模块（用于沟通）及绩效分析模块（用于绩效分析）等。

在财务共享服务中心的未来发展中，基于信息系统的数据中心职能的作用将越来越受重视，而且极有可能从子公司的管理需求出发建设数据仓库和报表展示平台。

以上是财务共享服务中心的框架设计内容，对财务共享服务中心需要做什么和如何做的问题做了概括性说明，并为具体的任务执行细节的落实提供了指引。

二、财务共享服务中心的组织定位

（一）财务共享服务中心在财务组织结构中的位置

财务管理模型中有三个层级的财务组织，其中财务共享服务中心属于第三层级，第一、二层级的财务组织分别是集团总部财务和成员公司财务。

有些企业的财务共享服务中心隶属集团公司财务部，有的则与集团公司财务部平行，这是两种不同的组织形式，如图8-1所示。这两种组织形式的区别如表8-5所示。

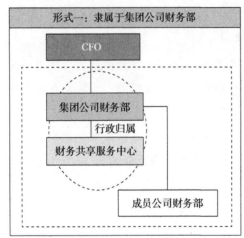
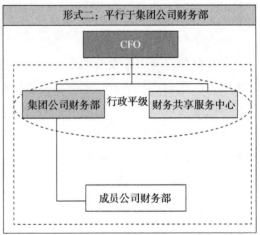

图8-1　财务共享服务中心与集团公司财务部的行政关系

表8-5　财务共享服务中心两种组织形式的区别

区别两种组织定位	隶属关系	平行关系
政策推行力度	强	弱
两部门协作关系	上下级关系	合作关系
共享服务中心汇报层级	多	少

不能片面地说上表中两种形式哪种好、哪种不好，只要是符合实际情况的财务组织形式就是合理的，就是最好的。具体选择哪种组织形式，要从企业的发展战略、管理决策及财务共享服务中心的发展阶段等来做决定。

在企业的财务组织架构中，如果共享服务中心隶属集团财务部，则主要将工作汇报给财务部部长；如果是作为独立部门与集团财务部平行，则直接汇报给财务总监。但无论是哪种组织形式，财务共享服务中心都具有会计核算职能，以便将多维度财务数据信息及时准确地提供给集团公司，这对集团总部了解成员单位的财务状况十分有利。集团公司的财务部和成员公司的财务部具有财务管理职能，集团公司的会计核算职能与财务管理职能相分离，这是现阶段大型企业财务组织的一个发展趋势。

（二）实施共享服务后整体的财务职能情况

建立财务共享服务中心，并将其投入运行后，财务组织结构不会发生变革，只是会在各级财务组织之间重新分配财务职能，使集团总部财务、成员公司财务及财务共享服务中心的职能界面更加清晰和一目了然。

集团总部财务、成员公司财务和财务共享服务中心都有自身的财务职能，但侧重点不同，各自在履行职能时并非孤立，而是相互协作，三者的协作关系如下。

集团总部财务：实行战略管理，制定管理目标、财税政策，对成员单位、财务共享服务中心的业绩执行情况进行监督。

成员公司财务：执行集团总部的财务政策，推进财务管理任务的落实，协助业务部门提升业绩，并配合财务共享服务中心的核算工作。

财务共享服务中心：执行集团总部的会计政策，对总部的经济活动加以记录，向集团总部和成员公司财务部真实反馈会计信息。

三、财务共享服务中心的内部组织划分

传统财务部门的所有基础性工作都是由财务共享服务中心承担的，但因为财务共享服务中心与传统财务部门的职能定位、工作模式有很大的区别，因此财务共享服务中心的组织模式也必然要区别于传统财务部门。在财务共享服务中心内部组织的设计中，需要以企业对共享中心的不同定位为依据构建相应的组织模式。财务共享服务中心的内部组织主要有以下几种模式和划分方法。

（一）按小组专业划分

财务共享服务中心内部的业务小组按专业分工，根据各自业务流程提供专业服务。各业务小组设一名负责人，另设置一个支持业务小组运行的独立小组，共享中心经理直接面向中心内部各小组而工作。这种组织模式如图8-2所示。

在贯彻专业化原则基础上采用的这种组织划分方式达到了很高的标准化程度，有利于人力资源利用率的提升，同时也使培训工作更加简化。

这种组织模式的弊端在于容易忽视各业务小组之间的联系，组织之间比较难协调，从而影响组织整体目标的实现。

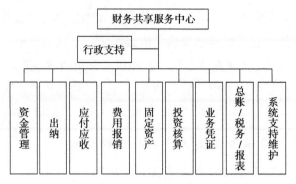

图 8-2　按小组专业划分的组织模式

（二）按业务流程性质划分

财务共享服务中心按照不同的业务流程性质划分为下列四个业务小组。

结算组：负责资金操作活动。

核算一组：提供会计核算服务（费用报销、应付核算）。

核算二组：提供投资核算、固定资产、税金和报表等方面的服务。

支持维护组：提供财务系统机构、部门、人员等的维护，同时进行知识管理和 Call-center 的基本运营。

另外，上述四个业务小组统一归行政小组领导（图 8-3）。

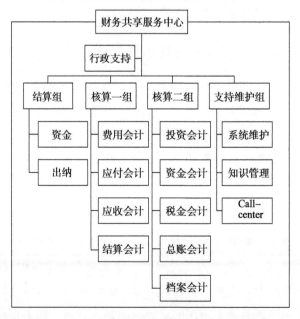

图 8-3　按业务流程性质划分的组织模式

（三）财务共享与 IT 共享并行模式

财务共享与 IT 共享并行模式中，两个团队的职能如下。

财务共享服务团队：为业务单位提供结算、核算和报表服务，其组织结构与按业务流程性质划分的组织模式相同。

IT共享服务团队：为公司提供IT服务。

另外，专设一个行政支持小组，对中心内各小组给予行政支持（图8-4）。

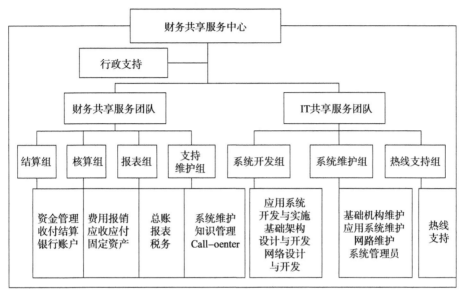

图8-4　财务共享与IT共享并行模式

上述三种组织模式各有利弊，都有各自的优势和适用范围，也有自己的不足与缺陷，所以，不能笼统地判断它们的优劣和好坏。要构建哪种内部组织结构模式，需要以共享服务的战略结构和战略职能为依据来决定，但无论选择哪种模式，都要保证在企业成本和客户满意之间达到一种恰到好处的平衡。如果置客户边界全然不顾，只依照业务职能进行内部组织划分，虽然能够将财务共享服务的规模、成本及效率等方面的优势体现出来，但个别客户的个性需求则很难得到满足，客户满意度会受到严重影响。而如果按照客户边界进行内部组织划分，虽然能够提升客户满意度，但会失去成本、效率方面的优势。所以，财务共享服务中心内部组织结构的划分方式要通过战略结构定位（是区域性共享中心还是全球性共享中心）和战略职能定位（是内部职能部门还是财务外包服务公司）来决定，定位不同，选择自然不同。

需要注意的是，在以上三种组织模式的构建与选择中，除要考虑战略定位外，还要对服务对象的业务特点、财务共享服务中心的发展阶段及业务范围等因素加以考虑，在综合考虑的基础上选择最合适的组织模式，这有助于控制成本、提升服务质量。

第三节　财务共享中心的建设和运营

一、财务共享服务中心的业务流程建设

（一）财务共享服务中心的业务流程建设目标

一般来说，进行财务共享服务中心的业务流程建设主要是为了实现以下重要目标。

1.实现组织的扁平化和财务信息共享

在财务共享服务中心的业务流程管理中，流程再造是一个核心环节。它是从根本上对企业财务流程进行再思考和再设计的一个过程，最终要达到的目的是提升企业的绩效，主要从降低成本、提升质量、优化服务和加快速度等方面落实。

通过流程再造，在企业内部建立新的管理模式，新模式以流程为中心，解决传统金字塔结构模式下存在的一些弊端与问题，如层级繁多、条块分割、低效等，将部门间的壁垒打破，促进部门间的横向交流与协助，去除不必要的管理层次，实现企业的扁平化管理目标。

在打造企业组织扁平化架构的同时，要在流程再造过程中纳入信息共享，以打破平行部门间的条块分割，解决信息闭塞、孤立和不对称的问题。通过流程化管理保证从源头开始一次性输入企业所需的关键信息，并采用统一的方法加工、存储这些数据信息，然后，企业各部门经授权即可自由使用，充分实现数据共享。

2.其他具体目标

进行财务共享服务中心的业务流程建设，除要通过流程再造实现上述目标外，还要实现以下具体目标。

第一，建立通畅的企业资金链周转机制，防止资本闲置，提高资本利用率，畅通资本运转流程，有效管理应收款，促进企业效益的提升，保证企业财务目标的实现。

第二，对企业财务职能进行优化整合，强化企业资本投资决策，完善对资本使用的控制职能，促进企业财务能力的提升。

第三，使企业盈利能力与偿债能力相统一或共同提升，以减少二者之间的冲突。

（二）财务共享服务中心的业务流程建设原则

建设财务共享服务中心的业务流程，要认真贯彻以下几项重要原则。

1.从企业战略角度出发的原则

财务共享服务中心的业务流程建设中，作为核心环节的流程再造是一种非常重要且有效的企业管理方式，采用这一管理方式与手段能够促进企业战略目标的实现。企业长期可持续发展的战略需要是流程再造的根本动力和出发点，企业管理者要站在战略发展的高度对流程再造加以推动，在流程再造过程中创造有利条件，提供所需资源。

2.以人为本的原则

进行财务共享服务中心的业务流程建设要贯彻以人为本的原则，使个人的能动性与创造力得到充分发挥，使员工在每个流程的业务处理中有效合作，鼓励员工创新，提高工作效率。

3.以企业的资金运动轨迹为主线的原则

企业的经营活动包含企业资金筹集、资金周转、资金分配、资金循环利用等一系列的复杂系统过程。通过财务流程再造，提高财务管理效率，降低财务风险，保证资金周转的正常、高效和安全。

4.以为顾客创造价值为目标的原则

在财务共享服务中心的业务流程建设中，识别哪些流程对顾客有增值作用、哪些没有增值作用，对增值性流程加以重组，将非增值性的流程剔除或简化，以此促进企业财务流程的优化和运作效率的提高。

5.风险控制的原则

建设财务共享服务中心的业务流程，还要防范与控制企业财务风险。财务风险是企业未来财务收益的变动性及由此引起的丧失偿债能力的可能性。有效控制集团各个分公司的财务风险，能够使集团总部的财务风险得到很好的控制。

对于有较多资本市场业务或投资、并购频繁的企业来说，财务风险控制尤为重要。在企业财务流程再造的过程中，要纳入风险识别、风险评估、风险预警及风险应对等工作内容。在财务流程管理中，必要时应将财务风险控制作为一项核心内容予以重视。

（三）财务共享服务中心的业务流程建设需考虑的因素

1.流程成本、效率和风险

流程成本主要指业务流程在财务共享服务中心运作时的作业成本和资源成本。作业成本包括作业变动成本、作业长期变动成本及作业固定成本；资源成本是指在经济活动中被消耗的价值，包括非消耗类资源成本和消耗类资源成本。

流程效率主要从业务流程运作的时间（速度）等方面进行评价。

流程风险主要从风险管控程度出发考虑。

业务流程建设中需考虑流程成本、效率及风险因素，它们在某种情况下是相互矛盾的。例如，外部结算付款时，采用手工付款方式对外付款，该方式风险高、错单率高且效率较低；而借助信息化手段，通过网银或银企直联的方式对外付款，可以降低付款的错单率，提升付款效率，降低资金管控风险。但是，软件投入成本也高，因此要考虑成本、风险及效率三者的平衡点，结合企业的战略目标及信息化水平综合决策。

2.流程客户满意度

流程客户满意度主要指被服务方的满意度，可以从两个方面考虑：一是上游环节对下游环节输出内容的满意度，二是外部客户的满意度。

3.流程责任人

流程责任人主要从两方面考虑：一是明确节点责任人，二是明确节点责任人的职责与目标。

（四）财务共享服务中心的业务流程建设步骤

1.业务流程分析

财务共享服务中心业务流程包括中心自身的运营流程和各业务中心业务改变后的流程。在流程建设中，要充分考虑实际业务的可操作性，财务共享服务中心运营的绩效与流程的优劣直接挂钩。

财务流程分析的目标主要是通过客观、理性的分析，寻找再造的关键财务流程，并分离基础业务流程与管理决策流程，实现分级管理。分析的内容包括现有财务业务流程的客户需求、流程运行中消耗的资源、内部风险控制、流程的稳定性测试、流程再造的投入产出比等。

2.业务流程的优化及重构

业务流程的优化和重构是指在对现有流程进行分析的基础上，系统创建和改造提供所需产出的新财务业务流程。必要时，企业可能会针对一些新的业务和现有业务从"零"考虑产品或服务的提供方式，设计新的业务流程。系统改造有利于改进企业的短期绩效，不易干扰组织的正常运营，创建新流程的风险较低，但随着时间推移，绩效的可改进程度逐渐降低。

系统化改造现有流程是为了使企业通过优化业务流程更快速、高效地提升顾客响应速度与满意度。流程优化的核心是为"顾客增加价值"。所以，"消除非增值活动与调整核心增值活动"是改造现有流程的焦点，这主要通过清除现有业务流程中无法为顾客提供价值的行为中体现出来。

由于企业集团规模大、部门众多、业务复杂，在经营活动中，经常有些行为无法为顾客提供实用的价值，这就造成了资源浪费和效率损失。清除这些行为是系统化改造的第一目标，在流程重构中，要尽可能消除或最小化那些无价值的行为，前提是不会给组织带来负面影响。

将企业经营活动中没有价值的行为清除后，企业应该从宏观发展战略和长远发展目标出发，简化与整合现有的业务流程，以便使企业业务运作更加流畅，使顾客需求得到更好的满足。系统化的流程改造中还要应用信息化技术推动整个业务流程的自动化，进一步促进业务流程运作效率的提升和质量的改善。

3.逐步完善业务流程

财务共享服务中心的业务流程管理是持续性的，流程管理中要及时了解企业战略决策的变化、组织结构的更新，了解企业拓展了哪些新的业务领域，要顺应企业的新发展。这就需要在业务流程建设中进行内部持续优化机制的建立，从而持续评估、改进业务流程，持续提升业务质量，与企业的战略目标、业务拓展方向保持高度的一致，防止因业务流程管理不及时、不到位而影响财务共享服务质量。

在持续改进财务共享服务中心业务流程的过程中，要注意对业务流程细节的改进，必要时采取流程再造的方式来改进业务流程。不管采用哪种改进方式，都要根据企业整体的战略决策去明确改进的目标，还要兼顾成本与效率，满足合规性要求。

对财务共享服务中心业务流程的持续改进对管理团队的专业能力提出了非常高的要求，管理团队不仅要熟练掌握流程变革的技能，还要具备创新意识，而且必须信念坚定、洞察力敏锐，管理团队内部要合理配置，充分发挥每个管理人员的作用，从而提高持续改进的效率。

（五）财务共享服务中心业务流程建设的注意事项

在财务共享服务中心业务流程建设中要注意以下事项。

1.明确流程再造的主要参与人员

在财务共享服务中心业务流程建设中，作为核心环节的流程再造应该由一支优秀的团队来负责，主要人员安排如下。

（1）领导者。应该由财务部总经理级别以上的管理层担任领导角色，领导人员肩负流程再造的重要使命，在既定流程再造目标的指引下，创造更为良好的环境。

（2）流程总监。流程再造主要是解决财务共享服务中心的程序性问题，至于实体操作依然比较艰难，应该由经验丰富的企业掌舵人担此重任。所以，建议由企业的财务副总经理担任流程总监一职，对流程负责人、流程再造项目小组进行直接领导，并协调跨部门的再造活动。

（3）流程负责人。至于流程负责人，应该由相关部门中熟悉部门专业知识和业务流程的人担任，这样，跨部门合作比较容易。

（4）项目小组。流程再造项目小组的组成主要包括以下两类人员。

1）在流程中的工作人员：对这类人员的基本要求是对流程中的专业知识非常熟悉，而且对现有流程的利弊了如指掌。

2）不在流程中的工作人员：这类人员主要从外部对现有流程进行观察、分析，提出流程再造的解决方案。

（5）指导委员会。由企业相关部门的主管组成指导委员会，这一组织的主要职责是解决流程再造项目和再造过程的全局性问题。

2.掌握合适的时机

流程再造要选好时机，尽可能在企业市场份额急剧扩大时进行流程再造，这样，才会充分暴露出企业原有流程中不符合企业发展战略的问题。这时就要采取流程再造的方式来消除违背企业发展战略目标的因素，用新的流程去促进企业市场份额的进一步扩大，使企业成功超越竞争对手。

此外，对于一个企业来说，当收益稳定时也适合进行流程再造，只要抓住这个机会就能够使企业脱胎换骨、焕然一新。因为这个时候，企业的人力、物力、财力都比较雄厚，整体实力很强，能够为流程再造奠定良好的基础。

3.建立自身的财务流程

不同企业因为行业属性和特征的不同，业务流程也有一定的差别，即使有些企业属于同一行业，业务流程也未必相同。企业的业务流程状况主要受企业规模、企业文化传统、企业发展史、企业管理方式及企业所处环境等企业自身因素的影响。不同的企业因为这些因素中个别因素或若干因素的不同，业务流程也会有所区别。

从上述分析来看，各个企业都应该从本企业的特点、现状出发对业务流程进行设计，推进财务流程再造，使其与本企业的发展规模、发展现状及发展趋势相适应。任何一个企业都不能完全照搬其他企业的流程再造经验来设计本企业的财务业务流程。

（六）财务共享服务中心业务流程的科学实施

分析并重新规划设计财务共享服务中心的关键业务流程后，必须进一步推进和执行流程，防止只是进行形式上的流程管理。如果不执行新的业务流程，随着时间的推进，企业即时性流程方案就失去了有效性。因此，在完成流程设计后，必须及时地、有组织、有计划地推进流程的实施。

一般情况下，财务共享服务中心业务流程的实施要经历以下几个步骤。

1.组建团队

财务共享服务中心业务流程的实施与推广需要高层领导的大力支持，因此要组建一支包含高层领导在内的实施与推广团队，团队中还应该有一定数量的财务工作者与业务骨干，这些成员要有很强的业务能力、丰富的业务经验和一定的创新能力。

2.选择试点流程

实施与推广业务流程时，可以先从一个分支单位入手，选取具有业务代表性的部门进行试点，选取的部门要具备流程实施成功率较高、流程管理效果显著等条件。这样，更有利于顺利实施业务流程，减少阻力，对流程反馈信息的获取也比较及时。

一般来说，财务共享服务中心中适合作为试点流程的是费用报销流程、应付流程，适合作为流程试点单位的是集团主要分公司。

3.实施总结

试点过程是复杂的，在这个过程中要不断发现问题、解决问题和调整方案，流程推广团队需要向业务前端不断深入，及时了解试点中存在的问题，找到问题成因，提出解决问题的有效方案。同时，试点团队要随时与领导保持沟通，第一时间汇报试点进度情况，整体把控流程实施过程。

在财务共享服务中心的业务流程实施中，财务核算流程是主要聚焦点，在该流程的实施中，要对财务核算者的信息反馈及时了解，也要对客户的感观和意见有充分的了解，听取客户的合理建议与意见。

4.逐步推广

在业务流程的推广实施中，要对推广计划加以制订，分阶段落实计划。财务业务流程的实施和推广并不是一帆风顺的，在这个过程中必须加强对人员的培训，讲清楚流程调整后与原流程的区别，减少人员的抵触情绪，使相关工作者了解新的流程，并积极配合流程推广。同时，高层领导也要在恰当的时机用合理的方式将业务流程再造的意义和价值讲述给员工及合作伙伴，这能够积极推动流程的落实。

在业务流程的实施过程中，要保证业务流程设计方案的有序推进，并在实践中检验业务流程设计方案的科学性与合理性。在全面推广流程的过程中，对相关信息进行收集和汇总，多维度分析流程的实施绩效，包括时效、质量、成本等，进而不断优化业务流程。

总的来说，财务共享服务中心业务流程的建设与实施是密不可分的，流程的设计、实施以及持续优化是一个连贯的过程，各个环节密切衔接，缺一不可。

图8-5能够帮助我们直观地了解财务共享服务中心业务流程的设计与实施过程。

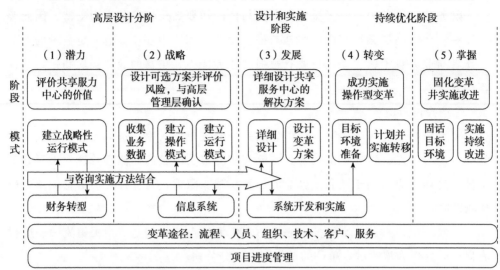

图8-5　财务共享服务中心业务流程的设计与实施

二、财务共享服务中心的运营

（一）财务共享服务中心的运营模式

财务共享服务中心的运营模式主要有基本模式、市场模式、高级市场模式与独立经营模式四种，如图8-6所示。由图8-6可知，这四种运营模式呈现鲜明的递进关系。下面具体分析这四种运营模式。

1.基本模式

财务共享服务中心的基本定位是企业内部的一个职能中心，其主要职能是为成员单位提供基础会计核算、财务信息的数据加工等跨组织、跨地区的专业支持服务。按照基本模式建立财务共享服务中心，主要通过合并和整合日常事务性会计核算处理和资金经营活动，消除冗余，实现规模经济，最终达到降低成本和流程规范化的目标。基本模式下的财务共享服务中心强调流程的标准化、组织的灵活化、分工的专业化和能力的核心化。

2.市场模式

基于基本模式发展起来的市场模式摆脱了原先内部职能部门的定位，重新定位财务共享服务中心，即独立运营责任主体。财务共享服务中心作为虚拟的经营单位，其服务不再是托管的，由接受服务的客户全面掌握决策权。这种模式下的财务共享服务中心要不断优化业务流程，根据业务流程与标准提供服务，以提升服务质量和服务的专业化水平。

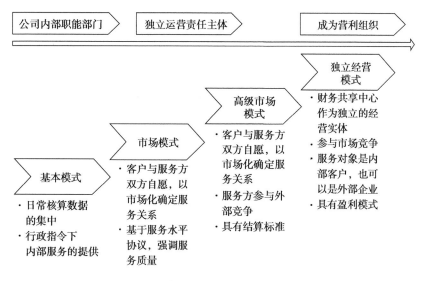

图 8-6　财务共享服务中心的运营模式

3.高级市场模式

财务共享服务中心在高级市场运营模式中有更加突出的外向型特征，该模式下的财务共享服务中心面临的外部竞争更多、服务对象的自主权更大，客户可以在现有的多个共享服务机构中进行选择。当客户认为内部共享服务机构的服务数量或质量不能满足自身需求时，就会自由更换，甚至从外部购买所需服务。

采用高级市场运营模式主要是为了引入竞争，向客户提供、推荐最有效率的供应商，供客户进行决策选择，最终促进内部财务共享服务中心服务的优化和客户满意度的提升。

4.独立经营模式

依照独立经营模式建立的财务共享服务中心作为独立经营实体而运作，其定位是"外部服务提供商"，不仅向企业内部提供产品和服务，而且向外部客户提供服务。财务共享服务中心凭借其专业知识、专业技能及第三方外部服务机构、外部咨询机构等展开竞争，服务收费随市场的变化而变化。

该模式下的财务共享服务中心改变了过去的"成本中心"局面，转型为"利润中心"。随着互联网、云计算等现代技术的广泛应用，财务共享服务中心的非核心业务"众包"模式也逐渐被认可和采用。

（二）财务共享服务中心的运营管理

财务共享服务中心的运营管理涉及诸多方面，下面重点分析运营中的目标管理、知识管理、人员管理、质量管理、绩效管理及风险管理，通过全方位的管理，促进财务共享服务中心的顺利运作，提高服务质量。

1.财务共享服务中心运营的目标管理

对于任何一个人来说，都是先有目标，才确定了自己的工作，而不是先有了工作以后才有了目标。对于企业来说，也是如此，企业明确自己的使命，确定自己的任务后，要将此转化为奋斗的目标。每个领域都必须有明确的目标，否则很容易忽视这个领域的工作，企业管理者行使管理职能时也是参照明确的目标来管理下级的。当组织最高层管理者将组织目标确定后，必须有效分解为各个部门的分目标，各部门管理者依据分目标来展开考评工作。

将财务共享服务中心的目标确定之后，可以对共享服务中心组织活动成效的标准进行估量，为绩效管理奠定基础。目标明确后，财务共享服务中心的努力方向也就明确了，也将清楚哪些领域有待改进。因此，必须为财务共享服务中心确立明确的、统一的目标，并将该目标贯穿各项活动中，具体的活动要参照统一目标经分解后的若干子目标而开展，各个子目标之间相互联系、彼此促进。一般来说，在财务共享服务中心的不同发展阶段所确立的目标各有侧重。

独立经营模式下的财务共享服务中心作为独立运营单元，要为不同成员单位提供相应服务，需要确立以下几个总体目标。

第一，降低财务共享服务中心的运营成本。

第二，提高财务共享服务中心的业务处理效率。

第三，优化财务共享服务中心的会计信息质量。

第四，满足财务共享服务中心客户的需求。

2.财务共享服务中心运营的知识管理

财务共享服务中心是一个以财务业务为基础的、从事共享服务的组织，其或隶属集团财务部门，或与集团财务部门平行。无论是哪种组织定位，在运营中都要建立知识体系，而且建立过程中都会受到相似因素的影响，如专业服务知识因素、服务技能因素等。在知识体系的建设中，要从以下两方面加强知识管理。

（1）知识管理组织。一般情况下，知识管理组织可以设立在整个财务共享服务中心。该组织主要由下列三个层次组成。

1）推动层：财务共享服务中心的管理层一般就是知识管理组织的推动层。推动层在知识管理组织中主要发挥落实知识管理的作用，使财务共享服务中心整体上注重知识管理，形成良好的管理氛围。在知识管理的整个过程中，推动层的工作量虽然是比较少的，但所起的作用是具有决定性意义的。

2）支撑层：在知识管理组织中，支撑层是核心部分，他们在知识管理中是以全职身份参与工作的。一般要以财务共享服务中心的规模为依据来设置支撑层的具体人数，其中必须有一位知识经理，而且必须是全职身份。知识经理的主要职责是设计整个知识体系的运作流程，监管流程的实施，并在知识管理中起承上启下的作用。

3）执行层：通常而言，知识管理组织中的执行层是由各个项目的基层人员组成的，他们以兼职身份从事工作。知识管理的实施面向的是财务共享服务中心的所有员工，与员工所处的基层环境息息相关，脱离基层环境，就无法落实知识管理。因此，知识管理组织中的执行层应该由各个项目的基层知识经理组成，这将有效推动知识管理的落实，执行层知识经理的主要职责是与项目成员共同执行上层知识经理分解下来的任务。

知识管理组织的以上三个层次缺一不可，对建设财务共享服务中心知识体系具有重要意义，也能够为之后的组织管理工作打好基础。

（2）建立知识数据库。建立财务共享服务中心的"知识数据库"，就是对其中的内部数据、档案、文件加以筛选、分析，然后进行融合，并在内部数据库中加以存储，使其成为可用的知识。这是对财务共享服务中心的内部知识进行系统化改造与利用的一个重要手段，便于每位成员从数据库中快速查阅和获取知识。员工也可以通过一些渠道对这些系统化的知识进行分享与传递，常见渠道主要有会议、培训、公布栏等。

3.财务共享服务中心运营的人员管理

财务共享服务中心以标准化的基础业务为主要工作内容，组织内部专业分工明确，员工数量众多、人员年轻，共享服务中心的管理者常常会思考如何吸引合适的员工？如何使员工尽快适应环境，承担岗位职责？如何使员工发挥最大潜能？如何保留核心员工？等等。加强对财务共享服务中心的人员管理能够帮助管理者找到这些问题的答案。

在人员管理中，人员选拔与培训是非常重要的两个环节，下面重点对此进行分析。

（1）人员选拔。财务共享服务中心是基于财务业务从事共享服务的组织，作为集团企业内的中心机构，人才选拔比服务外包集团企业更严格，因此人员选拔要考虑专业知识、服务技能等因素。财务共享服务中心组织中优秀的从业人员需要具备多种素质，如图8-7所示。在人才选拔中要从这些素质着手来考核，提高门槛，保证人才质量。

（2）人员培训。人员培训的目的是对从业人员进行专业化分工，促进工作内容的标准化，培训可以保证工作产出的一致性，保证稳定的服务水平。财务共享服务中心的人员流动率相对较大，而完善培训体系有利于新员工在短时间适应岗位；有利于提高士气，让员工对未来发展空间抱有期望；有助于保留内部核心员工。

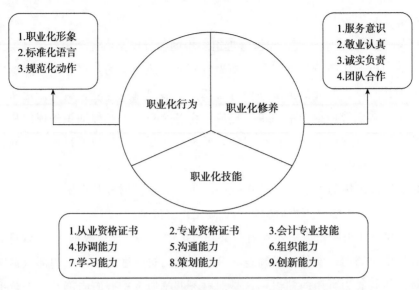

图 8-7　财务共享服务中心从业者的基本素质

财务共享服务中心需要建立一个系统的、与业务发展及人力资源管理配套的培训体系，如图 8-8 所示，其中主要包括培训管理体系、培训课程体系及培训实施体系。

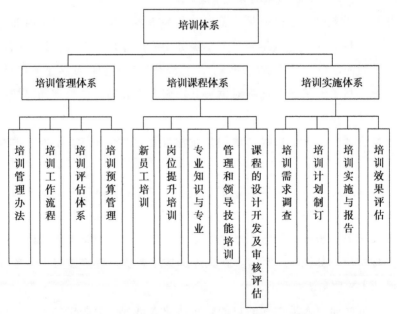

图 8-8　财务共享服务中心人力资源培训体系

4.财务共享服务中心运营的质量管理

企业实现财务共享后，业务规模和市场份额不断扩大，此时企业的信用需要以会计质量为保证。要使财务共享实现可持续发展，就要对财务共享业务的质量进行管理，对质量风险进行控制，以促进财务共享服务效率的不断提升。

（1）质量检查流程。财务共享服务中心的质检流程如图8-9所示，重点检查各个职位的工作人员是否按操作规范及标准开展工作，通过质量检查促进员工质量意识的强化，使各项作业成果尽量都符合质量标准。

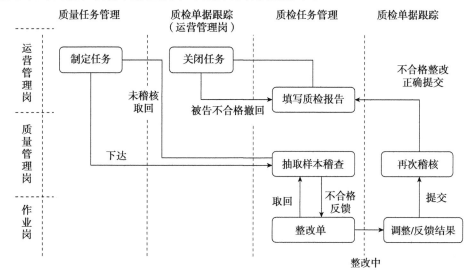

图8-9　财务共享服务中心的质检流程

（2）全面质量管理。在财务共享服务中心运营的质量管理中，要树立全面质量管理理念，对全面质量管理体系进行构建。全面质量管理就是一个组织以质量为中心、以全员参与为基础，目的在于通过让客户满意和本组织所有成员及社会受益而达到长期成功的管理途径。

财务共享服务中心的全面会计质量管理工作主要从以下三个方面展开。

1）建立标准：在质量管控机制的构建中，要以岗位质量责任制为基础。财务共享服务中心将资金、合规的资产业务及合法的审核业务提供给各部门和分支机构，并要保证所提供的服务达到相应的标准，以提高服务质量。

一般来说，正确性、及时性、灵活性是财务共享服务中心服务质量标准的三个主要方面。除要对服务标准予以明确外，财务共享服务中心还应该有专门的人员从事对服务标准是否落实进行监督检查，具体从账务核对、合规性检查等方面开展监督检查工作，通过服务质量自查来提高服务质量管理成效，不断优化服务质量。

在服务质量自查的工作计划中，还要明确账检查的工作标准，参照日常审核情况来规定工作时限、对账检查标准及结果汇报路径等，这对工作者更好地开展服务质量督查工作具有明确的指导意义。

2）过程控制：将服务质量标准和质量管理计划明确之后，要采取科学有效的方法去实施计划，落实质量标准。在此环节中，财务共享服务中心既要面向管理者开展监督检查工作，又要面向客户提供单据审核服务，这些工作都是以保障质量达标、提升服务、控制风险为目的的。

在执行服务质量管理计划的过程中，要确定具体的计划落实方案，根据需要分解计划，将不同部门、人员的责任界限、职责分工明确下来，从而促进质量管理计划的高效实施。

3）持续改进：持续改进阶段：主要包括监督管理和总结改进两个方面的工作。

执行计划结束后，检查执行效果，分析执行过程中遇到的问题及原因，最后总结计划执行结果。

财务共享服务中心应该安排专门人员从事质检工作，抽查相关作业人员对其工作成果进行质检，将检查结果纳入员工绩效考核指标中。

对于质量检查中存在的问题要尽快总结和处理，同时也要总结成功的经验，并加以传播和推广。解决问题时，可对照计划进行梳理，判断问题的性质和严重程度，从多种解决方案中找到最佳处理方案解决问题。这次计划中遗留的问题或没有完成的目标，放到下一个全面质量管理计划中解决，争取达成未完成目标。

5.财务共享服务中心运营的绩效管理

财务共享服务中心运营的绩效管理将从制订绩效计划、执行绩效计划、绩效考核三个方面展开。

（1）制订绩效计划。实施绩效管理的过程中，制订绩效计划是第一步。财务共享服务中心要层层分解已经确定的战略目标，在每个具体岗位上落实各个目标，然后进行岗位分析，将各个岗位人员的工作职责、工作目标明确下来，财务共享服务中心的管理者和成员共同参与目标分解和确定岗位目标的工作。明确的工作职责与目标又是制订绩效计划时的主要参考依据，只有将岗位员工的责、权、利明确下来，才能在计划中进一步明确不同岗位人员在考核绩效周期中做什么、何时做完及完成程度等问题。

财务共享服务中心各个员工的个人绩效计划需要由员工的直接上级制订，员工本人也要参与进来，并承诺完成计划中的各项内容，只有这样，才能提升员工对个人绩效计划的认可度，才能使其更加自觉地执行计划，并认真完成任务，达到目标。

制定财务共享服务中心绩效目标时既要考虑现实情况，又要考虑可能发生的变化，当发现很难实现预期目标时，就要分析原因，并对绩效目标进行调整，确保目标是切实可行的，是经过努力可以实现的，而不只是主观上希望达到的结果。

（2）执行绩效计划。在绩效计划的执行过程中，最关键的是做好绩效沟通和绩效辅导的工作。

1）绩效沟通：管理者要经常性地监督和检查员工的日常或阶段性工作成果，及时与员工沟通工作内容和精度，了解员工工作中遇到的难题，给予必要的支持和帮助，包括物质上的支持、精神上的支持及其他方面的帮助，若发现员工的绩效计划实在无法执行下去，就要及时调整，在整个绩效管理的过程中都可以根据实际情况去调整计划和目标，使之符合现实情况。

2）绩效辅导：在绩效计划的实施过程中，管理者要转变为辅导者的角色，并发挥重要的辅导作用，持续辅导员工，保证每位员工的工作都与组织的战略目标相契合，通过辅导促进员工工作能力和绩效水平的提高。

（3）绩效考核：绩效考核是绩效管理过程中最艰难的一个环节。绩效考核要根据评价的对象、工作性质、工作特点的不同而区别对待。比如，高层和一般操作类员工由于各自管理的范围和承担的责任不同，采取的绩效考核方法也要有所区别。

财务共享服务中心不能只是一味采用单纯的KPI绩效考核，特别是对于共享服务中心从事管理及财务共享服务的技术支撑人员不适合采用这种考核方式，而采用全方位绩效考核法更为合适。

全方位考核法又称360°考核法，是一种从不同角度获取组织成员工作行为表现的观察资料，然后对获得的资料进行分析评估的方法。直接上级、同事、下属、顾客及员工本人都要参与绩效评价，这种考核方法包括外部评价、内部评价等多维评价来源，评价结果更全面、客观，特别适用于需要为企业内外多部门、多利益方提供服务的财务共享服务中心的绩效考核。此外，全方位考核避免了员工只在意自身绩效的情况，能够积极促进团队内部成员间的沟通合作和知识共享，对提高共享服务中心的整体绩效具有重要作用。

6.财务共享服务中心运营的风险管理

财务共享模式改变了传统财务管理模式的弊端，提高了集团管控水平，增强了企业应对风险的能力。但是，实施财务共享也会面临诸多变革性问题，如组织结构调整、财务人员转型、财务业务工作流程重构等，这就使财务共享实施中充满风险。

财务共享实施风险指的是集团企业实施财务共享时所带来的与预期目标差异的可能性，这种可能性会使目标无法实现，如实施后将导致成本上升、财务业务处理效率下降、无法开展财务业务工作、人员流失、财务服务不被客户认可等，最终导致实施失败。

具体来说，财务共享服务中心运营的常见风险主要有六种类型（表8-6）。

表 8-6　财务共享服务中心运营的风险类别

财务共享服务中心运营的常见风险	风险表现
战略规划风险	1.风险认识不足 2.计划准备不足 3.业务范围界定不合理 4.选址地点不当
组织管理变革风险	1.组织内部冲突 2.业务变更不适应 3.组织结构调整不适当 4.制度制定不合理
系统建设风险	1.系统集成与整合能力不足 2.系统设计不合理 3.系统支撑力薄弱 4.系统安全和稳定性不足 5.数据的共享风险
流程变革风险	1.流程标准化统一与设计不合理 2.新旧流程衔接不顺畅 3.流程执行不力 4.新流程应变力不足 5.流程运转风险 6.票据流转风险 7.流程优化风险
人员变革风险	1.人员变革抵触 2.人员发展不合理 3.人员工作性质枯燥 4.人员沟通难度大 5.缺乏数据敏感性 6.人员操作风险
税务法律风险	1.税务稽核难度大 2.税务政策反应不及时 3.税收政策选择风险 4.法律法规风险

下面具体分析上表中六种财务共享服务中心运营常见风险的防控策略。

（1）战略规划风险防控。企业高层要对财务共享服务中心建设后的运营优化给予重视，增强风险意识，切忌急功近利，任何一项变革的实施都要循序渐进。管理者要从企业战略目标出发客观评估运营情况，并根据企业发展现状不断优化与完善财务共享服务中心的运营机制。

（2）组织管理变革风险防控。防控财务共享服务势必给企业带来新的组织架构，集团企业需要对新组织架构中的角色和职责重新进行定义，明确各个流程的负责人及其相应的职责，对组织管理标准进行制定与完善。

（3）系统建设风险防控。集团公司在系统建设方面要考虑技术架构如何支持财务共享服务目标，在财务共享服务中心的管控中要特别注重建设与维护数据库，对数据处理的模型和数据保护方法进行研究，使数据更加安全。

（4）流程变革风险防控。流程再造是财务共享服务中心的核心，为了更好地进行流程变革，企业要从业务影响和业务回报来排列流程变革的先后顺序，优先变革重要的流程。此外，企业应根据成本、其他比率等基准信息发现低效的流程及标准化机会，优化低效的流程，还要对现有技术和架构能否支持不同流程进行评估，从而使财务共享服务中心的运营更加顺利。

（5）人员变革风险防控。基于新的组织架构和流程，集团企业应对新的岗位及职责进行制定和明确，并在新业务模式下做好制定薪酬体系、加强人才培训、完善考核晋升机制等一系列工作。此外，还要发现员工的职业技能缺陷与职业素质问题，发现现有职业素质与所要求的标准之间的差距，从而有针对性地培养人员的专业素养，为企业建设优秀的专业人才队伍。

（6）税务法律风险防控。集团企业可以建立柔性税务管理平台，建设税务法律队伍、税务法规知识库，获取外部税务机关、税务咨询机构及行业税务法规等最新信息，并及时补充到税务法规知识库中，同时，企业内部税务管理人员也可以及时发布相关税务管理和操作制度及规定，实现税务管理事前预警。此外，还可以通过税务管理平台建立税务风控模型，对税务风险进行及时预警，向财务管理人员提供重要信息，将其作为风险管理的参考依据，及时检查税务风险，思考规避策略。

参考文献

［1］任子龙.大数据时代广电网络财务管理问题与对策［J］.中国管理信息化，2020，9（23）：22-25.

［2］刘红芳.大数据时代下物业企业财务管理信息化的探索［J］.首席财务官，2023，19（17）：206-208.

［3］陈骥.高新技术企业财务管理信息化建设困境及策略研究［J］.市场周刊·理论版，2023（17）：5-8.

［4］卜穆峰.基于云计算的企业财务管理信息化构建研究［J］.营销界，2023（15）：29-31.

［5］刘仁高.浅议新形势下企业财务管理信息化建设途径［J］.大众文摘，2023（22）：100-102.

［6］陈丹华.科技赋能推动制造企业财务管理信息化建设［J］.管理学家，2023（19）：13-15.

［7］王丽娟.浅谈"互联网+"下物流企业财务管理信息化措施［J］.中国物流与采购，2023（6）：69-70.

［8］高亚静.大数据时代下会计信息化的风险因素及防范措施［J］.商业文化，2022（16）：28-30.

［9］刘传政.大数据时代基于不会计的小微企业财务管理分析［J］.中国集体经济，2022（16）：151-153.

［10］安妮.企业会计信息化的现状问题及对策提升［J］.现代企业，2022（6）：179-181.

［11］张涵博.中小企业会计信息化建设存在的问题及对策［J］.现代企业，2022（5）：171-172.

［12］王东.会计信息化条件下企业内部控制优化策略研究［J］.商场现代化，

2022（7）：179-181.

　　［13］奎君.大数据背景下会计信息系统理论结构研究［J］.大众投资指南，2022（7）：128-130.

　　［14］程显杰.构建会计信息化标准体系的路径选择［J］.北方经贸，2022（3）：89-91.

　　［15］网傅钮.云计算背景下的财务管理会计信息化系统设计分析［J］.中国管理信息化，2022，25（6）：61-63.

　　［16］叶蕾，朱媛婷.物联网环境下会计信息化建设的有效方法［J］.现代商业，2022（3）：156-158.

　　［17］张理娟.浅析大数据应用发展趋势及对策［J］.信息系统工程，2020（10）：70-72.

　　［18］李慧.大数据时代下会计专业人才培养变革［J］.当代会计，2020（18）：4-6.

　　［19］殷子涵.企业会计信息化的现状与风险对策研究［J］.商讯，2020（17）：78-80.

　　［20］彭湃.关于大数据的社会价值与发展方向的分析［J］.数码世界，2020（6）：72.

　　［21］徐玉德，马智勇.我国会计信息化发展演进历程与未来展望［J］.商业会计，2019（7）：7-12.

　　［22］赵文庆，梁运吉.物联网环境下的会计信息化建设研究［J］.现代营销（信息版），2019（4）：67-68.

　　［23］石文.大数据时代会计专业人才培养路径探索［J］.商业会计，2018（19）：119-121.

　　［24］刘洋.探讨人工智能在企业财务管理中的应用［J］.全国流通经济，2020，8（11）：83-84.

　　［25］梁美亚.财务管理在企业经济管理中的作用探讨［J］.科技经济导刊，2020，28（26）：229-230.

　　［26］胡超，杨怀宏.财务管理智能化及其未来发展趋势［J］.现代营销（下旬刊），2020，9（5）：226-227.

　　［27］金哲.大数据时代的企业财务管理研究［J］.财会学习，2020，12（32）：7-9.